# À QUOI PENSENT LES BÉBÉS ?

*Ann et Richard Barnet*

Traduction : Valérie Morlot

• MARABOUT •

Titre original : **The Youngest Minds**, first edition : Simon & Schuster

# Sommaire


Introduction . . . . . . . . . . . . . . . . . . . . . . . . . . . . . .7
Comment le cerveau prend forme . . . . . . . . . . . . . . . . .13
La demeure du sens . . . . . . . . . . . . . . . . . . . . . . . . . .28
Les voies du langage . . . . . . . . . . . . . . . . . . . . . . . . .56
Faut-il aider les bébés ? . . . . . . . . . . . . . . . . . . . . . . .84
Le langage du cœur . . . . . . . . . . . . . . . . . . . . . . . . .114
Moi et autrui : relation affective et découverte de soi . . . .146
Empathie, conscience et développement moral . . . . . . . .184
La colère des enfants et la violence adulte . . . . . . . . . . .216
Envers et contre tout . . . . . . . . . . . . . . . . . . . . . . . .250
Faut-il les faire garder ? . . . . . . . . . . . . . . . . . . . . . .276
Conclusion : former l'esprit . . . . . . . . . . . . . . . . . . . .291
Bibliographie . . . . . . . . . . . . . . . . . . . . . . . . . . . . .295

# Introduction

Cet ouvrage est le fruit de quarante-cinq années de collaboration entre mon mari et moi. Nos joies et tensions de parents, ainsi que le plaisir entier d'être grands-parents, se reflètent dans ces pages. A la naissance de notre fille aînée, j'étais en faculté de médecine et Richard poursuivait ses études de droit. Notre troisième petit-enfant est arrivé il y a quelques mois. Comme tous les parents, nous avons fait plus qu'être les témoins des transformations miraculeuses de l'enfance ; pour le meilleur et pour le pire, tout parent joue un rôle immense dans le développement d'un esprit d'enfant.

Les progrès récents en neurosciences et psychologie permettent de comprendre un peu mieux comment les parents contribuent à former le cerveau de leurs enfants. Nous avons tenté dans ce livre d'exposer nos connaissances sur la façon dont les enfants acquièrent le langage, développent des liens affectifs, parviennent à contrôler leurs émotions, deviennent capables de vivre la joie et la peine des autres et enfin adhèrent à des valeurs morales.

A ce projet commun, nous avons joint nos expériences et intérêts professionnels dans divers domaines. Je suis neurologue et pédiatre, et j'ai passé de nombreuses années à étudier le cerveau des enfants et à diagnostiquer des anomalies de la vision, de l'audition ou de la sensation tactile chez l'enfant. Je dirige la recherche électro-encéphalographique à l'hôpital des enfants de Washington D.C. J'ai également fondé «The Family Place», un centre de quartier ouvert aux jeunes enfants et à leurs parents, et qui offre aux familles défavorisées des services divers – aide médicale, conseil, éducation parentale. Mon intérêt pour le rôle des gènes dans le développement date des deux étés que j'ai passés à étudier le cerveau et le comportement des souris dans le laboratoire Jackson de Bar Harbor (Maine, U.S.A.), avant de m'inscrire en médecine à Harvard. Les enfants, et en particulier les jeunes enfants, ont toujours été au centre de ma pratique médicale, de mes recherches en neurobiologie et de mon activité bénévole.

Richard a passé la plus grande partie de sa vie professionnelle à enseigner et à écrire. Il est l'auteur de douze livres ainsi que de nombreux articles, sur les questions politiques et socio-économiques. En se penchant sur les changements sociaux qui accompagnent l'intégration à l'économie globale, il a été frappé de constater les profondes transformations qu'ils provoquaient à leur tour sur l'expérience de l'enfance à travers le monde. Son inquiétude devant la rapidité de ces transformations et leurs effets néfastes sur les enfants l'a amené à s'intéresser aux progrès remarquables des neurosciences dans la compréhension de certains processus biologiques liés au développement du tout-petit. Comment les influences de l'environnement agissent exactement sur l'expression des gènes, voilà qui reste encore un mystère, mais chaque année un peu plus dévoilé...

Les êtres humains sont des animaux sociaux, la notion n'est pas nouvelle. Nous avons besoin, dès notre naissance, de l'attention et de l'amour d'autrui. On sait maintenant de façon certaine que la qualité et les caractéristiques des interactions avec autrui – les parents, la famille et les personnes maternantes en dehors de la famille – influent énormément sur le développement du cerveau. Dans le même temps, les avancées phénoménales de la génétique ouvrent de nouvelles hypothèses sur le pouvoir des facteurs innés à modeler notre vie.

L'opposition classique nature/éducation n'aide pas vraiment à décrire le processus de développement. Même chez un bébé encore dans le ventre de sa mère, les gènes et l'environnement interagissent, et ce pratiquement dès le moment de sa conception. Le développement est un dialogue permanent entre nos tendances innées et l'histoire de notre vie. Le cerveau infantile n'est pas une ardoise vierge sur laquelle l'histoire va s'écrire ; ce n'est pas non plus un ensemble de circuits immuables contrôlés par des gènes implacables. L'expression d'un gène chez un individu – c'est-à-dire le fait que ce gène parle ou non, et ce qu'il dit – dépend de l'interaction dynamique de l'héritage génétique et des expériences de cette personne. Le rôle de l'expérience dans le développement n'est plus en lui-même contesté, par contre chacun a émis les interprétations les plus diverses sur la portée des interactions précoces dans la vie ultérieure, ce qui a généré des disputes passionnées pendant tout le vingtième siècle.

Nous espérons rendre le lecteur plus conscient de ces interactions continuelles entre les facteurs biologiques et environnementaux dans certaines parties du développement humain. C'est ainsi que nous avons abordé le développement à la fois du point de vue de la neurobiologie et de la psychologie, reliant, quand nous le pouvions, ces plages de savoir. La science actuelle nous en dit long sur les besoins de l'enfant et le moment opportun pour apporter une aide. Bien que les efforts combinés des neurobiologistes, des éducateurs, des psychologues et des pédiatres soient encore bien loin d'une théorie exhaustive du développement cérébral, un grand nombre d'études nous offrent déjà un savoir plein de promesses.

Nous avons tenté d'exposer au lecteur les théories, parfois contradictoires, et les vues opposées sur ce qu'il faut aux enfants pour se développer sainement. Au fur et à mesure des différentes hypothèses énoncées émergera un tableau plus clair. Cependant, quand les conclusions des scientifiques impliquent la nécessité de changer de comportement personnel ou de politique sociale, les confrontations sont inévitables. Les controverses sur le réchauffement planétaire ou les dangers du tabac en sont de bons exemples ! Ce cas présent n'échappe pas à la règle, puisque les points de vue en présence contiennent tous des recommandations implicites sur ce que les parents devraient faire et comment l'argent public devrait être dépensé.

Nous ne prétendons pas être nous-mêmes des observateurs objectifs : en effet, nous avons écrit cet ouvrage à partir de l'inquiétude que nous ressentons face aux enfants de notre société occidentale confrontés à des risques considérables dans leur tâche de grandir. Et nous sommes de plus persuadés que si leurs besoins développementaux ne sont pas pris en compte, cela peut avoir des conséquences graves pour notre société toute entière. Mais si nous nous sommes lancés dans ce projet pour approfondir notre propre compréhension de l'interaction des facteurs génétiques et environnementaux dans le développement infantile, c'est aussi avec le profond espoir qu'il s'avérera utile à d'autres, et permettra d'arriver aux décisions individuelles et publiques qui réduiront ces risques.

Le processus de développement se définit par trois ensembles de connexions entremêlées. Le premier élément est la mise en place du cerveau lui-même : au fur et à mesure de la transmission par les cellules nerveuses de millions de messages électrochimiques d'une localisation du cerveau à une autre, et du cerveau au corps et vice-et-versa, la structure physique du cerveau prend forme. Le circuit cérébral de chaque individu est unique ; il ne peut être cloné. Et il y a une raison essentielle à cela : même si nous partageons tous les mêmes traits fondamentaux, les connexions cruciales du cerveau humain sont formées et remodelées par les expériences que chaque individu vit en permanence, et qui lui sont propres.

Les liens entre le tout-petit et son environnement constituent le deuxième ensemble de connexions intervenant dans les processus de formation des connexions cérébrales. Parmi ces influences environnementales, les interactions avec les personnes de l'entourage de l'enfant jouent un rôle particulièrement important. Les relations humaines sont aussi essentielles au développement des connexions cérébrales que recevoir de la nourriture, entendre des sons et voir de la lumière. Tous les enfants demandent les mêmes soins, la même attention. Pourtant, l'expérience sera différente pour chacun, parce que les personnes de son entourage ne sont pas les mêmes, parce que chaque enfant est né avec une combinaison spécifique de traits, et parce que le caractère et la qualité de ses interactions avec les personnes qui prennent soin de lui sont sujettes à diverses influences.

Un troisième ensemble de connexions établit le contexte social dans lequel se développent les relations entre les personnes de soins et l'enfant. La culture dans laquelle la famille est ancrée – et plus spécifiquement les circonstances économiques et sociales, les habitudes et les valeurs – influence l'environnement physique, les routines quotidiennes, le climat émotionnel du foyer. Les soucis financiers, l'insécurité familiale, les incertitudes personnelles, le stress du travail, ainsi que toute une série de facteurs provenant de l'ordre social, déterminent en partie les relations au sein de la famille, notamment le temps que les mères et les pères ont pour leurs enfants et comment ils l'utilisent. Si nous avons fait état de recherches effectuées dans divers pays, ainsi que de données comparatives pour illustrer le rôle de la culture dans le développement infantile, nous avons voulu centrer cet ouvrage sur les problèmes des enfants aux Etats-Unis. L'explosion de connaissances scientifiques concernant les processus développementaux du cerveau nous apporte maintenant un tableau clair des expériences dont les bébés ont besoin pour devenir des adultes équilibrés. Mais le tourbillon actuel de changements sociaux a créé un climat dans lequel il devient de plus en plus difficile à un nombre grandissant de parents de fournir ces expériences à leurs enfants.

La plus grande partie de ce livre concerne les deux premières séries de connexions, celles qui à l'intérieur du cerveau organisent les capacités mentales et le caractère de l'enfant, et celles qui lient l'enfant aux personnes de son entourage. Après une brève présentation de l'organisation générale du cerveau, nous abordons en trois chapitres l'interaction des liens sociaux et biologiques dans l'acquisition du langage. Quatre autres chapitres nous permettent d'examiner les processus similaires fondant le développement des capacités d'expression émotionnelle et d'auto-contrôle de l'enfant. Enfin le troisième ensemble de connexions – les facteurs culturels, politiques et économiques qui transforment la façon d'élever les enfants – présent de façon sous-jacente dans tout le livre, fait plus spécifiquement l'objet des deux derniers chapitres.

Nous soulevons dans cet ouvrage de nombreux problèmes. Quelle est l'influence de l'expérience infantile sur le développement des capacités et traits de caractère spécifiquement humains ? Comment intervient-elle ? Pourquoi les choses tournent-elles parfois mal ? Quel genre d'expériences peut améliorer les chances d'un enfant ? Pourquoi certains enfants s'en sortent-ils très bien malgré une enfance effroyable ? Quelle aide faut-il apporter aux personnes qui ont été d'une façon ou d'une autre maltraitées pendant leur enfance ?

A certaines de ces questions, il est possible de répondre avec une assurance grandissante. Cependant, l'information s'accroît avec une telle rapidité que les théories et les croyances demandent à être constamment revérifiées et repensées. Certaines idées étonnantes avancées actuellement par les neurosciences sont encore débattues avec passion. En présentant les données scientifiques, nous veillerons à distinguer celles auxquelles nous croyons parce que les preuves sont convaincantes, celles que nous considérons comme intéressantes et plausibles, et celles qui restent de l'ordre des suppositions et qui ont toujours apporté du piment à la recherche scientifique, même quand elles se sont par la suite avérées fausses.

## Chapitre 1

# Comment le cerveau prend forme

Couché dans son berceau, le bébé qui contemple sa mère évoque pour nous l'image même du repos et de la sérénité. Mais en réalité, ce tout-petit accomplit la tâche la plus importante de toute sa vie. Dans une large mesure, que nous commençons à peine à appréhender, le développement humain est justement l'histoire des changements extraordinaires qui ont lieu dans la tête d'un enfant. Les neurologues découvrent petit à petit quelques-uns des secrets du cerveau, ce qui nous permet de penser, de parler, d'aimer, de maîtriser nos pulsions, de comprendre les notions de bien et de mal et de partager les émotions des autres – en bref quelques mystères sur les capacités de l'esprit.

La substance physique du cerveau humain est assez ordinaire. Elle est composée d'éléments connus qu'on retrouve chez tous les animaux : carbone, hydrogène, oxygène, sodium, azote, phosphore, fer, calcium, potassium, plus quelques autres en traces infimes. Le matériel génétique du cerveau humain n'a pas non plus de propriétés particulières. Il partage avec les autres cellules du corps et celles d'autres vertébrés les mêmes molécules de base qui servent à la constitution de la double hélice : l'adénine, la thymine, la guanine et la cytosine. De même que dans le reste de notre corps, l'ADN des cellules de notre cerveau est semblable à 98% à celui des autres mammifères. La particularité du cerveau humain n'est pas seulement déterminée par sa taille et sa complexité, mais surtout par les propriétés qui le rendent étonnamment ouvert à l'apprentissage.

Au cours de ces vingt dernières années, les avancées en neurosciences ont confirmé l'intuition qu'avait eue le psychologue américain William James : le cerveau n'est pas tant un objet qu'un processus ; son développement commence peu de temps après la conception et se prolonge jusque dans la vieillesse. Cette évolution se manifeste par la formation et le déplacement organisé de milliards de neurones – cellules constituant les unités de base de la fonction cérébrale – vers l'emplacement dans le cerveau qui définit leur rôle. Vers la fin du voyage, les neurones émettent des prolongations et des ramifications qui cherchent à se mettre en contact avec d'autres neurones, ainsi qu'avec les organes et les muscles. Ce processus de liaison s'accélère brusquement après la naissance, créant des réseaux de connexions neuronales fonctionnelles qui coordonnent et contrôlent toutes les fonctions du corps.

L'embryon est à peine âgé de quelques semaines que déjà des amas compacts de cellules, précurseurs des cellules nerveuses, se forment à l'extrémité supérieure du tube qui va devenir le cerveau et la moelle épinière. Ces cellules se divisent, doublant ainsi leur nombre de génération en génération. Celles qui sont destinées à former le cortex cérébral – la structure la plus vaste du cerveau humain et qui détermine nos capacités spécifiquement humaines – se déplacent de façon radiale le long de piliers constitués des cellules précédentes et qui forment un échafaudage, et vont supporter les dernières venues. A chaque nouvelle vague, les cellules dédoublées se déplacent au-delà de leurs sœurs aînées jusqu'à la couche la plus extérieure. Bien que parfois les deux cellules de chaque paire migrent ainsi, le plus souvent, une seule fait le trajet, laissant l'autre générer la paire suivante. Quand le neurone migrant atteint sa destination finale, il s'intègre à l'un des systèmes fonctionnels du cerveau. Sur leur passage, les neurones entrent en contact avec d'autres cellules ainsi qu'avec certaines substances chimiques qu'elles libèrent ; ce contact active les différents gènes qui définissent l'identité et la vocation de chaque neurone. Sous l'influence des fibres nerveuses d'un neurone éloigné, quelques jeunes cellules s'écartent de leur chemin. Un neurone peut donc finir sa migration dans la zone motrice et devenir un élément du système qui régule le mouvement, comme il peut s'arrêter dans le cortex auditif et participer à l'audition.

Pendant cette phase de migration, des neuropeptides et autres molécules spécifiques sont libérés par les tissus dans lesquels le neurone commence à se développer. Ces facteurs neurotropes, comme on les appelle, transmettent des signaux chimiques qui peuvent soit encourager le neurone à étendre ses ramifications vers une cible particulière, soit le détourner de tout mouvement dans une direction donnée. Les neurones ont au départ une potentialité polyvalente – ils ne sont pas génétiquement programmés pour remplir un rôle précis ; mais pendant leur développement, ils se spécialisent. Ce que chaque cellule nerveuse va faire dans la vie – aider à entendre ou à imaginer, exercer un contrôle sur la respiration ou le sommeil – dépend de l'endroit où elle finit son voyage. Cette migration de masse est presque terminée au moment de la naissance du bébé.

Les neurones présentent beaucoup plus de variété que toutes les autres sortes de cellules du corps. S'ils commencent leur vie sous une forme plus ou moins sphérique, ils changent d'aspect en voyageant et en s'installant à leur place : des ramifications surgissent, les dendrites et les axones. Au microscope, les dendrites ressemblent à un buisson touffu de fibres, qui se divisent et se subdivisent en minuscules brindilles couvertes de protubérances arrondies ; elles rassemblent les informations et les dirigent vers le corps de la cellule nerveuse. Les axones, eux, transmettent les ordres du cerveau. Moins nombreux que les dendrites, et généralement plus longs, ils sont terminés par des arborescences. Un neurone peut être la cible et le départ de milliers de connexions ou seulement de quelques-unes.

Les cellules nerveuses envoient et reçoivent l'information. Elles communiquent au moyen d'impulsions électriques qui cheminent à travers leurs extensions. Les axones et les dendrites «déchargent» – c'est-à-dire deviennent électriquement actifs à partir de certains seuils de stimulation – et l'impulsion circule alors le long de la fibre. L'extrémité de chaque fibre contient de minuscules ampoules qui hébergent des molécules appelées neurotransmetteurs. Ceux-ci sont des véhicules chimiques permettant d'acheminer l'information entre l'axone d'un neurone et la dendrite d'un autre. La stimulation électrique permet aux molécules neuromédiatrices de se libérer et de franchir l'espace intercellulaire pour atteindre les molécules réceptrices du neurone voisin. C'est ainsi que l'information se transmet d'une cellule à l'autre. Ces liaisons entre les neurones sont appelées les synapses. Un neurone possédant un axone à *n* ramifications peut se connecter à *n* autres neurones ; et réciproquement, les branches synaptiques de plusieurs neurones peuvent converger vers un même neurone. Des douzaines de neuromédiateurs s'activent dans le cerveau. Mais, pour transmettre leurs messages, ils doivent rencontrer les molécules réceptrices adéquates. Les récepteurs sont en quelque sorte des serrures ; ils permettent à un neuromédiateur d'activer la fonction d'une cellule, à condition d'être la clef qui correspond au mécanisme de cette serrure réceptrice.

Tout au long de la vie d'un individu, sous l'effet de données à la fois génétiques et environnementales, des connexions neuronales se créent, s'affinent, se réorganisent. L'architecture du cerveau ne cesse de prendre forme et d'être remodelée, en particulier au début de l'existence. Exemple : chez le fœtus, les voies d'entrée dans le cerveau de l'œil droit et de l'œil gauche se confondent. Mais, dès que le bébé est né et qu'il a des expériences visuelles, les axones de chaque œil se séparent et s'organisent en deux bandelettes entrecroisées qui constituent le chiasma optique et supportent la vision binoculaire. Au départ, les neurones ne sont que l'ébauche de leur forme et de leur fonction adultes ; celles-ci se précisent en réaction à des stimulations : les neurones potentiellement aptes à réagir à des schémas visuels n'acquièrent leur fonction précise et spécifique que s'ils reçoivent la stimulation visuelle appropriée. C'est l'exercice fonctionnel qui modèle l'architecture cérébrale. Le cortex moteur des violonistes professionnels qui ont commencé leur carrière encore enfants possède une zone de contrôle des doigts de la main gauche anormalement étendue, due à des années d'utilisation répétée de ces doigts.

Les groupes de neurones, et même des unités plus petites, comme les groupes de dendrites dans un même voisinage, réagissent à des séquences répétées de stimulations en s'assemblant en microcircuits qui se déclenchent simultanément ou présentent des phases d'activité électrique extrêmement coordonnées. Comme l'exprime avec humour une neurobiologiste : «Les cellules (nerveuses) qui se déclenchent ensemble, se branchent ensemble.»[1] Ces assemblages de neurones sont renforcés, réorganisés ou détruits par leur utilisation même. C'est de cette manière que se constituent aussi des circuits très complexes, très fiables et finement réglés. L'apprentissage résulte des transformations suscitées dans les connexions synaptiques par les séquences d'activité d'une cellule nerveuse lors d'une expérience d'apprentissage.

Les connexions produites par les neurones ne sont pas des liens physiques permanents, les «câbles» ne sont pas soudés les uns aux autres. En fait, chaque fois qu'une connexion cérébrale s'établit, l'information, sous la forme de molécules chimiques, traverse l'espace qui sépare les deux cellules. Plus de quarante molécules – dont la sérotonine, la dopamine et le glutamate – servent de neuromédiateurs. Chaque molécule fait preuve d'une polyvalence dans plusieurs types d'unités fonctionnelles d'information. Certains neuromédiateurs augmentent l'excitation ou facilitent l'activité dans un circuit, alors que d'autres au contraire inhibent toute activité ; certains fonctionnent sur un mode rapide, et d'autres sur un mode plus graduel ; la plupart sont capables d'exercer un feedback ou d'avoir d'autres inter-

1. Les numéros renvoient aux ouvrages de la bibliographie, P 295.

actions avec les cellules et les synapses auxquels ils sont reliés. Les connexions génétiquement programmées, rapides et fortes, sont nombreuses ; mais certaines sont plus lentes, et d'autres encore sont sujettes à de subtiles variations chaque fois qu'elles sont établies.

Les groupes de microcircuits sont petit à petit assemblés en systèmes fonctionnels plus étendus – ceux, par exemple, qui coordonnent la série complexe de mouvements qui font qu'on peut s'asseoir, avaler une gorgée d'eau, ou encore se souvenir de la date d'aujourd'hui. De nombreux circuits du système nerveux central contiennent des neurones qui modifient le transfert d'information ou font en sorte de transporter simultanément des unités d'information sur plusieurs trajets divergents. Petit à petit, grâce à un usage répété, les connexions neuronales subissent des modifications de structure, deviennent plus rodées, plus sûres et s'automatisent. Les régions du cerveau développent entre elles des liaisons abondantes par l'intermédiaire des voies de projections et les boucles de feedback. A tous les niveaux de cette organisation – du simple synapse jusqu'aux systèmes complexes et étendus comprenant les milliards de connexions à la base de la pensée et des sensations –, les influences génétiques et d'expérience sont en jeu, ou ont laissé leur empreinte. Ces mécanismes rendent possible une variété infinie et changeante de pensées et de comportements, et constituent en fait la base de l'adaptation et de l'apprentissage. «Même si un circuit neuronal nous paraît complexe, écrit Gordon M. Sheperd, neurobiologiste à Yale, on peut être sûr qu'il est configuré pour effectuer des comportements spécifiques tout à fait naturels.»

L'action concertée de certains systèmes de neurones permet à notre cerveau de recevoir, percevoir, stocker et utiliser les informations sensorielles dont le monde de l'autre côté de notre peau nous bombarde : ce que nous entendons, voyons, sentons, goûtons et touchons ; ce que nous percevons comme chaud ou froid ; ce que nous ressentons comme douleur ; ainsi que la conscience que nous avons de la position et de l'orientation de notre corps dans l'espace. D'autres systèmes contrôlent et coordonnent les gestes volontaires ainsi que les processus involontaires des battements de cœur, de la digestion, de la régulation du flux sanguin et la libération des hormones. Et d'autres sont à l'origine de la mémoire, de l'émotion et du langage.

La régulation la plus précise et la plus achevée de l'intellect et de l'émotion, ainsi que des processus sensoriels et moteurs, a lieu dans le cortex cérébral. Effectivement, cette zone – sorte de manteau gris tout froissé qui recouvre le cerveau – contient plus de neurones et de synapses que n'importe quelle autre région cérébrale. Le cortex humain est énorme par rapport à celui de la plupart des mammifères. Le chat, par exemple, possède un cortex qui couvrirait à peine un quart de la page que vous avez devant les yeux ; le cortex humain fait plus de six fois la taille de cette même page. Caractéristique spécifique du cerveau humain : la présence d'un grand nombre de neurones, situés pour la plupart dans le cortex frontal. C'est de ce «bavardage neuronal», comme l'appelle un neurobiologiste, que dépendent les modulations subtiles de la conscience, de la mémoire, de l'imagination et de l'éveil. Les récentes avancées en neurosciences nous permettent maintenant d'écouter de plus près ce bourdonnement neuronal.

Ce qui se passe dans un neurone quand il reçoit l'information dépend du type de synapse impliquée. Les récepteurs synaptiques sont extrêmement spécialisés et permettent un large éventail d'applications. Quelquefois, l'effet principal est une excitation rapide ou une inhibition. Mais parfois s'y substituent ou s'y ajoutent plutôt des modulations plus complexes et plus longues, à la fois dans les cellules nerveuses elles-mêmes et dans les réseaux neuronaux dont elles font partie. Par exemple, des neurones stimulés dans certaines régions du cerveau peuvent fabriquer de nouvelles protéines qui deviendront la base des souvenirs à long terme. Les molécules neuromédiatrices servent de «premiers messagers». Les changements qu'elles provoquent dans les récepteurs situés de l'autre côté de l'espace synaptique activent des messagers secondaires – c'est-à-dire des molécules qui mettent en route des chaînes de réactions à l'intérieur du neurone recevant l'information. Les systèmes de messagers secondaires agissent sur le métabolisme du neurone, l'expression de ses gènes et sur la fabrication des substances neuroactives – comme les peptides et les hormones, ainsi que sur la réception, la conservation et la transmission de l'information.

Tous les neurones fabriqués pendant le développement prénatal ne se retrouvent pas au final chez l'adulte. L'extinction des cellules en surplus fait partie du processus normal de formation du cerveau, avant la naissance puis tout au long de la vie. Cet élagage, qui commence bien avant la naissance, évacue les structures non utilisées, anormales, superflues, ou provisoires, au fur et à mesure que les cellules nerveuses, qui possèdent au départ de nombreuses fonctions, se consacrent à des tâches de plus en plus spécifiques. Quand le bébé vient au monde, il possède en gros un trillion de cellules nerveuses. Contrairement aux cellules qui constituent certains de nos autres organes, comme le foie ou l'estomac, les neurones ne se reproduisent pas à l'infini. Nous naissons avec toutes les cellules nerveuses que nous aurons jamais. La formation et le fonctionnement du cerveau de chaque individu dépend de l'emplacement de ces cellules, de leur connexion et de la dispartion de certaines.

Le destin d'une cellule nerveuse donnée est imprévisible, mais il n'est pourtant pas le fruit du hasard. Un mélange de circonstances, d'erreurs et de compétition décide des cellules qui vont survivre : la localisation de la cellule, son activité, les signaux émanant d'autres cellules, ainsi que des facteurs neurotropes, exercent une influence sur cette survie. Une théorie prétend que chaque cellule contient les gènes qui permettent son autodestruction. Des signaux provenant des autres cellules sont alors nécessaires pour supprimer ce programme de suicide. Ce «contrôle social» de la survie des cellules maintient le nombre adéquat de chaque type de cellules dans un tissu particulier.

Une autre théorie soutient que la mort programmée d'une cellule est liée à l'incapacité du neurone à trouver une cible à laquelle se connecter. Chaque fibre musculaire mature, par exemple, est contrôlée par un seul axone d'un neurone moteur de la moelle épinière ; mais une fibre musculaire immature est en jonction avec plusieurs fibres nerveuses. Toutes les fibres nerveuses sauf une seront donc éliminées au cours du développement, ce qui aboutira à une fonction musculaire efficace et bien réglée. Les neurones moteurs qui perdent cette compétition dans la connexion avec les fibres musculaires meurent.

Le cerveau d'un nouveau-né possède plus de neurones que celui d'un adulte, mais il a encore peu de synapses. Dès la naissance a lieu une explosion dans la création de ces dernières. Et à l'âge de deux ans, l'enfant a dans le cerveau deux fois plus de synapses que son père ou sa mère. La période de prolifération des connexions cérébrales correspond au stade où l'enfant découvre à chaque instant des choses nouvelles. Les enfants sont biologiquement préparés à apprendre durant cette période. Après les dix premières années, il y a encore un abondant épanouissement de synapses, mais certains spécialistes estiment qu'à la fin de l'adolescence, la moitié des synapses du cerveau a déjà été éliminée.

Bien que l'histoire ne soit pas encore complètement écrite, les résultats des recherches actuelles indiquent que l'expérience première joue un rôle déterminant dans la survie ou non des synapses. L'activité électrique neuronale provenant d'une stimulation détermine, semble-t-il, à la fois l'élimination et la stabilisation des synapses. Chaque expérience, que ce soit une image, un son ou un contact, provoque de l'activité sur une voie neuronale. Toute activation répétée augmente la force du signal sur ce trajet. Cette activité peut susciter des transformations chimiques qui stabiliseront la synapse, évitant son élimination. Les synapses qui ne sont plus utilisées ou s'avèrent inappropriées sont sélectionnées et éliminées par des substances chimiques libérées lors de l'activité neuronale.

Le programme de mise en place ou de destruction des connexions neuronales ne s'effectue pas au même rythme dans toutes les parties du cerveau. Celles qui gouvernent des fonctions comme la respiration, la régulation de la température, la digestion et la tension artérielle, bien qu'encore immatures à la naissance, sont déjà très développées par rapport à celles qui seront consacrées à la cognition. Les séries de connexions les moins matures – et donc les plus ouvertes aux influences environnementales – sont celle du cortex cérébral. «Le cortex se développe comme un tout, plutôt que par zones», selon Pasko Rakic et ses collègues, qui ont compté pas moins de 500 000 synapses dans les zones corticales diverses chez des singes d'âges différents. Ils ont trouvé que le rythme de développement était comparable dans ces différentes zones. On peut donc penser que les processus sensoriel et moteur primaires ne sont pas les seuls à se mettre en route dès la petite enfance ; les processus «supérieurs» de la pensée, qui dépendent du cortex frontal, font de même. Ces derniers comprennent le classement et l'interprétation de l'information et le contrôle de l'attention.

Dans les premières années de la vie, le phénomène de création et d'élimination des synapses s'effectue à toute vitesse. Les besoins énergétiques du cerveau pendant cette période sont énormes. D'après Harry Chugani, qui a mesuré la consommation cérébrale de glucose fournisseur d'énergie, le cerveau d'un tout-petit a une activité métabolique aussi importante que le cerveau d'un adulte. Son rythme métabolique augmente jusqu'à l'âge de trois ans – il est alors deux fois et demie plus rapide que le cerveau d'un adulte – pour ensuite décroître lentement.

Les neurones et les synapses du jeune cerveau sont extrêmement sensibles aux influences environnementales. Les expériences de David Hubel et Torsten Wiesel – qui ont reçu le prix Nobel – ont montré des anomalies importantes dans le cerveau de chatons élevés dans le noir, ou qu'on empêche d'avoir des perceptions visuelles normales. Chez un chaton dont l'œil est recouvert d'un cache translucide le privant de la vision des formes, les neurones sur le trajet de l'œil au cerveau dégénèrent et l'architecture de la région visuelle du cerveau est déformée. L'animal ne retrouve pas la vision de l'œil occulté après qu'on a enlevé le cache. Mais cette carence n'a pas modifié sa vie adulte.

Mieux encore, plusieurs études, réalisées chez des espèces variées, confirment l'idée que des environnements stimulants activent la croissance du cerveau. Les animaux élevés dans des environnements expérimentaux enrichis, avec de nombreux jouets, des labyrinthes, des roues, de la nourriture variée, ont un cortex plus épais et des contacts synaptiques plus étendus et plus complexes que les animaux élevés dans des cages vides. Une expérience récente montre qu'une souris adulte «enrichie» forme plus de neurones qu'une souris élevée dans un environnement de laboratoire standard.

Cette sensibilité spécifique à l'expérience est un des éléments qui définissent la prime enfance. Il y a des périodes cruciales, pendant lesquelles certaines expériences doivent être accessibles à l'enfant pour que le développement normal des connexions cérébrales puisse s'effectuer. Cette notion est plus facile à saisir à partir de cas de grande carence. Un bébé né avec une cataracte, et donc privé de stimulation visuelle, ne pourra pas voir, même après qu'on aura guéri sa cataracte, à moins que l'opération n'ait lieu très vite après la naissance ; un enfant souffrant d'une sérieuse perte d'audition à la naissance n'apprendra pas à parler, sauf s'il a été appareillé à temps. Un bébé élevé dans une institution sans une personne aimante qui prend soin de lui est physiquement, cognitivement et émotionnellement diminué. Si le programme de la nature est ignoré ou détruit – si l'on néglige l'enfant ou qu'on le maltraite par exemple –, les processus physiologiques peuvent être déformés, les trajets neuronaux modifiés et les conséquences développementales transformées. Le caractère de «utilisé ou perdu» qui régit le développement cérébral accentue encore l'importance de l'expérience précoce. L'acquisition de l'information, qu'il s'agisse d'une langue, d'un souvenir ou des étapes d'un acte moteur comme manger à la cuillère, a un effet permanent sur le développement du cerveau, puisqu'elle détermine quelles sont les connexions qui peuvent se stabiliser et lesquelles seront éliminées.

Puisque nous naissons avec tous nos neurones, c'est la croissance surabondante des projections synaptiques qui contribue pour une large part à l'augmentation de la taille du cerveau. (Autres éléments qui augmentent la taille du cerveau : la croissance du corps même des cellules nerveuses et des structures cérébrales qui soutiennent le travail des neurones comme les vaisseaux sanguins, les tissus de soutien et la myéline – cette substance qui recouvre les axones, les isole et leur permet d'être plus rapides et plus efficaces.) La croissance postnatale du cerveau intervient surtout dans les régions dédiées aux processus de cognition.

Grâce à leurs excroissances et à leurs voies de projection, les neurones transmettent des messages électrochimiques par milliards. Chacun de nous naît avec la capacité de réaliser un nombre de connexions cérébrales astronomique, impossible à exprimer ; écrit, cela donne un 10 suivi de soixante-cinq zéros, et on dit que ce nombre approche celui des étoiles dans le ciel. La croissance des connexions est déclenchée par le programme génétique de chaque individu interagissant à divers niveaux avec des influences environnementales multiples. Cependant, même le réseau neuronal le plus foisonnant ne fournit pas à notre cerveau la capacité nécessaire pour intégrer chacune de nos pensées, chaque phrase que nous prononçons, ou chaque mouvement que nous faisons. En fait, notre cerveau contient surtout les mécanismes qui nous permettent cet usage infini. Selon une des explications actuelles, il semble que nous prélevons dans le stock immense d'informations que contient notre cerveau, les éléments dont nous avons besoin et que nous assemblons pour une tâche donnée. La façon dont les circuits de notre cerveau sont élaborés, assemblés et interconnectés détermine ce que nous pouvons faire, ce que nous voulons faire, notre manière de penser – en bref, qui nous sommes.

L'apprentissage dure toute la vie ; le paysage du cerveau n'arrête pas de changer, en fonction d'un courant continu d'expériences. Mais il y a des moments dans la vie durant lesquels l'un ou l'autre des systèmes cérébraux est plus spécialement ouvert aux nouvelles expériences, et surtout à même d'en profiter le plus possible. Si on laisse passer ces périodes sensibles sans rencontrer la stimulation que le système attend, les occasions de divers apprentissages peuvent s'en trouver grandement réduites. Pensons par exemple aux difficultés de prononciation que rencontre un adulte quand il apprend une langue étrangère ; ou bien à ce qu'être émotionnellement en concordance avec autrui implique.

Certaines tendances développementales innées semblent plus perméables que d'autres à l'apprentissage. L'intelligence humaine a inventé une multitude de façon de modeler, éduquer et civiliser le matériel de base qui nous constitue. Si la plupart des neurologues s'accordent maintenant sur le fait qu'il existe des périodes pendant lesquelles les processus cérébraux sont plus sensibles qu'à d'autres aux données environnementales, ils ne s'entendent absolument pas sur la portée de ces expériences sur le cerveau ; ni sur la durée de ces périodes sensibles, ou sur les conséquences d'une carence de stimulation à ces moments-là. «Les fenêtres du possible (…) se referment-elles d'un coup ? Ou bien restent-elles légèrement entrebâillées ?»[2]

Les nouvelles découvertes nous éclairent sur la façon dont les gènes déterminent à la fois les traits du corps communs à toute créature vivante, et ceux qui rendent chaque espèce unique, qu'il s'agisse de la drosophile, de la souris ou de l'homme. Sur les 70 000 à 100 000 gènes du génome humain (ces estimations sont celles qu'on avance le plus souvent ), la moitié environ se réalise dans le cerveau, et un tiers est entièrement dédié à la seule fonction cérébrale – un nombre de loin plus élevé que pour n'importe quel autre organe. Le Programme du génome humain, créé en 1986, réussira certainement – avec encore une dizaine d'années de recherches – à dresser une carte génétique de l'homme. Ce qui signifie que nous connaîtrons la localisation et l'ordre de chaque gène constituant nos vingt-trois paires de chromosomes. Nous serons à même de comprendre comment, où et quand certains gènes fonctionnent.

Mais les biologistes ont de nombreuses difficultés à découvrir comment les gènes s'expriment dans les cellules, seuls ou par combinaisons, comment ils interviennent ou pas pendant un développement normal ou anormal et pendant la régulation des fonctions corporelles, comment les protéines qu'ils fabriquent déterminent à la fois un fonctionnement normal ou anormal, et comment ils sont influencés par leur environnement. Ce n'est pas encore demain qu'on comprendra comment les gènes contribuent aux différences individuelles de comportement parmi les animaux d'une espèce donnée, y compris l'espèce humaine.

Les nouvelles technologies d'imagerie et de détection des signaux provenant des structures cérébrales en activité procurent des aperçus de la vie du cerveau. Nous commençons à comprendre un peu mieux comment et quand les connexions cérébrales se font et se défont, et ce qu'elles signifient pour le développement de la pensée, de la sensibilité et de la mémoire. Ces avancées dans la compréhension de ces procédés contiennent l'espérance que, peut-être un jour encore lointain, nous arriverons à appréhender la base même de l'état de conscience.

Les résultats des dernières recherches, les nouvelles théories et les hypothèses nous viennent autant de sciences comme la psychologie, la linguistique, l'informatique, que de la neurobiologie. Les méthodologies pointues, expérimentales ou statistiques, nous offrent un pouvoir d'analyse accru. Plus nous comprenons ce qui se passe dans la tête des enfants, plus il devient clair que le développement est un processus continu, l'entrelacement de l'héritage génétique unique d'un bébé avec son histoire personnelle. Il est impossible d'expliquer comment les gènes jouent leur rôle dans le développement cérébral sans comprendre comment l'expérience influence leur expression à tous les stades. Le facteur crucial dans le développement cérébral d'un tout-petit – en admettant que l'enfant n'a pas de malformation grave, n'est ni mal nourri, ni soumis à des températures excessives, ne subit pas d'isolement sensoriel, n'est pas exposé à agents d'infection, des produits toxiques ou des radiations – est l'interaction humaine.

A la naissance, le cerveau humain est beaucoup moins «fini» que celui des autres primates. Le cerveau d'un nouveau-né humain va quadrupler en poids pour atteindre sa taille adulte, alors que le cerveau d'un bébé chimpanzé double seulement le poids qu'il a à la naissance. Les bébés humains naissent désarmés, et ils le restent longtemps. A leur arrivée, ils attendent qu'on prenne soin d'eux, et qu'on les protège. Ils naissent aussi pour apprendre et leur capacité à apprendre – à adapter leur comportement à partir de l'expérience – est au plus haut dans les premières années de leur vie, quand ils fabriquent les connexions cérébrales dont dépendent l'apprentissage et la vie. Comme nous le verrons, le cerveau possède des capacités remarquables d'autoprotection et de récupération. Mais les soins et l'amour que les enfants reçoivent dans leurs premières années – ou le manque de ces expériences fondamentales – laissent des empreintes permanentes dans leur jeune esprit.

## Chapitre 2

# La demeure du sens

Le pouvoir d'utiliser le langage fait partie de l'héritage génétique partagé par tous les êtres humains. Ce deuxième chapitre traite de cette spécialisation pour le langage spécifique au cerveau humain. Toutes les langues suivent les mêmes principes de base d'organisation grammaticale. Les linguistes sont nombreux à expliquer ce fait par l'existence supposée d'un système cérébral inné dédié au langage, et qui passe par différents stades dans son évolution, et son exposition à l'expérience. Parce que, dans les premières années de la vie, le cerveau est particulièrement organisé pour le développement du langage, un bébé qui naît dans un environnement riche en langage est très avantagé. Pourtant, même si les enfants sont capables d'acquérir les éléments de base de leur langue maternelle sans qu'un adulte les leur apprenne, leur facilité de langage est multipliée par le soutien et l'encouragement apporté par des adultes attentionnés.

### Le pouvoir du langage

En devenant capables de communiquer avec autrui par le langage, les enfants réalisent le lien social capital pour les êtres humains. Parlé, écrit, par signes, chanté, traduit, informatisé, le langage est notre outil principal pour organiser notre esprit et pour atteindre l'esprit d'autrui. Nous utilisons des symboles arbitraires, les mots, pour faire passer du sens, et nous en faisons des combinaisons multiples en usant de règles de grammaire – présentes dans toutes les langues. Cette faculté d'enchaîner les mots selon des règles, qui nous est spécifique, nous permet de communiquer des notions qui seraient impossibles à exprimer en un seul mot, ou par des mots combinés à des gestes. Quand nous pensons, nous utilisons également des mots même si nous ne les prononçons pas. Nos discours intérieurs relient le passé et le présent, nous permettant de créer et de définir notre sens de nous-mêmes.

Une large part de notre faculté à transmettre ce que nous pensons et à agir en accord avec les autres vient du langage et de l'écriture qui en découle. Le langage permet aux êtres humains de partager leurs rêves, leurs désirs, leurs projets, et de mobiliser ensemble leur énergie à grande échelle. Notre compréhension commune des symboles oraux et écrits nous procure un immense pouvoir et un énorme avantage d'adaptation par rapport aux autres espèces. Nous conservons un nombre infini de mots écrits – imprimés ou stockés électroniquement – dans des bibliothèques, et ils traversent des générations. La technologie des satellites fait qu'une personnalité politique, un animateur ou un publicitaire peut s'adresser au monde entier. Tous ces développements confèrent au langage un pouvoir cumulatif énorme, et produisent une civilisation de plus en plus dépendante de la communication des informations.

Le langage est un instrument qui permet aux humains d'agir à vaste échelle. Notre empreinte sur la nature est de nos jours plus puissante que jamais, non seulement à cause de notre prolifération en nombre, mais également parce que les gens sont de plus en plus capables d'utiliser des technologies apportant des transformations radicales. De plus en plus de phénomènes naturels – le temps qu'il fait, les espèces peuplant notre planète et les limites changeantes des océans et des continents – sont fortement transformés par ce que des millions de gens font ensemble.

Et ce que font les gens est largement influencé par ce qu'ils entendent, lisent ou se disent les uns aux autres.

Plus que jamais, notre univers se crée et se recrée à travers le langage, et la maîtrise du langage devient indispensable dans des aspects de plus en plus nombreux de notre vie, qu'on soit étudiant, professeur, réalisateur, vendeur, avocat, thérapeute, consommateur… Au XXIe siècle, les personnalités fortes et silencieuses auront encore plus de mal qu'aujourd'hui à se trouver une place dans cette activité de langage continuelle. Et même si nous passons beaucoup de temps à parler sans que l'autre entende, ou à tromper l'autre avec des mots, que ce soit intentionnellement ou non, notre besoin d'être entendu est peut-être notre désir le plus fort. «Le langage est au cœur de notre existence sociale, il nous unit, il nous héberge dans le sens.»[3]

## EXISTE-T-IL UN ORGANE DU LANGAGE ?

Nous les humains, êtres avides de société que nous sommes, nous naissons avec ce besoin de contact le besoin d'être touché, reconnu, entendu par ceux de notre espèce, besoin qu'ils nous parlent. Nous utilisons le langage pour entrer en relation avec les personnes dont notre vie même dépend. Les nouveau-nés arrivent avec un cerveau qui est équipé pour acquérir une langue tant qu'il est encore jeune et en croissance. Nous apprenons notre langue maternelle parce que nous sommes dotés de la capacité dynamique de fabriquer les milliers et milliers de connexions neuronales dont dépend le langage. Cette capacité diminue avec l'âge. La facilité et l'aisance avec lesquelles nous apprenons une langue se mettent en place – et dans une certaine mesure sont déterminées – dans l'enfance. Si la capacité d'acquérir le langage, ainsi que le désir de communiquer par le langage dépendent fortement de l'héritage biologique, le développement de l'expression verbale et de l'habileté dans le langage dépend autant de l'interaction humaine que du potentiel inné. Parfois, comme nous allons le voir, cette compétence linguistique ne parvient pas à se développer ; cependant la rareté de ces cas est étonnante : les systèmes biologiques et sociaux assurant le langage ont beau être complexes et subtilement équilibrés, ils sont également solides, souples et capables de récupération.

Que la première langue d'un enfant soit le portugais, l'anglais, le français ou autre, dépend de la personne qui lui parle – ce qui n'était pas très clair pour Jim, l'ami d'Huckleberry Finn, qui se demandait pourquoi les Français parlaient français alors qu'il était tellement plus facile de parler anglais ! Ce n'était pas évident non plus pour Psammétique I^er^, roi d'Egypte. D'après Hérodote, historien grec du V^e^ siècle av. J.-C., le roi Psammétique (664-610 av. J.-C.) croyait en l'existence d'une langue universelle originelle, et mena donc une expérience pour trouver quelle serait la langue parlée par des enfants s'ils étaient laissés seuls. Il ordonna que deux bébés soient séparés de leur mère à la naissance et élevés ensemble par une personne muette. Ils ne pouvaient entendre aucun autre son humain que les leurs, l'hypothèse du roi étant qu'ainsi les enfants apprendraient à parler sans entendre aucune parole venant d'un adulte, et qu'ils se mettraient donc intuitivement à parler la langue originelle. Après deux ans d'un tel isolement, les enfants communiquaient vocalement entre eux, et effectivement personne ne pouvait les comprendre ; les linguistes de la cour en déduisirent qu'ils parlaient la langue originelle du monde, et le roi fut satisfait.

De nos jours, certains linguistes seraient d'accord avec leurs collègues du passé pour dire qu'il n'est pas nécessaire qu'un enfant entende le langage d'un adulte pour apprendre à parler. D'après eux, les deux enfants du récit d'Hérodote auraient de toutes façons réussi à communiquer l'un avec l'autre en inventant des éléments de communication référentiels arbitraires – autrement dit, des mots. Ils auraient également inventé des règles, pour lier les mots – autrement dit, une syntaxe. Leurs échanges se tiendraient dans une langue qu'ils auraient inventée pour eux-mêmes. Dans les années 1970, la linguiste Susan Goldin-Meadow étudia le cas d'enfants nés dans une famille de gens sourds-muets. Sans avoir été exposés au langage des signes conventionnel, ces enfants développèrent un système de gestes possédant en grande partie les propriétés du langage. Il semble que les êtres humains, même dans un groupe limité à deux, ne peuvent pas s'empêcher de parler à autrui.

Le premier interlocuteur d'un bébé est généralement sa mère. Dès sa naissance ou presque, le nouveau-né s'attend à une réciprocité. Le regard intense entre la mère et le bébé constitue le premier signe de la relation particulière qui va se développer entre le bébé et les personnes les plus proches de lui. La communication par le langage naît de cette toute première communication d'amour. Cette «fenêtre du possible» qui nous permet d'apprendre notre première langue reste grande ouverte pendant deux ans environ, puis à moitié ouverte pendant encore dix ou douze ans, enfin seulement entrebâillée pendant un peu plus longtemps.

On trouve de nombreux exemples de la façon dont l'absence de stimulation appropriée bloque ou déforme le développement des systèmes cervicaux. Dans les orphelinats sans vie et sans couleur, les bébés, à peine touchés par ceux qui s'en occupent, jamais pris dans les bras sauf pour leur donner à manger ou changer les couches, dépérissent littéralement, de carence sensorielle et émotionnelle, même s'ils sont correctement nourris et leurs besoins physiques satisfaits. Les conséquences terribles d'une stimulation anormale – tant sur le plan sensoriel que cognitif et social – sur le comportement de jeunes animaux comme des chatons ou des singes ont été démontrées lors de nombreuses expériences. Les anomalies dans l'anatomie et la physiologie du cerveau dues au manque de stimulation appropriée sont assez bien comprises de nos jours, en particulier celles liées à la vision. Pendant les périodes cruciales du développement, ne voir qu'un espace vide, n'avoir personne à toucher ou n'entendre que du silence peut causer des dommages neurologiques irréparables.

L'idée que le cerveau humain est programmé pour acquérir le langage selon un programme de maturation inné est maintenant largement (mais pas complètement) acceptée. Les données recueillies viennent appuyer l'hypothèse révolutionnaire avancée par Noam Chomsky : les êtres humains seraient nés avec la compétence d'acquisition du langage, compétence qui nous permet à tous de saisir les règles basiques de combinaison des mots, communes à toutes les langues. Partout dans le monde, les tout-petits exposés au langage humain parlé par des êtres humains vivants (cela ne marche pas avec une télé ou des robots «interactifs») apprennent la langue de leur mère, quand les connexions cérébrales nécessaires sont arrivées à maturité, que les personnes maternantes soient taciturnes ou bavardes, très instruites ou illettrées. Ce qu'on dit aux nouveau-nés et aux nourrissons, qui leur parle et sur quel ton de voix, l'attention qu'on porte à leur babillage et comment on les interprète, les approches et stratégies des parents et de l'entourage sont extrêmement variées. Pourtant, à part de rares exceptions, nous apprenons tous à parler.

De nombreux biologistes, ainsi que la plupart des linguistes, pensent maintenant que notre compétence linguistique est «ancrée dans le réseau de structures, processus et connexions du cerveau humain». Le langage vient naturellement aux enfants. Comme le remarque le linguiste Steven Pinker, «les enfants en fait le réinventent, génération après génération». Les bébés ne parlent pas parce qu'on leur apprend à parler ; ils parlent parce qu'ils ne peuvent pas s'empêcher de parler, parce que leur cerveau est construit pour cela.

Quelle est cette capacité biologique qui rend l'acquisition du langage possible – en fait pratiquement inévitable – pour les enfants, et qui en détermine les caractéristiques ? Nous n'avons pas encore de réponses à ces questions. L'apprentissage de la langue maternelle dépend, selon la théorie linguistique de Chomsky, d'une faculté linguistique innée qui définit comme nécessaires certaines formes combinatoires de mots dans toutes les langues et en rejette d'autres. Ces principes linguistiques biologiquement déterminés forment ce que Chomsky appelle la «grammaire universelle».

Ces qualités proclamées d'universalité et de caractère inné sont vérifiées empiriquement. Les quatre à six mille langues humaines partagent certaines règles et principes ordonnant les séquences et les combinaisons de mots ; la plupart des enfants font l'acquisition des bases du langage sans beaucoup d'enseignement. Une de ces contraintes universelles, semble-t-il, est le fait qu'on peut déplacer certains membres du discours mais pas d'autres. «Qui et Georges ont-ils donné des cadeaux d'anniversaire à ?» est une construction impossible dans n'importe quelle langue, même si le sens de la phrase est compréhensible et analysable. «A qui et Georges...» est encore pire. Argots, dialectes, langues dites primitives, mélanges de langues et patois ou créoles suivent ces mêmes règles universelles.

Tout petits, les enfants sont capables de construire des phrases parfaitement logiques sans les avoir jamais entendues auparavant. Les très jeunes enfants font preuve d'une connaissance des règles de construction des phrases à partir de syntagmes ; ils savent aussi parfaitement changer l'ordre des mots pour exprimer ce qu'ils veulent. Et même s'ils font des erreurs en expérimentant la langue, ils sont capables de distinguer une phrase construite selon les règles – qu'ils n'ont pourtant jamais apprises – d'une phrase qui ne les suit pas.

Les linguistes s'efforcent de cerner ces aptitudes à l'aide de jeux, qui ont pour objet d'inciter les enfants à reformuler ce qu'ils entendent. On leur demande par exemple de poser une question à partir d'une phrase affirmative. Les enfants de cinq ans suivent sans peine les règles d'interrogation. Et c'est avant cela, lors de l'entrée à la maternelle, qu'ils perçoivent le sujet impersonnel «il» – («il y a une licorne dans le jardin») - comme un «faux sujet», qu'ils utiliseront peut-être eux-mêmes dans leurs constructions. De même, ils savent très bien quelle est la place de l'auxiliaire, les tout-petits n'énonceront pas une question du genre : «Est la licorne dans le jardin?»

Pourquoi ne peut-on déplacer l'auxiliaire comme on le souhaite ? Parce que, comme l'explique Pinker en reprenant l'intuition de Chomsky, le «dessin basique du langage» le défend.

Même si l'on peut décrire les phrases comme des chaînes de mots, nos algorithmes mentaux pour la grammaire ne repèrent pas les mots par leur positionnement linéaire, comme «premier mot», «deuxième mot»... etc. ; ils regroupent plutôt les mots en segments grammaticaux, et ces segments en d'autres plus longs encore, et donnent à chacun une étiquette mentale, comme «segment nom sujet», ou «segment verbe». Si ces règles sont ancrées dans le cerveau humain, raisonne Chomsky, alors les enfants devraient l'appliquer correctement sans passer par tout un processus d'apprentissage fait d'essais et d'erreurs. Ils n'auraient pas besoin d'entendre des exemples provenant de la bouche de leurs parents. Pinker nous rappelle de plus que les questions présentant un deuxième auxiliaire intégré dans la proposition sujet sont pratiquement inexistantes dans le langage simplifié que les parents utilisent souvent inconsciemment pour parler à leurs tout-petits. Ce raisonnement, que Chomsky appelle «l'argument provenant de la pauvreté de l'apport», constitue, comme l'exprime Pinker, «la justification essentielle permettant d'affirmer que le dessin basique du langage est inné».

Cependant, comme les psycholinguistes du développement, Elisabeth Bates et Virginia Marchman, le font remarquer, les enfants sont les participants «actifs et créatifs du processus d'acquisition». Ils inventent des approximations intelligentes pour exprimer ce qu'ils veulent, et ils généralisent les règles de grammaire : «J'ai mété des miettes partout, alors Maman et moi on a balayé après.» Jusqu'à ce qu'il apprenne les participes des différents groupes verbaux, l'enfant emploie sa règle logique.

A trois ans, il est plus important pour un enfant de suivre sa règle que les corrections répétées par sa maman. Mais vers cinq ans, il aura mémorisé la plupart des conjugaisons des différents groupes verbaux. Et à huit ou dix ans, il maîtrisera à peu près toutes les règles de construction grammaticale de sa langue.

La linguiste Virginia Fromkin a résumé les différentes raisons de croire que le dispositif du langage humain est inné. Un enfant apprend toute langue à laquelle il est exposé. Il n'existe pas de langue, parlée ou gestuelle, utilisée dans la communauté où l'enfant est né et est élevé, qui soit trop difficile à apprendre pour lui. Pas besoin d'un talent ou d'un don spécial. Les génies n'acquièrent pas la langue et ses règles grammaticales de base plus tôt que des enfants normaux, ou même pas très éveillés. Les enfants n'ont pas besoin qu'on leur apprenne les bases de la langue ; ils ont simplement besoin d'y être exposés.

Autre preuve d'une prédisposition biologique pour le langage : la vitesse et la précision avec lesquelles les enfants arrivent à maîtriser l'extraordinaire complexité de n'importe quelle langue. On dirait que les enfants débarquent tout préparés – et impatients – pour ce voyage d'environ trois ans qui les amènera à maîtriser leur langue maternelle. La progression est la suivante : de zéro mot à la naissance, un bébé passe à 50 - 100 mots et des phrases de deux mots vers dix-huit mois, puis à près de 600 mots vers deux ans et demi, et à des constructions plus longues et plus complexes vers trois ou quatre ans. Un enfant de cours primaire première année comprend 13 000 mots, et utilise habilement les temps, intègre des relatives, des verbes composés et se lance dans des associations que seul un grammairien patenté pourrait expliquer. Un collégien identifie un mot entendu en moins d'un tiers de seconde, passant pour cela en revue les quelque 50 000 mots, accompagnés de leur sens, associations, connotations, nuances, stockés dans son dictionnaire mental. Un adulte comprend une série complexe de mots, propositions et phrases, et y répond par des mots, des propositions et des phrases appropriées en à peine plus de temps qu'il ne faut pour l'énoncer.

Mais la qualité la plus étonnante du langage est peut-être tout ce que nous pouvons faire en partant de si peu. L'appareil vocal des êtres humains est capable de produire plusieurs centaines de sons, et nous n'en utilisons qu'une petite partie. Le français, par exemple, utilise trente-six phonèmes (le phénomène est la plus petite unité de langage parlé) qui sont combinés pour faire des syllabes, puis des mots (il y a environ 47 000 mots en français). Puis, par des variations pour créer les formes fléchies –

pluriels, genres, verbes conjugués – et par des combinaisons de phonèmes, le nombre de mots s'élargit considérablement. Et quand nous combinons les mots, les possibilités sont époustouflantes.

Bien que la compétence linguistique se forme vraisemblablement dans notre cerveau, les façons dont elle se déploie sont infiniment variées. Le nombre de langues existant dans le monde en est la preuve évidente, et la diversité des individus parlant le même idiome en est une autre. Une étude récente montrait les différences de rythme auquel les enfants apprennent leur langue, ce que Darwin avait déjà remarqué. On a demandé aux parents de 1 800 enfants en bonne santé, âgés de huit à trente mois, de cocher sur une liste standard les éléments décrivant le niveau des prouesses linguistiques de leur enfant : vocabulaire compris et utilisé, présence de gestes de communication, compréhension des constructions grammaticales, et longueur des phrases et des propositions énoncées. Les résultats de ces mesures linguistiques sont utilisés à la manière des courbes de poids et taille que le pédiatre trace pour suivre la croissance de l'enfant.

Aucun des bébés ne prononçait un seul mot à huit mois, mais vers seize mois, la moyenne de mots prononcés était de 40. A deux ans, elle était passée à 300, et à deux ans et demi, le nombre de mots avait pratiquement doublé. Mais, comme dans une courbe de croissance, les moyennes ne racontent qu'une petite partie de ce qui se passe. Des écarts importants ont été constatés à tous les âges et pour tous les critères de mesure. Chez les bébés de seize mois par exemple, le nombre de mots prononcés variait de 0 à 100 ; à deux ans, si la moyenne était de 300 mots prononcés, les 10 % d'enfants possédant le moins de vocabulaire utilisaient environ 50 mots, alors que les 10 % sités en haut de la courbe en étaient à 550 mots prononcés.

Les variations dans le développement du langage chez ces enfants existaient non seulement dans le rythme d'acquisition des diverses compétences impliquées, mais également dans l'ordre d'acquisition de ces compétences. Ces observations amenèrent Elisabeth Bates, l'une des initiatrices de cette étude, à conclure que «Les prédispositions au langage d'un enfant ne sont pas réalisées en séquences universelles de développement.» Le premier lexique de certains enfants est surtout destiné à nommer les personnes («Maman») les autres êtres vivants («chat») et les choses («lait»). Certains enfants par contre préfèrent semble-t-il les mots indiquant une action ou une fonction («dessus, donne, oh-oh !»). Les enfants ont différentes stratégies d'apprentissage de leur langue, suivant leur tempérament, leur style d'approche cognitive, et le genre d'interactions linguistiques encouragé par les personnes de leur entourage.

Les caractéristiques grammaticales d'une langue sont, elles aussi, déterminantes dans l'ordre d'apprentissage des éléments. En français, l'ordre des mots est assez strict et régulier, et les enfants acquièrent la règle de l'ordre des mots – le sujet d'abord, puis le verbe, puis un complément – relativement tôt ; en turc, les mots s'utilisent plus souvent qu'en anglais ou en français avec des flexions pour faire le pluriel, le datif, le possessif, etc. ; à l'âge de deux ans, un enfant turc maîtrise ces désinences, alors qu'un petit Français aborde tout juste cet aspect de sa langue. Selon Bates, les enfants commencent très tôt à identifier et à utiliser les éléments de leur langue les plus porteurs de sens. Ils intègrent aussi à leur discours les structures claires, fréquentes et régulières avant les formes irrégulières et plus arbitraires. Les enfants, en fait, s'adaptent facilement aux particularités de leur langue.

Dire que les principes grammaticaux sont innés et universels ne signifie pas qu'on rejette l'influence d'un environnement linguistique ; les principes de syntaxe sous-jacents et universels imposent les règles et paramètres divers de toute langue. Quand les enfants sont exposés à leur langue maternelle, leur expérience linguistique agit d'après les principes grammaticaux de base pour établir les occurrences et les règles qui régissent leur langue à eux. C'est ainsi que la langue d'un enfant émerge dans toute sa richesse et sa complexité. La réalisation de cette compétence grammaticale – qui est fondamentalement la même pour tous – est, chez un individu donné, le fait d'influences interactives, certaines provenant de l'individu lui-même, d'autres de l'environnement social. Les processus neuronaux par lesquels la maturation et l'expérience agissent sur la faculté humaine du langage pour produire ces différences entre les individus, restent inconnus. Pourtant la question est de savoir si la production de la langue implique des mécanismes neuronaux exclusivement utilisés pour le langage. Certains théoriciens affirment que les mécanismes du langage ne sont pas spécifiques, mais au contraire très semblables à ceux utilisés dans tout processus de cognition.

## LES CIRCUITS DU LANGAGE

Personne n'a jamais vu un «organe du langage». A vrai dire, il y a même de nombreuses preuves que les groupes de cellules, systèmes et circuits impliqués dans les fonctions du langage ne sont pas regroupés dans une région particulière du cerveau. Grâce aux nouvelles techniques permettant de décoder les activités du cerveau vivant, nous commençons à avoir une vision claire des localisations et des fonctions spécifiques des éléments qui composent l'appareil du langage. Nous découvrons comment ces systèmes organisés contribuent à la compréhension et à la production du langage, et comment ils se développent dans le cerveau des enfants.

Les organes des sens sont essentiels dans l'acquisition du langage, puisqu'ils permettent de recueillir les informations. La plupart d'entre nous utilisent l'oreille ; pour une personne sourde, ce sera la vue, ou une sensibilité accrue aux vibrations. Nous dépendons d'un système nerveux central spécialement conçu pour recevoir, percevoir, décoder, enregistrer et représenter l'information linguistique et les messages symboliques complexes. Sans lui, nous ne pourrions absolument pas percevoir les courants mouvants de sons qui nous arrivent dans les oreilles, tous en même temps, de différentes sources, et le plus souvent brouillés, marmonnés, enchevêtrés ; et nous serions incapables de les disséquer instantanément et de les recomposer en syllabes, mots, propositions, phrases, puis en unités de sens encore plus vastes.

Pour acquérir et utiliser le langage, nous avons besoin d'une mémoire à court terme qui soit extrêmement sensible aux séquences temporelles, afin de pouvoir garder à tout instant trace de l'information qui entre par nos oreilles ou sort par notre bouche. Nous sommes également tributaires des systèmes de mémoire à court terme par lesquels nous transformons l'information spatiale et temporelle – non seulement les sons et les mots, mais également les images visuelles, les odeurs et les perceptions tactiles – en représentations mentales cohérentes, connexes et dynamiques. Nous avons besoin de sentir la place de notre corps par rapport à toute cette information qui nous arrive. Nous introduisons cette information dans des catégories qui font sens pour nous (du sens linguistique, cognitif et émotionnel) ; puis nous incorporons ces représentations symboliques dans des réseaux d'associations, de sensations, de souvenirs, pour faire appel à elles quand nous le voulons. Nous emmagasinons la plus grande partie de cette information en dehors de notre savoir conscient, mais de façon à pouvoir la solliciter et l'utiliser de manière infinie et variée pendant toute notre vie, et avec des milliers d'interlocuteurs.

Sans ce système neuromusculaire superbement réglé qui coordonne la respiration, les cordes vocales, le palais, la langue et les lèvres, nous serions incapables de produire ces combinaisons de sons et de silences qui constituent le langage. Pour exprimer ce que nous voulons dire, nous utilisons des circuits de modulation et de feedback qui permettent des réglages en temps réel de l'intensité et de l'accentuation de notre discours, selon l'effet que nous voulons obtenir sur nos auditeurs, qu'il s'agisse d'une foule immense ou d'un interlocuteur unique. Notre habileté à communiquer dépend également de notre utilisation et de notre compréhension de signes – qui changent suivant les cultures et les circonstances – comme un sourcil levé, un silence intentionnel, un haussement d'épaules, un hochement de tête, un geste de la main.

Nous nous appuyons sur le concept d'énoncé symbolique, et sur notre habileté à utiliser tout énoncé symbolique pour faire le lien entre l'idée que nous avons en tête avec un objet du dehors, ou une action, une intention, un courant d'idées ou de sensations. Pour établir une relation de communication adéquate du point de vue social, nous incorporons, souvent inconsciemment, les signaux émotionnels du discours. Et même quand nous nous parlons intérieurement à nous-mêmes, nous faisons comme si nous nous adressions à un interlocuteur. Le sens du soi, être unique et intime, qui émerge chez l'enfant, s'appuie en partie sur le discours intérieur qui relie le passé au présent et le soi aux autres. Les scientifiques commencent à percevoir que ces besoins liés au langage sont tous assurés par l'héritage biologique particulier à l'être humain.

## A L'ÉCOUTE DES BÉBÉS

L'observation longitudinale de la progression d'un enfant reste une des méthodes favorites pour étudier les acquisitions du langage. Les parents attendris, qui comme Darwin ou Shinn, sont également des observateurs privilégiés, combinent ainsi la joie d'admirer les progrès de leur bébé chéri, et l'observation relativement plus détachée de scientifiques. De nos jours, les enregistrements audio et vidéo, ainsi que les analyses informatiques, facilitent le travail des chercheurs en développement infantile. L'un des fondateurs de la psycholinguistique développementale, Roger Brown, arriva par ce genre d'études à la conclusion que l'apprentissage de la langue est «à peu de chose près invariable parmi les enfants qui apprennent la même langue, et... parmi tous les enfants quelle que soit la langue». Il remarque, par exemple, que tous les enfants intègrent les formes grammaticales dans un certain ordre - les prépositions «dans» et «sur» avant les articles «le» ou «un» ; les pronoms de rappel avant les subordonnants («je vois un chat, il est gris», plutôt que «je vois un chat qui est gris»), la forme active bien avant la forme passive.

Les études du développement linguistique infantile basées sur un journal ou des notes tenus par la famille ou par des chercheurs extérieurs, ne concernent nécessairement qu'un nombre réduit d'enfants, et ne peuvent nous donner l'image de la diversité qu'on trouve dans un ensemble plus large. Faire passer un test standard en laboratoire à un seul enfant n'offre qu'une vision ponctuelle, marquée par le sujet de recherche de l'expérimentateur et les réactions spécifiques de cet enfant-là. Les enregistrements réalisés à la maison, sur les terrains de jeux ou à l'école, nous offrent un tout autre tableau. Les listes à cocher qu'on donne aux parents, de ce que leur enfant peut dire et comprendre, sont une source d'informations pratique et relativement bon marché ; mais si cette méthode peut concerner un grand nombre d'enfants, il faut garder en tête que la vision des parents est parfois un peu déformée, et que tous n'ont pas le temps ou l'envie de tenir un journal de bord. Appliquées à bon escient, toutes ces méthodes, ayant chacune leurs limites, contribuent néanmoins à élargir nos connaissances.

En s'appuyant sur les transformations physiologiques qui ont lieu lorsqu'un bébé est exposé à un stimulus sensoriel - un son, un contact ou un éclat de lumière – les scientifiques peuvent étudier le développement du langage chez des enfants bien trop petits encore pour parler, ou même pour montrer qu'ils comprennent par une réaction volontaire. On peut ainsi mesurer le rythme cardiaque, les mouvements moteurs (tourner la tête vers un son par exemple) ou les mouvements encéphalographiques - ondes cérébrales - afin d'observer la récurrence des transformations qui se produisent quand un stimulus est reçu puis traité par le système nerveux d'un bébé. Les chercheurs profitent également du fait que tous les très jeunes enfants réagissent plus vigoureusement à des stimuli nouveaux qu'à des stimuli déjà connus : un expérimentateur fait entendre au bébé une succession de syllabes («da, da, da, da, da, da...») puis passe soudain à un stimulus différent - disons «ma» ; par sa réaction (accélération de son rythme cardiaque ou autre), le bébé montre qu'il a différencié les deux stimuli.

Les bébés commencent à écouter avant même d'être nés ; des expériences ont montré qu'au troisième trimestre de grossesse, un fœtus réagit à divers sons. Dans l'utérus le bébé entend sa mère quand elle élève ou baisse la voix, et on pense qu'il saisit également les caractéristiques prosodiques de cette voix – intonation, mélodie, accentuation, et longueur des séquences. Les enfants sont donc exposés aux rythmes et aux schémas de base de leur langue maternelle bien avant d'être prêts à en saisir les mots.

Lors d'une étude, on a demandé à des femmes enceintes de réciter une comptine, la même tous les jours pendant un mois de leur troisième trimestre de grossesse. A la fin de cette période, on fait entendre au bébé, toujours dans le ventre de sa mère, un enregistrement de deux comptines (lues par une expérimentatrice) ; l'une est celle que la mère a récitée pendant un mois, l'autre est inconnue. La réaction du fœtus est mesurée à son rythme cardiaque. (Pour isoler le fœtus de la réaction de sa mère, celle-ci est munie d'un casque l'empêchant d'entendre les comptines.) La comptine qui a fait partie de la vie quotidienne du bébé pendant un mois provoque un changement de son rythme cardiaque, qui ne se produit pas à l'écoute de la comptine inconnue.

Lors des expériences, il arrive que les jeunes enfants s'endorment, soient de mauvaise humeur, «réagissent» correctement ou pas non par hasard, ou ne saisissent pas ce que le chercheur attend d'eux ; les expérimentateurs qui veulent comprendre ce que le bébé a dans la tête doivent être très patients… et inventifs. Certains des comportements caractéristiques de l'enfant (la succion, par exemple) peuvent être utilisés avec profit pour analyser sa réactivité à divers stimuli. D'habitude, bien sûr, un bébé suce pour apaiser sa faim ou se calmer ; cependant, on a remarqué que les schémas de succion se modifient en fonction de l'état d'excitation et d'attention du bébé. Une des méthodes expérimentales probantes consiste à donner au bébé une tétine reliée à un système générateur de sons : quand le bébé active la succion, il entend des sons agréables. Même un enfant d'un ou deux mois à peine apprend vite que son mouvement de succion commande le son. Au début, il suce vigoureusement pour entendre le son, puis la nouveauté s'estompe et il suce plus lentement, ou même s'arrête. Si alors l'expérimentateur change le son, le bébé reprendra un rythme de succion fort et rapide pour obtenir ce nouveau son. On interprète ce comportement en disant que le bébé est capable de distinguer un nouveau son d'un son déjà entendu, et que la nouveauté éveille son intérêt.

La communication entre le bébé et la personne maternante commence bien avant que les mots fassent le lien entre eux. Le pédopsychiatre John Bowlby, sidéré par la capacité de tout-petits à se comporter de telle manière que les adultes s'occupent d'eux, acquit la conviction que cette capacité du nouveau-né à demander de l'aide, ainsi que la réaction de maternage des adultes, sont programmées biologiquement. La réaction la plus courante, et souvent la plus efficace, est de prendre le bébé dans les bras, de le serrer contre soi en lui murmurant des mots réconfortants. Même s'il a encore faim, le bébé s'arrêtera de crier, au moins pendant un moment. Il se calme, parce que sa soif de contact est assouvie, et qu'il sait que sa faim de nourriture va bientôt l'être également. Les personnes maternantes sont tout heureuses de pouvoir décoder ses cris ; c'est un code bien ancien. Les expérimentateurs ont démontré qu'il existe différents cris associés à la faim, à l'inconfort et à la solitude. Le bébé apprend à tout auditeur de bonne volonté le langage de ses cris.

Bien avant son premier mot, le bébé est un acteur dynamique de sa propre culture. Il arrive dans le monde avec la volonté de découvrir des stratégies efficaces pour affronter les attentes sociales. Si tout va bien, il se rend vite compte que ses sourires et ses roucoulements, ou bien ses cris, ont un effet puissant sur les personnes de son entourage, suscitant des réactions agréables de leur part et les poussant à rester près de lui. Parents et grands-parents sont capables de faire des pieds et des mains pour obtenir la récompense d'un sourire.

Les psychologues ont observé que la façon dont les personnes maternantes réagissent à l'enfant constitue un facteur environnemental déterminant, qui encourage ou retarde l'apprentissage. Les tout-petits accordent leurs actions à celles d'autrui, et ce dès les premières semaines. Ils font écho au sourire de leur mère, montrant un regard ouvert et attentif bien avant de pouvoir sourire de manière volontaire ; ils peuvent également mettre fin à toute communication en détournant le regard ou la tête. Le bébé montre sa préférence pour sa mère en la regardant plus que les autres personnes qui se trouvent dans la pièce, et il se détend mieux entre ses bras. Le tout nouveau-né reconnaît sa mère à son odeur et à sa voix. Un enfant de trois mois est capable d'établir la communication avec sa mère en accrochant son regard, mais si le visage de cette dernière montre qu'elle désapprouve les initiatives de son bébé, ou si elle ne réagit pas, alors le visage du bébé prend une expression grave et il se met quelquefois à geindre ou à pleurer.

La première règle du dialogue est une attention mutuelle. Le tête-à-tête du nouveau-né et de sa maman a été filmé par bobines entières. Si chaque couple parent-enfant a ses manières subtiles bien à lui, la chorégraphie de l'ensemble reste essentiellement la même : rencontre des regards, approche réciproque, expressions des visages et attitudes de la tête et du corps changeant petit à petit pour se refléter l'une l'autre. Les pédopsychiatres appellent parfois cette expressivité délicate et charmante, «concordance affective».

Bien avant l'âge de six mois, les bébés connaissent parfaitement la seconde règle d'une conversation bien menée : attendre son tour. Avec un interlocuteur de bonne volonté, ils sont capables d'engager une communication et soutenir cet échange pendant un moment, pour le bonheur des deux parties. Puis, le système de communication de l'enfant s'élargira pour inclure l'attention portée en même temps que celle de l'interlocuteur à un objet d'intérêt mutuel (encore un préalable nécessaire au discours parlé). C'est ainsi que le bébé suit le regard de sa mère qui s'écrie : «Regarde la balle !»

Des gestes délibérés, comme celui de désigner, s'ajoutent maintenant au répertoire de l'enfant, et parfois ces signes s'accompagnent de vocalisations enthousiastes. Très vite, le bébé apprend que ses actions ont le pouvoir d'influencer la suite des événements. Il ouvre la bouche pour la prochaine cuillerée de compote, se plaint si elle n'arrive pas assez vite à son goût, et secoue la tête vigoureusement (ou bien pince les lèvres, ou encore laisse tout couler sur son menton) pour signifier qu'il en a assez. Et quand il est assez grand pour être conscient de ses propres intentions et a fait suffisamment d'essais pour savoir qu'il sera compris par son interlocuteur, le bébé se lance dans une communication vraiment intentionnelle :

> Marta – une petite fille de neuf mois assez précoce – ne parvient pas à ouvrir un petit porte-monnaie, et le place donc devant la main de son père (...) Le papa ne fait rien, et Marta met l'objet dans sa main, tout en produisant une série de petits sons, et en le regardant. Le père ne réagit toujours pas, Marta insiste, montre le porte-monnaie du doigt, pleurniche (...) Enfin, (le) papa touche le fermoir du porte-monnaie et demande en même temps : «Tu veux que je l'ouvre ?» Marta acquiesce vigoureusement.»[4]

Normalement, la capacité de compréhension du bébé précède de plusieurs mois son habileté à former les sons pour en faire des mots compréhensibles. Petit à petit, l'appareil neuromusculaire qui coordonne les mouvements de la respiration et la morphologie de l'appareil vocal s'harmonisent, ce qui permet à l'enfant de reproduire les mots qu'il entend. Il pratique sa langue maternelle en jouant avec les sons longtemps avant de prononcer un mot intelligible. Il élargit ses gammes et ses inflexions musicales, ainsi que la variété des associations de syllabes. Le jargon d'un bébé de seize mois ressemble beaucoup à une conversation de salon, même s'il emploie peu de mots du lexique adulte.

Les énoncés émotionnels – première communication vocale d'un enfant – sont peu à peu placés sous le contrôle des centres cérébraux supérieurs, et leur expression est réglée par le contexte social et le feedback. Un bébé babillera moins fort et moins souvent en présence d'un inconnu que lorsqu'il est seul avec ses parents ; et si on lui demande de dire «coucou» ou «au revoir» comme il sait si bien le faire, il attendra que l'inconnu ait refermé la porte.

Voici un enfant qui, dans une situation donnée, commence à comprendre le pouvoir magique du langage en situation sociale :

Sophie, qui a presque trois ans, était restée chez moi, par un samedi soir d'été, pendant que ses parents faisaient des courses. Un glacier, avec sa petite musique bien reconnaissable, s'arrêta tout près. «Moi, j'ai une glace tous les soirs», déclara Sophie. Un peu interloquée, je sors une réponse toute faite : «C'est très bien, Sophie.» «Oui, même quand il y a une baby-sitter, j'ai une glace», m'expliqua-t-elle patiemment. J'avais été démontée par une gamine de trois ans, qui avait compris l'usage du langage comme instrument social.

## L'apprentissage de notre langue maternelle

Si la spécialisation de la langue maternelle se fait très tôt dans notre vie, nous ne naissons pas programmés pour parler français, chinois ou serbe. On a prouvé que les nouveau-nés faisaient la distinction entre tous les phonème existants du langage humain. (Le phonème est la plus petite unité de langage parlé ; un phonème peut exister dans une langue et pas dans une autre, comme par exemple o en français, ö en allemand, et le ø danois.) Cependant, à environ un an, les enfants deviennent uniquement capables de reconnaître les combinaisons et contrastes de sons existant dans leur langue maternelle, à moins d'avoir été en contact avec une autre langue. Ainsi, un nouveau-né japonais fait la différence entre les sons ra et la, mais un an plus tard, il perd cette capacité. L'expérience linguistique altère les perceptions phonétiques.

A cinq mois, les bébés réagissent à un changement de langue : on fait écouter à des tout-petits élevés dans des familles où l'on parle soit français soit espagnol la voix enregistrée d'une femme répétant toujours la même phrase dans l'une de ces deux langues. Assez rapidement, les bébés montrent qu'ils ne s'intéressent plus à la phrase en question ; si on remplace cette première phrase par une deuxième de même longueur et dans la même langue, cela ne ravive pas leur attention ; en revanche, si l'on leur fait entendre une phrase de même longueur dans l'autre langue, tous les bébés sont soudain beaucoup plus intéressés.

Comment font les enfants pour distinguer une langue d'une autre avant de comprendre les mots de l'une ou l'autre ? Ils utilisent entre autres les qualités prosodiques de la langue, ses intonations et ses rythmes propres. Les bébés peuvent également très tôt reconnaître les unités linguistiques qui caractérisent leur langue ; ils sont à même de segmenter le flux de la parole en unités de la taille d'une syllabe qui diffèrent d'une langue à l'autre. Les structures caractéristiques des propositions et les schémas d'accentuation leur servent également d'indices.

Dans leur tâche d'apprentissage de la langue, les bébés se trouvent rarement devant des mots bien délimités ; au lieu de cela, ils doivent affronter la difficulté, qui semble énorme, de segmenter la continuité du discours en unités qui leur permettront d'en saisir le sens. Le «parler parents» aide sans doute un peu ; les parents ont en effet tendance à parler lentement, clairement, et de façon répétitive et simple au bébé. Ils exagèrent inconsciemment les sons-voyelles courants de leur langue ; et dès vingt mois, les bébés incluent ces mêmes voyelles dans leur babillage, mais quelques tons plus haut. Les expériences montrent également que les nourrissons sont sensibles à certaines terminaisons de mots, qu'ils aiment les discours rythmés par les variations des propositions, et qu'ils saisissent les temps musicaux et modulations qui scandent les propos. Les tout-petits percevraient donc les phrases comme des enchaînements de séquences différemment «chantées», et préféreraient les schémas d'accentuation de leur propre langue. Vers sept à neuf mois, les bébés de familles parlant anglais se mettent à écouter plutôt les mots présentant le schéma prosodique le plus courant de la langue anglaise, c'est-à-dire les mots accentués sur la première syllabe. On a rapporté que des bébés français de quatre jours reconnaissaient le français parmi d'autres langues !

Des travaux récents indiquent qu'à six mois environ, les enfants commencent à classer les sons de leur propre langue. Pour comprendre facilement un discours, il faut absolument acquérir la capacité de perception qui consiste à ignorer les multiples différences de prononciation provenant des accents régionaux, des schémas d'intonation individuels ou des timbres de voix, différences qui n'interviennent pas dans le sens du mot. Les adultes rapprochent automatiquement ces variations de prononciation des sons de leur langue «modèle», l'anglais comme on l'entend à la BBC, par exemple, ou le français «sans accent», ni du sud, ni de l'est, ni des banlieues ou des îles, du journal télévisé. Apparemment, les bébés de six mois reconnaissent eux aussi leur langue, même quand elle est parlée de façon incongrue pour eux, et même avant de comprendre le sens des mots.

Les parents sont souvent persuadés que déjà à sept ou huit mois, leur enfant reconnaît et retient les mots, et effectivement, une étude récente confirme leur intuition. Peter Jusczyk et Elisabeth Hohne ont rendu visite à quinze enfants de huit mois, quotidiennement pendant quinze jours. Ils leur ont fait écouter toujours la même histoire enregistrée, destinée en principe à des enfants plus âgés, et contenant donc beaucoup de mots dont les bébés n'avaient jamais eu l'expérience au préalable. Deux semaines après la dernière visite, les enfants furent emmenés au laboratoire où on leur fit écouter des listes de mots enregistrées, dans lesquelles figuraient les mots entendus dans l'histoire précédente (éléphant, pécari, jungle) ainsi que des mots qui n'en faisaient pas partie (abricot, caribou, chameau). Les enfants prêtaient bien plus attention aux mots déjà entendus qu'aux mots nouveaux pour eux. Puisqu'ils reconnaissaient les mots dans une liste, et non plus intégrés dans l'histoire, les chercheurs en ont conclu que non seulement les enfants se souvenaient des séquences sonores de mots individuels, mais qu'ils étaient surtout capables de séparer un mot du discours continu auquel il appartenait.

Les éléments d'une langue sont de diverses manières modifiés par les expériences des premiers mois et années formateurs de la vie. La prononciation nous en donne un exemple assez flagrant. La syntaxe d'une seconde langue apprise lorsqu'on est adulte sera peut-être admirable, on peut arriver à acquérir un vocabulaire sophistiqué, mais on ne pourra faire sien l'accent parfait d'un gamin de huit ans parlant une langue qui lui est familière. La plupart des jeunes enfants peuvent apprendre simultanément deux ou trois langues avec la plus grande facilité ; la plupart des adultes trouvent l'apprentissage simultané de deux langues étrangères, plus qu'ardu. Les adultes victimes d'une attaque cérébrale qui leur a fait perdre leur capacité de langage ne recouvrent que des fonctions limitées alors qu'un pré-adolescent sortira du même accident avec d'excellentes chances de retrouver l'usage du langage; les victimes encore plus jeunes retrouvent leurs capacités quelques mois à peine après leur attaque. Il semblerait que chez un enfant normal, la plasticité du cerveau modèle dans les premières années de la vie tous les aspects du langage : accent, taille et contenu du dictionnaire mental et même utilisation sociale du langage.

Ce modelage du langage par l'expérience a été observé par Betty Hart et Todd Risley de l'université du Kansas, qui pendant des mois ont étudié et enregistré chez eux quarante-deux enfants de familles «ordinaires» et unies. L'étude a commencé alors que les enfants avaient sept mois, et s'est achevée quand ils avaient trois ans. Les chercheurs ont trouvé une grande disparité dans «les sommes d'expériences linguistiques et d'interactions que les familles offraient à leurs enfants» ; dans une même famille, cette somme d'interactions restait à peu près semblable d'un mois à l'autre. L'étude montre également que le nombre d'interactions verbales des parents avec leur enfant, tout comme le nombre même de mots que les parents utilisent dans ces interactions, se trouve en totale corrélation avec la richesse du vocabulaire de l'enfant à trois ans, mais aussi à huit ans.

Le bébé réalise un progrès immense quand il utilise des mots, puis des combinaisons de mots pour transcoder une intention ou un sens. Vers dix-huit mois, l'enfant découvre que les sons s'utilisent comme des références, qu'ils sont des symboles. Helen Keller, qui devint aveugle et sourde à dix-neuf mois à la suite d'une maladie grave, raconte dans son autobiographie l'émerveillement de ce moment de découverte (ou de redécouverte) quand elle avait sept ans :

«Un jour, alors que je jouais avec ma nouvelle poupée, Miss Sullivan [l'éducatrice d'Helen] mit ma grande poupée de chiffons sur mes genoux, épela «d-o-l-l» (poupée) [ dans la main d'Hélène] et tenta de me faire comprendre que «d-o-l-l» s'appliquait aux deux poupées (…) Ses essais répétés m'ont irritée et, saisissant ma nouvelle poupée, je la jetai par terre. Je fus profondément heureuse de sentir les morceaux de ma poupée éparpillés à mes pieds (…) [ Miss Sullivan ] m'apporta mon chapeau, et je sus que j'allais sortir dans le chaud soleil. Nous prîmes le chemin vers la fontaine. Quelqu'un tirait de l'eau et ma préceptrice me mit la main sous le jet. Tandis que le flot glacé jaillissait sur ma main, dans l'autre elle épela le mot «water» (eau), lentement d'abord, puis rapidement. Je restai immobile, et fixai toute mon attention sur le mouvement de ses doigts. Soudain, je ressentis la conscience brumeuse de quelque chose d'oublié (le tressaillement d'une pensée qui revenait), et à cet instant j'eus la révélation du mystère du langage. Je sus que «w-a-t-e-r» signifiait cette chose merveilleuse et fraîche qui coulait sur ma main. Ce mot vivant éveilla mon âme, lui donna la lumière, l'espoir, la joie, il la libéra ! (…) Je revins de la fontaine avec le désir d'apprendre. Toute chose avait un nom, et chaque nom donnait naissance à une nouvelle pensée (…) chaque objet que je touchais semblait trembler de vie.»

Les mots deviennent chacun individuellement les véhicules des pensées. Cette révélation nous est offerte d'habitude avant l'âge où nous pouvons en garder un souvenir précis comme celui qu'Helen Keller en a conservé toute sa vie ; cette transformation formidable se produit sans que nous ayons à mener la lutte courageuse et émouvante de la jeune fille. Cela reste néanmoins un miracle. Un système de règles se met alors à contrôler le sens de la communication parlée ou gestuelle, puis écrite. Une des étapes sur la route du langage est souvent le système de sens particulier qui s'établit entre une mère et son enfant. Parfois aussi les jumeaux ont un langage à eux ; nous connaissons des jumeaux qui, même adultes, utilisent parfois entre eux des «mots» qu'ils avaient inventés quand ils étaient bébés. Mais le langage n'est pas une affaire privée, c'est un système commun de symboles arbitraires reliés entre eux par des règles de grammaire communes. Le besoin de participer à ce système est l'un des moteurs les plus puissants de l'activité humaine.

## CONSTRUIRE LA DEMEURE DU SENS

Si le discours paraît continu, le sens se compose en fait mot à mot et proposition par proposition, et quand nous écoutons des propositions et des phrases, il nous faut toujours réviser notre interprétation jusqu'à ce que la pensée entière soit formée. (Prenons un exemple : Kevin embrassa Juliette et sa sœur… se mit à rire.) Les divers éléments grammaticaux (noms, verbes, prépositions, compléments, etc…) ont des relations bien définies les uns avec les autres, mais les scientifiques qui étudient la structure du langage n'arrivent pas à comprendre tout à fait comment le cerveau relie la syntaxe – c'est-à-dire les structures grammaticales qui servent à lier les mots – à la sémantique – qui est l'organisation du sens.

Influencés par Noam Chomsky, de nombreux linguistes pensent que les structures syntaxiques sont représentées dans le cerveau sous forme de mécanismes de traitement neuronaux autonomes, ou de modules, dont la fonction est relativement indépendante de la sémantique. Comment le traitement du langage est-il lié au sens, à la référence et au contexte du monde réel? Voici qui reste une question sans réponse. Comment fonctionnent vraiment les processus syntaxiques, où se trouvent leurs structures dans le cerveau, où sont assemblés leurs sous-programmes, et jusqu'à quel point permettent-ils de comprendre les phrases ? Tout cela est encore matière à débats et recherches.

## Parler en silence

Le premier langage d'un bébé n'est pas forcément parlé. Les parents préparés à l'éventualité que leur bébé peut être sourd (parce qu'eux-mêmes ou des membres de la famille sont nés sourds) utilisent tout de suite le langage des signes. Ces enfants deviennent habiles en langage des signes aussi rapidement que des enfants entendants apprennent à parler. Ils babillent même avec les mains.

Sur les quatre millions de bébés qui naissent chaque année aux Etats-Unis, environ dix mille ont une infirmité auditive si grave qu'ils ne pourront pas développer spontanément un langage parlé ; entre huit et douze mille enfants naissent avec un déficit auditif qui empêchera un développement du langage parlé normal si l'on n'intervient pas à temps, avec des aides auditives et de l'orthophonie. La plupart (près de 90 %) de ces enfants sourds ont des parents entendants qui doivent affronter le difficile choix du premier langage de leur enfant, entre les différents langages des signes existant aux Etats-Unis et leur langue parlée à eux. Chaque voie a ses difficultés.

Certaines personnes sourdes, précisément celles qui ont hérité d'une forme de surdité et celles qui sont nées sourdes, ne voient pas le fait de ne pas entendre comme un handicap, mais bien plutôt comme une façon de vivre avec sa culture propre. Cependant, ceux qui dépendent du langage des signes se trouvent souvent pénalisés, car ils sont entourés d'une société qui parle une autre langue. De plus, même si le langage des signes peut être de plein droit considéré comme une véritable langue, il n'a pas de forme écrite ; du coup, l'apprentissage de la lecture et de l'écriture de la langue parlée s'avère difficile pour les écoliers atteints de surdité.

Le débat sur la première langue que devraient apprendre les enfants sourds s'est un peu émoussé avec le développement des implants cochléaires – une prothèse qui imite les fonctions de l'oreille interne. Contrairement aux appareils auditifs – qui sont des instruments qu'on peut retirer et qui amplifient le son afin que l'oreille interne biologique puisse les traiter – l'implant cochléaire est un substitut électronique de l'oreille interne. Implanté chirurgicalement, cet instrument transforme les ondes sonores en petites impulsions électriques qui stimulent le nerf auditif.

Les résultats de ces implants effectués sur des adultes et des enfants assez grands sont variables, mais la plupart améliorent quand même leur capacité à parler et entendre. Les problèmes qu'un bébé sourd affrontera dans l'utilisation d'une prothèse qui perméabilise imparfaitement un canal sensoriel dont il n'a pas l'expérience sont plus ardus. Mais, s'il est vrai qu'il y a une période cruciale pour l'apprentissage du langage, on peut légitimement penser que plus cette prothèse sera implantée dans une période proche de celle où un enfant entendant reçoit les données linguistiques (en fait le plus tôt possible) plus l'enfant tirera de bénéfices de cette opération. La décision doit donc être prise bien avant que l'enfant lui-même soit en mesure d'y prendre part.

Vers 1995, le plus jeune enfant à avoir reçu cet implant avait deux ans lors de l'opération. Les premières données que nous possédons suggèrent que les enfants qui reçoivent cet implant très jeunes améliorent leurs résultats aux tests de langage bien plus vite que des enfants plus âgés. Ce qui renforce l'hypothèse d'une période cruciale dans l'apprentissage du langage.

La plupart des enfants sourds, qu'il s'agisse d'un problème léger ou d'une perte auditive grave, tirent avantage d'appareils auditifs adaptés ainsi que d'un bon programme d'éducation. Un diagnostic précoce est essentiel or, il n'est pas aisé à établir sur un bébé, puisqu'on peut ne rien remarquer d'anormal. Cependant, au cours de ces vingt ou trente dernières années, les nouvelles technologies ont rendu le dépistage précoce des problèmes auditifs extrêmement fiable. On s'aide d'analyses informatiques de l'encéphalogramme (l'activité électrique du cerveau, enregistrée depuis le cuir chevelu) pour découvrir les «réponses évoquées» (l'activité électrique produite par le cerveau quand il traite des stimuli sensoriels, auditifs ou autres). Les chercheurs peuvent examiner ces réponses évoquées pour voir si le cerveau du bébé a enregistré un son ; en variant l'intensité et la fréquence des sons qu'ils présentent au bébé, un neurologue ou un spécialiste de l'audiologie utilisent ces réponses évoquées comme test d'audition.

«Chez les humains, on peut sans conteste dire que l'audition a constitué la clef de développement du langage, et par là, d'une grande part de notre culture» remarque le neurobiologiste Gordon Shepherd. Cela s'est appliqué tout au long de l'histoire de notre espèce, et reste encore vrai pour tous les bébés qui viennent au monde. Le cerveau a besoin d'apprendre son premier langage, parlé ou par gestes, au cours de la petite enfance ; les problèmes d'audition doivent donc être dépistés et traités le plus tôt possible.

CHAPITRE 3

# Les voies du langage

Nous abordons dans ce chapitre les troubles du langage chez l'enfant, et ce qu'ils nous apprennent sur le développement du cerveau. Comme nous l'avons vu, certains enfants ont des difficultés de langage parce qu'ils n'entendent pas bien. Mais 3 à 6 % des enfants bien portants, qui n'ont pas de problèmes d'audition ou n'ont été privés d'aucune stimulation, ont de graves difficultés à entendre et à produire un langage. Pour certains de ces troubles, on pense à une origine génétique. Les recherches actuelles avancent que certains des enfants présentent une anomalie de la perception des sons à la fois linguistique et non linguistique ; d'autres enfants encore accusent une anomalie dans le système cérébral spécialisé dans l'acquisition du langage. Après une brève description des structures neuro-anatomiques qui assurent les capacités linguistiques, nous verrons la spécialisation du cerveau gauche pour le langage, qui grandit à mesure que l'enfant avance en âge. Nous présenterons également les avancées technologiques et expérimentales en la matière, comme l'imagerie par résonance magnétique fonctionnelle, les tests de réponses évoquées et les nouveaux tests de comportement qui permettent d'étudier le cerveau «normal» pendant qu'il traite l'information.

## Les gènes et le développement du langage

La plupart des neurologues pensent que nous portons en nous les instructions génétiques du langage, mais ces gènes n'ont jusqu'à présent pas été localisés ou identifiés. On suppose donc que le système d'acquisition du langage est beaucoup trop complexe pour opérer sous la seule influence de quelques «gènes du langage», «gènes de la grammaire», ou encore «gènes de la représentation symbolique». Si l'on découvre jamais les gènes du langage, il y a fort à parier qu'ils seront répartis dans les équipes de construction qui mènent à bien une des opérations spécifiques sur l'un des nombreux sites où l'édifice du langage se réalise. Sur ces sites, les produits du gène (protéines et enzymes) seraient impliqués dans les processus cellulaires, la formation synaptique, les activités de calculs et la mise en place de circuits d'un niveau d'organisation bien éloigné de ceux des comportements que nous pouvons désigner comme la parole et le langage.

Certains des gènes rendant le langage possible participent sans doute à d'autres fonctions cérébrales. Ils contribuent peut-être à la capacité de traitement des données qui changent rapidement, ou à la mémoire active, ou encore à la faculté de saisir un schéma complexe à partir d'un strict minimum d'informations, ou bien de détecter des signes brouillés par des bruits de fond. Les anomalies génétiques peuvent interrompre le cours normal des opérations dans l'un ou l'autre des nombreux composants de la capacité de langage. Pendant le développement, une anomalie génétique peut laisser une connexion génétique trop longtemps opérationnelle, ou au contraire interrompre trop tôt une activité. La mutation d'un seul gène en activité lors d'un moment critique dans le développement d'une voie neuronale perturbe sans doute la construction ou la régulation de tout un système. En fait, il est même étonnant que de tels «accidents» n'arrivent pas plus souvent. Les neurobiologistes pensent qu'au cours du processus d'adaptation, des systèmes de sauvegarde apparaissent pour protéger les fonctions importantes.

Certains troubles du langage qui se transmettent dans une famille sont l'occasion de comprendre plus clairement le fonctionnement des gènes. Les vrais jumeaux, qui ont des gènes identiques, présentent souvent le même handicap ; ce qui n'est pas le cas des faux jumeaux, qui ont seulement la moitié des gènes en commun. Dans certaines familles, les schémas héréditaires font penser à l'action d'un gène dominant, d'un gène récessif ou encore d'un gène lié au sexe (dans ce cas, les garçons sont atteints mais pas les filles, ou vice-versa). L'anomalie linguistique pourrait également faire partie d'un ensemble d'anomalies incluant d'autres problèmes tels que l'épilepsie, ou un défaut grave de l'attention, mais ce n'est pas certain.

Dans le développement du langage, il est souvent difficile de distinguer les facteurs génétiques et prénatals des influences environnementales. Est-ce que Pierre a acquis des capacités linguistiques plus vastes que Paul, et plus tôt parce que sa mère lui a parlé d'une façon claire, adaptée à son âge et lui a lu des histoires tous les soirs ? Ou parce qu'il possédait dans son bagage génétique une «langue d'or» ? Pour répondre à ces questions, on a mené une étude sur cinquante enfants adoptés et cinquante autres enfants élevés par leurs parents biologiques ; tous étaient considérés comme sains et normaux. Les résultats de leur QI et de leur capacité cognitive générale indiquaient que les enfants adoptés ressemblaient plus à leurs parents biologiques qu'à leurs parents adoptifs. Mais, la façon de parler de la mère adoptive, le genre de phrases utilisées et la longueur moyenne de ces phrases et propositions, se retrouvaient dans les schémas de discours des enfants. Deux effets environnementaux – ajoutés à l'effet évident qui détermine quelle langue est parlée et avec quelles variations d'accent régional – se révélèrent spécialement significatifs, que l'enfant vive avec ses parents ou dans une famille d'adoption : il y a une corrélation positive entre le temps passé à lire des livres aux enfants et l'aptitude linguistique de ces derniers ; les mères qui répondent aux vocalises de leur tout-petit l'aident ce faisant à développer ses dons linguistiques.

Les gènes et l'expérience interagissent à tous les niveaux, mais la nature de l'interaction ainsi que le poids relatif de ces différents facteurs à des moments précis du développement restent des énigmes. Est-ce un gène défectueux ou une anomalie inconnue de l'environnement intra-utérin qui cause ce profond trouble de communication que nous appelons autisme ? Le bégaiement serait-il dû à une susceptibilité génétique qui se révèle sous certaines conditions environnementales ? Un petit nombre de troubles génétiques, ainsi que quelques cas où l'environnement est sans aucun doute anormal, permettent d'étudier chez les humains les effets soi-disant purement génétiques ou purement environnementaux sur le développement du langage ; mais même dans ces cas extrêmes, les gènes et l'environnement sont impliqués en même temps. Les manipulations systématiques de gènes ou de conditions environnementales ne peuvent se faire que sur des animaux de laboratoire, et les recherches animales laissent en suspens bien des questions sur le langage humain ! C'est pourquoi les études sur la douzaine de troubles du langage d'origine génétique constituent un corpus précieux pour avancer dans notre compréhension de la construction du système linguistique humain.

Des scientifiques canadiens et anglais ont suivi une famille canadienne de trente personnes dont la moitié des membres présente un trouble du langage sur trois générations. On a de fortes raisons de supposer que ce trouble est donc d'ordre génétique. Jusqu'à l'âge de sept ans, les membres de cette famille atteints de ce trouble ont un langage inintelligible ; quand ils arrivent enfin à se faire comprendre, leur langue est pleine de fautes de grammaire et de prononciation. On a fait passer des tests à toute la famille, et les chercheurs ont également utilisé des échantillons d'écriture et de rapports scolaires. Concernant certains aspects de la langue, tous les membres de la famille, atteints ou non de ce trouble, avaient à peu près les mêmes réactions : tous désignaient correctement les objets, tous pouvaient suivre des ordres complexes, tous comprenaient les constructions passives («le camion n'est pas remorqué par la voiture» comparativement à «le camion ne remorque pas la voiture») et les verbes pronominaux ; ils faisaient la différence entre «il se lave» et «il le lave». Mais les membres atteints produisaient en permanence des phrases comme «le garçon manger trois biscuits», «hier, la fille caresser le chien», et ils n'arrivaient pas à dire pourquoi c'était faux. D'après le type d'erreurs produites, les chercheurs ont déduit que leur capacité pour le langage grammatical était endommagée de manière sélective. Il leur manquait une règle pour faire les pluriels et pour marquer les temps et les genres. Les mots eux-mêmes étaient disponibles dans leur dictionnaire mental, mais les individus étaient incapables de les utiliser à bon escient dans des phrases en construction. Ils n'avaient pas la faculté de changer la forme de ces mots pour l'accorder au rôle que ces mots jouent dans une phrase particulière.

Grâce à un suivi intensif, les membres atteints ont réussi à apprendre les pluriels et les temps, mais ils les apprenaient un par un. Ils ne peuvent apparemment pas trouver le mot juste en appliquant la bonne règle. Quand on le leur dit, ils corrigent une phrase comme «les petites filles est en train de jouer avec sa frère», et continuent à la formuler correctement. Mais confrontés à une autre phrase de construction semblable, ils répètent les mêmes erreurs. Cette famille possède des anomalies linguistiques si particulières que cela permet aux chercheurs de se focaliser sur un des éléments essentiels du langage normal, à savoir tous ces gadgets que sont les flexions et désinences que la plupart d'entre nous utilisent automatiquement comme des indicateurs indispensables donnant le sens des phrases que nous prononçons ou écrivons.

La croissance et le développement se produisent toujours au sein d'une «enveloppe génétique de potentialités». Les capacités linguistiques de cette famille canadienne sont limitées par le contenu de cette enveloppe. Cependant, croissance et développement ne sont pas seulement influencés par les gènes, mais par les événements pré- et postnatals qui élargissent ou au contraire diminuent le potentiel génétique. Des enfants atteints du syndrome de Down, un trouble dans lequel de nombreux gènes sont exprimés anormalement, sont inévitablement retardés dans leur développement moteur, cognitif et linguistique ;

souvent, ils sont également atteints d'anomalies du cœur, des oreilles et d'autres organes. Pendant longtemps, ces enfants, classés comme idiots, et recevant de ce fait un minimum de soins, étaient placés en institutions et mouraient jeunes. Au fur et à mesure que les parents se sont refusés à abandonner leur bébé «déficient» et ont demandé une éducation adaptée et des soins médicaux, l'éventail des possibles dans l'enveloppe génétique du syndrome de Down est devenu plus clair. En 1955, seulement 40 % des enfants étaient vivants à leur cinquième anniversaire ; ils sont maintenant plus de 90 %, et, une fois adultes, montrent pour la plupart des aptitudes mentales et sociales qui leur permettent de travailler et de vivre relativement indépendants. Si les buts recherchés dans la prévention et le traitement de tels troubles dépendent encore des avancées dans la compréhension basique des gènes et de leur expression au niveau moléculaire, nous sommes souvent capables d'intervenir à partir de ce que nous savons déjà. La famille canadienne que nous avons présentée plus haut a bénéficié de modifications de son environnement qui lui ont permis de repousser les limites de l'enveloppe génétique : une définition claire de ses difficultés linguistiques spécifiques ; la collaboration et l'aide d'enseignants, de thérapeutes, et d'autres membres de la famille ; enfin, d'excellents moyens pédagogiques et médicaux.

Il semble également que nous touchons à une compréhension plus franche des bases génétiques de ce trouble, ainsi que des localisations concernées dans le cerveau et de la neurophysiologie impliquée. Les chercheurs de l'université d'Oxford et de l'Institut de santé infantile à Londres viennent de localiser une petite région du chromosome 7 qui s'avère anormale chez tous les membres de la famille atteints, et seulement chez eux. De plus, d'autres analyses ont montré que les membres de la famille atteints présentent des anomalies fonctionnelles, et peut-être anatomiques également, dans le cortex frontal et dans certaines structures sous-jacentes. Les mutations génétiques en cause ne sont pas encore identifiées, et la fonction du gène n'a pas été définie ; cependant, si les nouvelles recherches aboutissent, elles nous ouvrirons des perspectives sur la génétique moléculaire des processus vitaux dans le développement de la parole et du langage.

Un autre trouble de l'apprentissage du langage, inné et probablement d'origine génétique, a été étudié dans un groupe par Paula Tallal et ses collègues de l'université Rutgers. Encore une fois, comme dans le cas de la famille canadienne, le premier pas consiste à déterminer avec précision la nature du problème linguistique. Il s'agit ici d'enfants, par ailleurs normaux, qui ont de grandes difficultés à comprendre le discours. Ils apprennent à parler tard, et articulent mal les mots ; chez la plupart, on découvre des problèmes à la lecture quand ils commencent l'école, et ils sont classés dans les dyslexiques. Si l'audition des tonalités et des sons non linguistiques s'avère normale chez eux, ils confondent certains mots.

En analysant le genre d'erreurs que font ces enfants, Paula Tallal formule l'hypothèse qu'en fait ils n'entendent pas la différence entre des syllabes comme «da», «ta», «ka» - ou «de», «te», «ke», etc. ; c'est-à-dire des syllabes qui commencent par des consonnes occlusives ; ces syllabes s'articulent rapidement et se caractérisent par une transition abrupte de la consonne à la voyelle. (A cause du temps qu'il faut pour bouger les lèvres et les muscles de la langue, les sons consonantiques dans les syllabes «ma» et «la» durent environ trois fois plus longtemps que dans le son à consonne occlusive «ka».) Les études menées par Tallal ces vingt dernières années, ainsi que celles d'autres chercheurs, montrent que le problème de ce groupe est une impossibilité à distinguer les transitions rapides dans le discours. Les chercheurs en déduisent que cette impossibilité à traiter le discours à l'avance, de façon rapide et précise, brouille la perception des enfants et ne leur fournit qu'une information incomplète et incorrecte.

Grâce à la compréhension plus précise du problème, ainsi qu'à des techniques plus pointues dans l'enregistrement des sons, on a pu essayer un traitement spécifique à ce cas ; Tallal et son collaborateur Michael Merzenich, qui fait des recherches sur la façon dont le cerveau est modifié par diverses expériences, apprennent aux enfants à entendre les sons qui leur manquent. Les enfants écoutent un discours retravaillé sur ordinateur, qui allonge les consonnes occlusives et ralentit leur transition avec la voyelle qui suit. Au lieu de la transition naturelle de quarante millisecondes entre «b» et «a» dans la syllabe «ba», l'ordinateur allonge le «b» jusqu'à une demi-seconde. L'informatique a permis également d'accentuer les sons difficiles à distinguer (le «b» et le «v») en augmentant leur volume et leur durée. Pour l'apprentissage des enfants, les expérimentateurs utilisent des jeux vidéo d'un niveau de difficulté adapté à l'enfant. Une fois qu'il a appris à entendre une transition lente – par exemple choisir sans se tromper entre «bbbbbballe» et «cccccalle», les sons consonantiques passent petit à petit plus rapidement. L'enfant écoute des livres de comptines sans queue ni tête, très rimées et ralenties par informatique, puis apprend peu à peu à reconnaître les mots dans le texte présenté à vitesse normale.

Les premiers résultats furent prometteurs. Les enfants de cinq à neuf ans sujets de cette étude avaient au moins deux ans de retard dans leurs aptitudes linguistiques. Après un mois de thérapie quotidienne, ils avaient en moyenne regagné ces deux ans dans la compréhension du discours. Puis, pendant trois mois, ils ne furent plus exposés au discours informatisé et subirent un test après cette période. Ils avaient gardé leur avance précédente. Les chercheurs en déduisent que l'augmentation progressive de la vitesse de traitement des mots provoque des modifications permanentes dans les cellules et les circuits auditifs ; du coup, une information plus précise est fournie aux centres linguistiques du cerveau. Ces modifications sont possibles, pensent-ils, à cause de la plasticité (la capacité de réagir à l'expérience) qui caractérise spécialement le cerveau immature de l'enfant.

Le groupe de Tallal travaille également sur des méthodes permettant de diagnostiquer les déficits de traitement des séquences auditives chez les très jeunes enfants, en utilisant pour cela des tests de comportement. (On apprend aux bébés à regarder une image visuelle quand ils perçoivent un changement dans une séquence de stimulus sonore.) Les études pilotes ont montré que les tout-petits appartenant à des familles présentant des troubles dans le développement du langage réussissent moins bien les tests – ils ne saisissent pas les modifications dans la séquence – que les enfants de familles sans troubles. Mais si un diagnostic précoce est maintenant réalisable, alors il est sans doute possible de commencer la thérapie plus tôt.

La relation entre cette altération supposée de la vitesse de perception auditive et la dyslexie, ce trouble de la lecture qui touche des millions de gens, n'est pas encore bien définie. Il s'agit peut-être dans les deux cas de conditions distinctes touchant différents éléments de la fonction du langage. Des facteurs génétiques ou du développement prénatal sont peut-être en cause. Certains enfants dyslexiques présentent une perception visuelle défectueuse par exemple. La dyslexie, comme l'altération de la vitesse de perception auditive, se rencontre par famille et existe sans doute sous plusieurs formes.

Cependant, de nombreux indices laissent penser qu'une anomalie dans les processus linguistiques du cerveau est en cause dans la plupart des dyslexies. Beaucoup d'enfants, ainsi que d'adultes dyslexiques utilisent le langage parlé de manière tout à fait normale, mais ils n'ont que très partiellement conscience des sons constituant le mot qu'ils prononcent ou entendent. A cause de cette anomalie, ils ont des difficultés, par exemple, à saisir le fait que «chat», «rat» et «plat» peuvent être associés parce qu'ils riment, ou que «rat» partage avec «rose» la même consonne initiale. Ils ne peuvent pas segmenter le mot en son, ce que fait tout lecteur débutant dans une langue (l'anglais ou le français) qui utilise un code alphabétique. Il en résulte qu'ils sont également incapables de faire le rapport entre les sons du discours et le mot imprimé. Ils ne décodent que très difficilement chaque mot et leurs efforts sont lents, laborieux, pas vraiment efficaces. Quand ils lisent à voix haute, ils hésitent et font encore plus de fautes de prononciation parce qu'ils tentent de déchiffrer les mots. Leur compréhension à la lecture est faible, sans doute parce qu'ils se concentrent tellement sur le décodage mot à mot qu'ils n'ont plus assez de ressources mentales pour assimiler l'information assez rapidement.

Des progrès impressionnants ont été accomplis ces dix dernières années, pour résoudre les problèmes rencontrés par les lecteurs dyslexiques, et pour trouver des programmes d'éducation correspondant à leurs besoins. Accepter que la dyslexie puisse être principalement un trouble du langage plutôt que de la vue et n'ait rien à voir avec un signe d'immaturité de la cognition, a permis de développer des thérapies ciblant les difficultés spécifiques auxquelles sont confrontés les dyslexiques dans leur apprentissage de la lecture. Le déficit phonologique d'un enfant dyslexique peut maintenant être détecté dès cinq ans ou même plus tôt, ce qui permet d'exposer l'enfant à des jeux pédagogiques spécialement mis au point qui augmenteront sa conscience phonologique. On peut alors aider le tout-petit à relier les segments sonores du mot aux signes écrits qui les représentent.

Plusieurs essais d'interventions pédagogiques de ce genre ont obtenu des résultats prometteurs. Dans une des études, les enfants de cinq ans en maternelle bénéficiaient d'un entraînement spécial qui les aidait à augmenter leur conscience phonétique et à relier les segments sonores et les lettres. Ils devinrent de meilleurs lecteurs et épelaient mieux que les enfants de la même classe qui n'avaient pas suivi ce programme ; et ils gardèrent leur avance, au moins pendant les deux ans durant lesquels ils avaient été suivis. Ces programmes construits spécifiquement pour les enfants dyslexiques démontrent encore une fois que les tendances innées peuvent être modifiées.

## La porte du langage

Les canaux par lesquels nous recevons le langage parlé sont nos oreilles, qui envoient l'information aux centres de traitement du cerveau. Quand nous parlons, le chemin est inverse : tout énoncé commence par une commande au centre cérébral qui contrôle la musculature du discours, puis est transmis par les voies neuronales aux muscles de l'appareil vocal. Pour entendre, notre oreille recueille des ondes sonores, qui sont des vibrations – alternant augmentation et baisse de la pression de l'air – émanant d'une source comme les cordes vocales, les cordes d'un violon, un moteur de voiture ou un poste de radio. La hauteur du son est donnée par la fréquence des cycles de pics et de vallées de l'onde sonore se développant dans une période de temps donnée. Plus la fréquence est haute, plus la hauteur du son est élevée. Une seule fréquence crée un son pur. Un mélange de fréquences produit un air de musique, un bruit ou un son linguistique. La qualité du son dépend du nombre des fréquences constituantes, de leur mélange et de leur rythme. L'intensité du son dépend de la force de pression de l'onde. L'oreille humaine peut entendre des fréquences tonales de 20 à 20 000 cycles par seconde. (L'oreille d'une chauve-souris a une sensibilité allant jusqu'à 100 000 cycles par seconde.)L'oreille humaine peut réagir, sans que cela soit pénible, à un son un million de fois plus fort que le son le plus doux qu'elle peut entendre.

Sous l'impact des ondes sonores, la membrane qui ferme l'extrémité interne du canal auditif vibre et transmet les ondes de pression de l'air à la succession d'os minuscules se trouvant dans l'espace de l'oreille moyenne. L'osselet placé le plus loin dans l'oreille, l'étrier, vibre contre la fenêtre ovale, fermée mais flexible, qui conduit au canal en spirale rempli de liquide de l'oreille interne, le limaçon. L'onde d'air devient alors une onde liquide. En ondulant dans le canal cochléaire, qui est tapissé d'un tissu spécial qu'on appelle la membrane basilaire, l'onde liquide active les récepteurs auditifs, les cellules ciliées. Ces cellules, recouvertes de minuscules appendices pileux, sont disposées le long de la membrane basilaire un peu comme des touches de piano, dans l'ordre de la fréquence sonore à laquelle elles réagissent. Les sonorités à haute fréquence stimulent une des extrémités, les basses fréquences stimulant l'autre. Les cellules ciliées se courbent quand elles sont touchées par l'onde sonore. Les cils, dont l'épaisseur, la longueur et l'attache à leur base varient, ne peuvent réagir qu'à une sélection étroite de fréquences sonores. La place de la cellule le long de la membrane basilaire influe également sur la fréquence spécifique à laquelle les cils réagissent.

Les cils effleurent la voûte du limaçon, espace enroulé sur lui-même, où les fibres nerveuses auditives, elles aussi alignées suivant l'information de fréquence qu'elles contiennent, prennent le relais des cellules ciliées dans la transmission des messages. Là, l'énergie physique du son est convertie selon le code électrique utilisé par le système nerveux : les mouvements des cellules ciliées induisent la sécrétion de produits chimiques transmetteurs qui déclenchent des impulsions électriques dans les fibres nerveuses auditives. Pendant leurs phases d'activité, les fibres nerveuses enregistrent l'information concernant les fréquences, l'intensité et la fréquence rythmique d'un son. La disposition spatiale des fibres nerveuses selon la fréquence sonore est préservée, l'information passant de neurone en neurone entre le nerf auditif et sa destination finale, le cortex auditif.

Le réglage précis des cellules ciliées réceptrices et des fibres nerveuses auditives de l'oreille humaine est spécialement adapté à la détection et à l'analyse des sons complexes constituant la parole. Le système auditif humain comporte de nombreuses caractéristiques qui nous permettent d'analyser simultanément les fréquences à variation rapide des sons consonantiques et les fréquences relativement stables des sons voyelles.

A moins d'une source sonore située exactement au point central entre les deux oreilles, le son sera entendu par les deux oreilles avec un léger décalage de temps et d'intensité ; ce qui permet au cerveau de savoir d'où vient le son. Le long de la voie auditive, différents types de neurones de transmission extraient et transmettent les différentes caractéristiques du son. La plupart des fibres nerveuses auditives d'une oreille se connectent au côté opposé du cerveau (les fibres nerveuses de l'oreille droite vont à gauche, et celles de l'oreille gauche à droite), sauf quelques-unes qui montent du côté où elles sont situées. De nombreuses interconnexions de la voie auditive assistent le cerveau dans l'analyse du rythme et de l'intensité des sons, ainsi que pour déterminer s'il faut ou non attribuer une série donnée de sons à une seule source.

Les structures auditives, qui transmettent différentes propriétés du son (fréquence, intensité, etc.) le long de canaux parallèles, empruntent la voie courte à partir de l'oreille interne en passant par des relais du tronc cérébral ; en dix millièmes de seconde elles atteignent le thalamus, centre de contrôle de la circulation neuronale le plus chargé du cerveau. Ce groupe de cellules nerveuses qui contient des sous-parties anatomiquement distinctes (ou des noyaux comme les appellent les neuro-anatomistes) est situé à la racine des hémisphères cérébraux, au centre de la tête. Le noyau thalamique transmet les messages reçus aux centres du cortex cérébral de l'ouïe et des autres sens. Les circuits sous-corticaux qui contrôlent les niveaux de conscience et les émotions envoient eux aussi leurs messages au central thalamique ; ces circuits recoupent l'information sensorielle. Ces liaisons font que nous réagissons à une information émotionnellement chargée (par exemple un coup de feu) bien avant que le traitement cortical de la même information ait eu lieu. Des recherches récentes font penser, à titre d'hypothèse, qu'une certaine analyse phonétique a lieu également dans le thalamus.

La diffusion de l'information se poursuit à travers les fibres nerveuses reliant le thalamus à des zones du cortex auditif primaire, qui est situé des deux côtés, droit et gauche, du cerveau, derrière les oreilles, dans la région temporale. Il faut environ trente millièmes de seconde pour qu'un message voyage du cerveau moyen au cortex, où il est projeté – «cartographié» disent les neuro-physiologistes – sur plusieurs séries de cellules nerveuses plus ou moins ordonnées en colonnes. La carte corticale est toujours organisée selon la fréquence, le rythme et l'intensité. Ces neurones corticaux sont non seulement connectés entre eux, mais possèdent également des liens qui reviennent vers les zones cérébrales sous-corticales ; ces connexions aident à traiter l'information concernant la source et l'intensité du son, et permettent également de régler et d'accorder le système, en se concentrant sur les sons qui ont un intérêt particulier pour l'homme ou l'animal. Quand il reçoit séparément les données multiples concernant les caractéristiques spécifiques d'un son, le cortex auditif secondaire commence le travail d'intégration. Tout est alors prêt pour la tâche, plus ardue encore, qui consiste à analyser le flot de sons constituant la parole.

L'information sonore, déjà partiellement traitée à ce stade, est transmise aux régions corticales d'association – qui chez l'homme occupent presque tout l'espace de la tête, d'où sa grosseur. Les zones d'association sont situées dans les régions corticales adjacentes aux cortex auditifs primaire et secondaire. Ces régions extraient, relient et interprètent l'information auditive, ainsi que l'information connexe des autres sens, en particulier la vision. Bien que le traitement commence dans les centres inférieurs, l'intégration intersensorielle s'effectue principalement dans le cortex associatif. Deux avantages à cela : l'information provenant de tous les canaux sensoriels est traitée simultanément ; les réactions motrices qui en découlent sont coordonnées. Une partie au moins de ce circuit fonctionne déjà à la naissance ; même un nouveau-né tourne la tête vers un son, comme s'il pouvait voir ce qu'il entend.

Chez presque tous les adultes, la principale région corticale associative dédiée au traitement de la parole se trouve dans le cortex temporal postérieur gauche, légèrement au-dessus et derrière l'oreille gauche. Nommée d'après un neuro-anatomiste du XIXe siècle, la zone de Wernicke a pendant longtemps été considérée comme primordiale dans la compréhension du langage, parce que les victimes d'attaque cérébrale présentant des lésions dans cette région du cerveau perdaient la capacité de comprendre les mots. Cependant, des études récentes montrent que l'analyse linguistique et la compréhension de la parole impliquent également d'autres régions du cerveau.

Une des questions stimulantes de la neurobiologie actuelle est de comprendre comment le cerveau relie toute l'information provenant des différentes voies de traitement. On sait encore moins comment le cerveau «écoute», c'est-à-dire comment il parcourt et emmagasine l'information séquentielle pendant le temps qui lui est nécessaire pour traiter une phrase ou un enchaînement de pensée, alors que simultanément il reçoit le segment de parole suivant qu'il lui faut parcourir également. Certains scientifiques ont le sentiment que «cette association étroite de la mémoire active et du langage est peut-être ce qui nous rapproche le plus de ce qui peut définir la base spécifique de l'intelligence humaine.»[5]

Les régions associatives du cortex cérébral reçoivent l'information des aires sensorielles du cortex – processus que nous avons décrit plus haut concernant les sons. Ces zones d'associations influent sur la perception par les connexions, à la fois corticales et sous-corticales, qui aboutissent aux systèmes nerveux à la base des émotions, de l'attention, des souvenirs, de la volonté et des valeurs. La conscience que nous avons de l'information qui passe par nos sens varie énormément, allant d'une concentration intense d'informations sur un fil sensoriel ténu, à un quasi-automatisme prenant en compte les modifications d'environnement, comme quand nous conduisons. Pendant notre sommeil, la pancarte «Ne pas déranger» est efficace contre les sirènes, le bruit de la machine à laver, la télévision, mais une mère sursaute et se réveille au moindre gémissement de son bébé. De même, nous pouvons rester complètement inaccessibles à un flot de paroles jusqu'à ce que nous entendions notre nom, qui nous fait dresser l'oreille.

Nous réfléchissons ou non à ce que nous entendons. Contrairement aux yeux, les oreilles restent ouvertes, mais comme nous l'avons déjà fait remarquer, l'information est filtrée et subit divers traitements sur le trajet de notre oreille à notre cortex. Une des choses que notre cerveau fait le mieux est de sélectionner l'information parmi un vaste éventail de possibilités ; nous faisons cela très souvent, avec une grande subtilité et généralement sans effort conscient. Il est sûr et certain que les humains possèdent une sensibilité spécifique à la parole par rapport aux autres sons, sensibilité qui est, semble-t-il, présente dès la naissance. Mais si, comme nous l'avons montré, nous en savons déjà beaucoup, grâce aux expériences et à l'observation, sur les interrelations entre le développement du langage, la cognition et l'attention, notre connaissance actuelle de l'anatomie et de la physiologie des neurones qui assument ces fonctions reste encore extrêmement limitée.

## Le cerveau droit et le cerveau gauche

L'une des particularités du cerveau est le fait que sa spécialisation pour le langage n'est située que dans un seul des hémisphères constituant l'encéphale ; alors que la plupart des centres corticaux traitant les autres informations – qu'elles soient visuelles, tactiles ou auditives – sont placés dans les deux hémisphères. Chaque moitié du cerveau reçoit l'information du monde extérieur par le côté controlatéral : ce qu'une personne voit sur sa droite est représenté dans son cortex visuel gauche ; quand on saisit un objet, un verre par exemple, de la main gauche, l'information tactile obtenue par les terminaisons sensibles de la main est envoyée par les nerfs du bras gauche à la moelle épinière, où elle passe au côté droit et continue jusqu'à la zone de traitement des sensations tactiles de l'hémisphère cérébral droit. L'ouïe suit ce même schéma controlatéral. Les sons, parole comprise, sont traités au départ dans le cortex auditif de l'hémisphère gauche s'ils proviennent par exemple d'un écouteur placé sur l'oreille droite, et inversement. De grandes étendues d'axones recouverts de myéline – une substance qui assure une conductance rapide et donne aux fibres leur apparence blanchâtre caractéristique et leur nom de «substance blanche» – connectent les hémisphères cérébraux gauche et droit. La plus grande de ces étendues de fibres s'appelle le corps calleux. Ces liens inter-hémisphériques tissent ensemble une trame d'information continue entre les côtés droit et gauche du cerveau, de sorte que nous ne sommes absolument pas conscients des opérations distinctes des deux hémisphères.

L'indépendance étonnante des deux moitiés du cerveau a été démontrée par une série d'expériences réalisées sur des patients atteints d'épilepsie grave et invalidante, chez qui en dernier recours, on avait sectionné chirurgicalement les connexions entre les hémisphères gauche et droit – ce qui se fait en incisant le corps calleux. Cette séparation des deux moitiés du cerveau empêche l'expansion des crises épileptiques d'un côté du cerveau à l'autre. (On laisse les connexions sous-corticales et rachidiennes intactes.) Après l'opération, les patients vivent à peu près normalement ; de fait, leur vie s'est améliorée puisqu'ils subissent beaucoup moins de crises handicapantes et convulsives. Cependant, les tests révèlent de curieuses déficiences : quand un neuropsychologue présentait à ces patients une information sensorielle de façon à ce que l'hémisphère cérébral droit soit stimulé mais pas le gauche, cet hémisphère traitait l'information tout seul, sans impliquer l'autre moitié du cerveau. Exemple : un patient ayant subi une telle opération «entend» un discours par un écouteur placé sur son oreille gauche, mais il le comprend à peine parce que le message a été transmis à son cerveau droit – la moitié qui n'est pas spécialisée dans le langage – et que la majeure partie de la voie destinée au transfert de l'information vers le côté gauche du cerveau a été coupée. Quand il a les yeux fermés et qu'on place un trousseau de clefs dans sa main gauche, le patient au cerveau divisé montre par un geste (tourner la clef dans une serrure imaginaire) qu'il sait à quoi sert cet objet, mais il est incapable de le nommer, parce que les connexions qui permettent de transmettre l'information aux centres d'attribution d'un nom et de production de la parole de son cerveau gauche ont été coupées.

Le traitement de la parole n'est pas bilatéral. Chez presque 98 % des adultes, l'analyse linguistique se fait dans les structures du cerveau gauche. Jusqu'à ces trente dernières années, pratiquement tous les progrès obtenus dans la connaissance du rôle particulier de l'hémisphère gauche dans la production et l'émission de langage provenaient de l'étude d'adultes atteints d'aphasie, qui avaient donc perdu la capacité de comprendre le langage ou de le parler à la suite d'une attaque ou autre lésion cérébrale. Les problèmes qu'avaient ces patients – à parler, à se souvenir de certaines catégories de mots, comme les substantifs ou les prépositions, ou encore à comprendre le sens et le contexte – ont été évalués à l'aide de tests neuropsychologiques ; à la mort de ces patients, leur cerveau fut autopsié, et les lésions anatomiques mises en corrélation avec les signes et symptômes qu'ils avaient présentés de leur vivant. Par ces méthodes, les scientifiques du XIX^e^ siècle démontrèrent que chez la plupart des gens, la partie du cerveau primordiale en ce qui concerne le langage se situe dans les zones temporale, pariétale et frontale de l'hémisphère cérébral gauche, non loin de ce sillon profond dans la couche corticale qu'on appelle scissure de Sylvius.

Le cerveau gauche est spécialisé dans le langage, pas dans le son. Les gens atteints de lésions au cerveau gauche entendent parfois les mots tout à fait normalement, mais sont incapables de les comprendre. Les personnes sourdes, qui communiquent par le langage des signes (produit par des mouvements de la main au lieu d'être le fait de la musculature vocale, et interprété par la vue et non par l'ouïe) emmagasinent leur langage dans le cortex temporal gauche, exactement comme une personne entendante. Si une personne sourde a une attaque, son langage des signes s'en trouvera perturbé, mais pas les autres gestes qui, comme chez les personnes entendantes, sont stockés dans le cerveau droit. A l'inverse, une attaque cérébrale touchant le côté droit du cerveau laissera un sourd handicapé dans ses gestes quotidiens, mais sans aucune incapacité à s'exprimer normalement par le langage des signes.

Des études anatomiques très poussées expliquent l'observation, déjà faite dans l'Antiquité, selon laquelle les gens qui perdent l'usage de la parole sont souvent paralysés du côté droit : «Si je t'oublie, Jérusalem, que ma main droite oublie d'être habile (…) que ma langue colle au palais de ma bouche», chante le psaume. Trois mille ans plus tard, les anatomistes savent nous dire pourquoi les lésions du cerveau gauche détériorent à la fois les mouvements volontaires de la main droite et la parole : il s'agit de fonctions de l'hémisphère cérébral gauche.

L'hémisphère droit joue cependant un rôle important dans la communication, mais chez la plupart des adultes, cela concerne des fonctions extralinguistiques comme les gestes et les schémas tonals exprimant l'émotion. Un adulte atteint dans la zone de Wernicke perd toute capacité à tenir un discours cohérent, mais le ton sur lequel il le dit, et l'expressivité qu'il y met sont tout à fait normaux. Alors qu'une personne avec un problème situé au même niveau, mais dans l'hémisphère droit, parlera de façon sensée, mais sur un ton monotone.

On a découvert chez certains enfants une incapacité innée à la communication non verbale ; ces enfants possèdent un vocabulaire et une syntaxe tout à fait normaux, mais ils ont les plus grandes difficultés à utiliser le langage de façon appropriée suivant les circonstances, et n'arrivent pas bien à comprendre ou à utiliser les gestes de la conversation ou les expressions de l'émotion dans le discours. Et ces dysfonctionnements, qui touchent pense-t-on l'hémisphère cérébral droit, peuvent être socialement handicapants.

Les zones du cerveau gauche dédiées aux fonctions linguistiques sont plus vastes que les zones correspondantes dans le cerveau droit, et les humains naissent avec cette différence anatomique droite-gauche. Celle-ci augmente pendant l'enfance à mesure que la spécialisation fonctionnelle se développe au sein du cerveau qui croît rapidement. On sait très bien que chez presque tous les adultes, le cerveau gauche sert avant tout aux fonctions du langage et de l'analyse, alors que le droit s'occupe de la fonction spatiale, de la musique et du schéma de reconnaissance. Cependant, la dichotomie n'est pas si tranchée, et les deux côtés contribuent à chacune des fonctions, mais de manière inégale.

Si globalement l'anatomie du cerveau est semblable chez tout le monde, les limites exactes de chaque aire fonctionnelle varient pour chaque individu. Ainsi, on a découvert que, selon le sexe, le relevé cartographique des zones de langage est différent : chez les femmes, l'hémisphère droit joue un rôle plus grand que chez les hommes, en toute circonstance, ce qui explique sans doute pourquoi, à la suite d'une attaque ou d'une lésion du cerveau gauche, les femmes récupèrent mieux les fonctions du langage que les hommes. De plus, les régions corticales associées au langage sont chez elles plus étendues. Les tests de pointe en neuropsychologie et les études par imagerie fonctionnelle d'individus normaux ou atteints de lésions cérébrales diverses, nous permettent petit à petit d'arriver à une meilleure compréhension de la distribution des différents traitements du langage dans le cerveau. Ces tests sont actuellement effectués sur des patients victimes de lésions cérébrales, ou sur des personnes atteintes de troubles du langage, sur des sujets normaux enfin ; et nous espérons, grâce aux nouvelles techniques rapides et ceci sans danger, y soumettre bientôt des enfants.

Pendant l'enfance, il semblerait que l'hémisphère droit joue dans le langage un rôle plus important que celui qu'il endosse à l'âge adulte. La transmission des fonctions du langage au cerveau gauche ne s'établit pas avant l'adolescence, et les enfants dont le côté gauche du cerveau se trouve définitivement endommagé par une attaque ou une anomalie congénitale ont de grandes chances de pouvoir développer des capacités de langage pratiquement normales : en effet, chez les enfants, l'hémisphère intact prend le relais et assume les fonctions habituellement dévolues à la partie endommagée ; il assure alors un double travail, puisqu'il conserve bien sûr ses fonctions premières. Le rétablissement d'un adulte implique le plus souvent une réorganisation des fonctions dans le lobe temporal dominant, plutôt que leur transfert vers le lobe intact, comme cela se passe chez les enfants. L'extraordinaire capacité d'organisation et de réorganisation – première qualité d'un cerveau infantile – est encore démontrée par cette faculté à assumer des fonctions autres que celles spécifiées par le schéma génétique.

## Fenêtres sur le cerveau des enfants

Les neurobiologistes qui veulent étudier les structures et les fonctions du langage dans le cerveau de l'enfant sont confrontés à des problèmes impressionnants. Les maladies et lésions cérébrales graves provoquant des déficiences de langage sont rares chez les petits ; par bonheur, les enfants meurent très rarement de lésions cérébrales responsables d'aphasie, ceci explique que les données issues d'autopsies soient quasiment inexistantes. En ce qui concerne les enfants qui guérissent de lésions cérébrales, leur rétablissement est si rapide qu'il est difficile de faire la différence entre les effets dus à la réorganisation du cerveau en réaction à la lésion, et ceux dus à un développement cérébral normal. De plus, les tout-petits, en particulier ceux qui ont été malades, sont souvent impatients ou effrayés en situation de test. Ils se désintéressent des expériences, toutes séduisantes ou prometteuses qu'elles soient, sauf quand ils y voient une occasion de jeu. Pour la plupart des recherches sur le cerveau, les neuro-anatomistes et les neurophysiologistes se servent donc d'expériences effectuées en laboratoire sur les animaux. Mais comment dévoiler les mystères du langage en étudiant les babouins, les chimpanzés ou des animaux proches de l'homme ? Leur capacité de langage reste rudimentaire et ne s'organise pas forcément d'une façon semblable à celle d'un enfant humain.

Les techniques d'imagerie comme le scanner ou l'IRM (imagerie par résonance magnétique) nous offrent cependant des images détaillées du cerveau vivant, d'une clarté impossible à concevoir il y a seulement quelques années. Elles constituent un avantage énorme pour les neurologues et les neurochirurgiens, et ont apporté une contribution extraordinaire à notre compréhension de l'anatomie humaine, à la fois normale et pathologique. Il est désormais possible de voir le cerveau au travail ! Ces techniques toutes récentes promettent une avancée significative dans l'étude du langage, car elles offrent une visualisation directe des zones et des voies du cerveau qui sont actives pendant les diverses étapes de la compréhension et de la parole. Par l'utilisation du PET (tomographie à émission de positrons), du SPECT (tomographie à émission d'un photon isolé), ou de l'IRMf (imagerie par résonance magnétique fonctionnelle), ainsi que des techniques pointues d'encéphalographie et de réponses évoquées, les neurobiologistes arrivent peu à peu à repérer les aires fonctionnelles, à voir leurs relations, et peuvent observer le traitement de l'information dans le temps. Ces méthodes, sans risque, peuvent s'adapter relativement facilement à l'étude des enfants.

Le PET, qui utilise les isotopes radioactifs, s'est avéré jusqu'ici la méthode la plus efficace d'observation de l'activité linguistique, normale ou anormale dans le cerveau des adultes. Mais l'utilisation de substances radioactives chez les enfants n'est justifiable que lorsque l'information obtenue est d'utilité directe pour l'enfant qui subit le test. Contrairement au PET – et au SPECT qui implique également une injection de produit radioactif – l'IRM n'est pas invasive.

Cependant, les appareils d'IRM un peu anciens sont lents ; une séance dure en général une heure, et les patients doivent rester couchés et strictement immobiles pendant tout ce temps, le moindre mouvement pouvant brouiller l'image. L'IRM fonctionnelle constitue une avance technologique importante, car les images du cerveau sont obtenues presque aussi rapidement que les modifications réelles qui s'opèrent dans un cerveau pensant. A l'aide de programmes informatiques très rapides, on peut, en combinant les images successives, obtenir un film du cerveau en action.

L'IRM fonctionnelle exploite le fait que les cellules cérébrales activées (par exemple celles qui sont utilisées pour organiser la parole ou traiter une image visuelle) ont besoin de plus d'oxygène, molécule indispensable pour produire de l'énergie dans les neurones. Quand un renouvellement de sang oxygéné se produit dans des régions actives du cerveau, l'IRM est capable de détecter le changement parce que le signal magnétique du sang oxygéné est légèrement différent de celui émis par le sang désoxygéné. L'appareil d'IRM balaye et met en image le cerveau de la personne au repos, puis répète le scanner pendant qu'on demande à cette personne de penser à quelque chose ( par exemple faire un calcul ou dessiner un zèbre). Ensuite un ordinateur calcule la différence. Dans l'une des études récentes par IRM fonctionnelle, on apprend aux sujets à accomplir une tâche – dans ce cas, repérer mentalement le chemin dans un labyrinthe puis le tracer au crayon – pendant que l'IRM est effectuée. Les images obtenues montrent comment l'activité se déplace dans diverses zones du cerveau durant les phases successives de l'apprentissage. Les nouveaux appareils d'IRM sont non seulement plus rapides, mais ils peuvent maintenant être combinés à des aimants plus puissants, ce qui permet d'obtenir une définition spatiale plus fine dans les images et donc de repérer plus précisément les divers emplacements dans le cerveau.

Lors d'une visite au laboratoire de l'Institut national de la santé, nous avons pu voir sur un moniteur les images du cerveau en action d'un jeune garçon de huit ans, à qui on avait demandé de penser à tous les noms d'animaux qu'il connaissait, puis d'essayer de retrouver tout ce qu'il avait fourré dans son casier à l'école. Il devait penser tout cela en anglais d'abord, puis en français (c'est sa mère, une neuroradiologue française qui lui donnait les directives). Les images de son cerveau ainsi obtenues au repos, puis selon des conditions variées d'activité cérébrale, étaient analysées, comparées puis présentées par l'ordinateur.

Des études de cette sorte révèlent les localisations et les voies du traitement de l'information, tracent les limites des régions accidentées dans la tête, comme sur une carte routière. Cependant, cette métaphore géographique n'est pas tout à fait exacte, en particulier lorsqu'il s'agit du cerveau d'un enfant : dans ce cas, les «routes» sont toujours en construction, les plans de circulation changent constamment et des chemins secondaires s'ouvrent à mesure que l'enfant se développe et apprend. Quand l'enfant acquiert une nouvelle information, plusieurs zones dispersées du cerveau entrent en activité ; et quand ce matériau est maîtrisé, l'activité liée à ce travail particulier se réduit à une aire cérébrale plus petite.

Les études par l'imagerie nous révèlent l'étendue et le dynamisme des processus du langage dans le cerveau. Quand le garçon de huit ans que nous observions pensait en anglais, les zones actives de son cerveau n'étaient pas les mêmes que lorsqu'il pensait en français. Les recherches récentes en neuro-imagerie confirment qu'une langue s'organise différemment dans le cerveau, suivant qu'elle a été apprise dans la petite enfance ou plus tard à l'âge adulte. En prenant des sujets parfaitement bilingues qui avaient appris leur deuxième langue quand ils étaient dans leur petite enfance ou lorsqu'ils étaient de jeunes adultes, K. Kim, J. Hirsh et l'équipe du département de médecine de l'université Cornell ont effectué des IRM fonctionnelles de sujets en train de se souvenir intérieurement de ce qu'ils avaient fait la veille. On demandait aux sujets de penser dans l'une puis l'autre de leurs deux langues. Les chercheurs étaient surtout intéressés par deux des aires du langage : la zone de Wernicke (dans le cortex temporal postérieur gauche) qui est importante dans la compréhension du sens des mots, et l'aire de Broca (dans le cortex frontal gauche) indispensable à la production de la parole. Chez les sujets ayant appris les deux langues dans leur petite enfance, l'activité dans les deux régions citées était identique dans les deux langues utilisées.

Par contre, les sujets bilingues qui avaient appris leur seconde langue plus tard, montraient un schéma d'activité complètement différent. Pour leurs deux langues, on observait deux aires spatialement séparées et distinctes, bien que côte à côte, dans l'aire du langage du cortex frontal (aire de Broca) ; dans la zone de Wernicke, l'activité était la même pour les deux langues, comme chez les très jeunes sujets bilingues. Les chercheurs interprétèrent ces résultats en concluant que le cerveau utilisait des stratégies différentes à l'âge adulte pour la génération des phonèmes de la seconde langue même quand, comme dans cette expérience, les mots ne sont pas prononcés à haute voix. Comme nous l'avons montré précédemment, les tout-petits sont au départ capables de distinguer tous les phonèmes ; mais plus tard, lorsqu'ils n'ont été exposés qu'à la langue utilisée autour d'eux, ils n'arrivent plus à distinguer les phonèmes qui n'existent pas dans leur langue. L'aire de Broca est alors uniquement consacrée à la production de sons auxquels l'enfant est exposé. Pour une seconde langue apprise après que l'aire de Broca a perdu de sa plasticité, une aire de Broca secondaire est alors créée.

Dans une autre étude effectuée par des scientifiques de Montréal, D. Klein, B. Milner et leurs collègues, des études de PET ont été réalisées sur des sujets de langue maternelle anglaise ayant appris le français à l'âge de sept ans. Ces adultes parlaient couramment les deux langues et les utilisaient quotidiennement toutes les deux. Chez eux, les mêmes régions du cerveau s'activent pour les deux langues, mais quand ils emploient leur seconde langue, une région des noyaux gris centraux (le putamen gauche) se met en activité également. (Le putamen est impliqué dans la production des mouvements automatiques.) Les chercheurs pensent que cette région pourrait être utilisée quand on parle une deuxième langue à cause du besoin de contrôler plus fortement l'articulation. Ces études parmi d'autres montrent que l'apprentissage et la mémorisation du langage sont dispersés dans plusieurs régions du cerveau, et non pas isolés dans une seule structure spécifique. Elles confirment également que l'âge est d'une importance capitale dans l'organisation des structures de la langue dans le cerveau.

## Signes et signaux électriques

Les impulsions électriques signalent que l'information est acheminée le long des fibres nerveuses depuis les récepteurs sensoriels des yeux, des oreilles et de la peau. Ces phases électriques démarrent un millième de seconde environ après que l'organe des sens a reçu un stimulus, et peut durer plusieurs secondes, le temps que l'information passe par les différentes synapses sur la voie allant des récepteurs aux centres corticaux puis sous-corticaux. Les impulsions électriques sont transmises également quand l'information fait le chemin inverse, par exemple du cerveau à un muscle. On peut enregistrer cette activité électrique en de nombreux points de son tracé. Quand un doigt touche quelque chose, on peut recueillir l'enregistrement électrique à ce doigt même, puis au bras, au cou, à la tête ou même, en employant les moyens de mesure adéquats, à tous ces endroits à la fois.

Les mesures de l'activité électrique peuvent se faire sur tous les points de la voie neuronale. Mais le détail de l'examen et ce que le chercheur en retirera dépend de la méthode employée. Placée à la surface de la peau, une électrode donne une idée générale de l'activité qui se produit sous la peau, à l'endroit de l'électrode. On peut également placer des électrodes à aiguille fine dans ou sur des fibres nerveuses ou des noyaux cellulaires, à divers points. Cette méthode, combinée à l'examen neuro-anatomique, est utilisée par les neurologues sur les animaux, et des avancées nombreuses ont été obtenues grâce à elle ces dernières années. Evidemment, dans l'étude des humains, seuls les enregistrements de surface sont utilisés, excepté dans les rares cas où une méthode plus invasive est utile pour le bénéfice du patient lui-même.

Un simple stimulus sensoriel ne provoque pas moins de vingt à trente ondes électriques, qui peuvent être enregistrées à la surface du crâne ; chacune indique une phase différente du traitement de l'information. En déchiffrant ce code électrique, les chercheurs espèrent comprendre un peu mieux le rythme, le découpage et la localisation du traitement de l'information. La série de phases électriques qui découlent d'une stimulation sensorielle est appelée potentiel évoqué, ou encore (terme utilisé dans notre ouvrage) réponse évoquée.

A mesure que l'enfant grandit, ses réponses évoquées changent dans la forme de l'onde, leur taille, leur rythme et leur distribution ; les études sur ces changements fournissent des aperçus sur la façon dont la maturation, le développement et l'apprentissage réorganisent le cerveau. En général, l'âge augmentant, les réponses évoquées deviennent plus rapides et plus localisées. Ce développement est particulièrement rapide dans la petite enfance.

A la différence des données de l'IRM ou du PET, qui révèlent la densité des tissus, l'utilisation de l'énergie et le flux sanguin, les réponses évoquées constituent un enregistrement direct de l'activité électrique des neurones, et fournit donc une mesure de leur fonction essentielle. Dans de nombreux laboratoires, les neurologues utilisent ces réactions pour étudier le processus du langage chez l'enfant. Ils ont imaginé des situations expérimentales qui mettent en jeu différentes capacités de langage et de compréhension se reflétant dans les différences d'ondes de réponses évoquées. Par exemple, l'écoute de la phrase «Pierre a étalé du beurre sur...», qui se termine par «ses chaussettes», provoque une grande onde, avec un pic environ 400 millièmes de seconde après que l'effet de surprise est passé. Les chercheurs qualifient cela : réponse à une déviance sémantique. Les ondes cérébrales d'enfants d'à peine cinq ans montrent qu'ils ont compris la blague.

Chez les adultes, l'onde de réponse évoquée qui se produit 200 millièmes de seconde après un stimulus auditif est différente selon qu'il s'agit d'un mot, d'un bruit ou encore d'un mot absurde. Les mots provoquent généralement une réaction plus forte que les autres stimuli.

Vers dix-huit ou vingt mois, les enfants présentent souvent une brusque abondance de vocabulaire, cependant les capacités de langage varient énormément d'un enfant à l'autre. H. Neville du Salk Institute fit passer plusieurs tests de langue à des enfants de vingt mois pour définir l'étendue de leur lexique. Elle divisa ensuite les enfants en deux groupes : ceux dont le vocabulaire comprenait 310 mots en moyenne, et ceux qui possédaient un vocabulaire de 77 mots en moyenne. Les réponses évoquées des enfants furent analysées afin de voir si les capacités de langage intervenaient différemment. Effectivement : certaines réponses évoquées étaient plus amples et plus rapides après exposition à un stimulus dans le groupe plus habile en langage. Il existait d'autres différences entre les deux groupes, comme la taille des réponses enregistrées selon les divers positionnements des électrodes. Cette étude, ainsi que d'autres effectuées sur des sujets plus âgés ou plus jeunes, semble indiquer que les schémas spécialisés de réponses électriques cérébrales se développent à mesure que l'enfant acquiert des capacités de langage.

On utilise également les réponses évoquées pour établir les anomalies de développement. Dans une série d'études réalisées avec ma collègue A. Lodge j'ai trouvé que les bébés atteints du syndrome de Down présentent des réponses évoquées à un stimulus sonore anormalement grandes. Dans mon groupe de recherche – ainsi que dans d'autres – nous avons constaté également que les enfants présentant un facteur de risque tel un poids très faible à la naissance sont susceptibles de présenter des réponses évoquées anormales. On associe maintenant ces réactions anormales à des anomalies neurologiques ou à des difficultés d'apprentissage qui apparaîtront plus tard au cours de l'enfance.

Les réponses évoquées servent aussi à éprouver la théorie selon laquelle les circuits du cerveau qui traitent le contenu sémantique du langage diffèrent de ceux qui s'occupent des éléments syntaxiques. Plusieurs chercheurs ont observé que les réponses évoquées aux mots «grammaticaux» (par exemple les auxiliaires ou les conjonctions) sont différentes de celles suscitées par des mots «signifiants» (substantifs, noms, adjectifs). Mais si les réponses évoquées reflètent le processus linguistique, ce qu'elles nous en disent reste encore largement inexpliqué.

Les techniques d'imagerie comme l'IRM ou le PET nous apprennent globalement où le cerveau fabrique le langage, et les réponses évoquées nous disent quand. Mais le comment du processus linguistique reste un mystère.

De plus, les procédures spécifiques que le cerveau suit dans son traitement de l'information linguistique ne seront peut-être pas révélées par des tests qui s'appuient sur des tâches comportementales consistant à dire le nom d'une chose ou à répéter des mots. Les recherches montrent que lorsque la fonction langage est exigée, des circuits et des systèmes très étendus sont activés en parallèle, mais le flot cohérent du langage émane de processus qui connectent et coordonnent les éléments linguistiques instant par instant.

## CHAPITRE 4

# Faut-il aider les bébés ?

L'enfant naît avec une compétence innée au langage. Cependant, son aptitude à bien l'utiliser est déterminée par de nombreux facteurs : sa capacité à entendre, son état physique général, sa santé mentale et, par dessus tout, les discours qu'il entend autour de lui. Nous abordons ici le rôle exercé par l'environnement dans l'apprentissage du langage. Nous évoquerons brièvement les effets désastreux d'environnements physiques défavorables, auxquels des milliers d'enfants sont exposés ; mais nous insisterons surtout sur la façon dont les environnements sociaux influent sur le processus d'apprentissage du langage, sur l'habileté orale et le style de langage, ainsi que sur l'aptitude des enfants à la lecture.

### LES ENVIRONNEMENTS TOXIQUES

On peut affirmer que dans le monde, la majorité des enfants présentant une déficience langagière ont reçu en héritage un potentiel biologique normal, mais qu'ils ont été exposés à un environnement physique et social nocifs. Il existe ainsi des millions d'enfants dont le développement est menacé. Certains ont été exposés à un environnement prénatal toxique, parce que leur mère souffrait de malnutrition, buvait, se droguait pendant sa grossesse, ou encore était atteinte d'une maladie sexuellement transmissible, comme la syphilis ou le SIDA. Le plus souvent, ces enfants naissent dans des familles où il manque l'essentiel : le gîte ou le couvert. Sans vivre dans une famille défavorisée, des millions encore ne reçoivent ni l'attention ni la stimulation sociale qui, dans leur apprentissage du langage, leur sont aussi nécessaires que la nourriture pour leur croissance. De nombreux enfants souffrent à la fois d'atteintes physiques et de carences relationnelles – même si ces deux risques ne coexistent pas toujours. Dans certaines familles où pourtant la nourriture est abondante et les soins médicaux assurés, les enfants sont parqués devant la télé pendant des heures, sans personne pour les encourager à grandir ou pour admirer les aboutissements de leurs efforts ; alors qu'un enfant matériellement défavorisé peut recevoir tous les encouragements et les incitations dont il a besoin pour développer ses talents cognitifs, sociaux et de communication.

Un fait est sûr : les diverses carences associées à la pauvreté mènent à une dégradation des aptitudes au langage, quelle que soit la culture ou la façon dont l'enfant est élevé. Les enfants de faible poids à la naissance sont plus nombreux dans les familles défavorisées ; et ce nombre disproportionné d'enfants hypotrophiques finit par créer divers problèmes de développement, dont des handicaps de langage. Les complications de maladies infantiles banales sont également plus fréquentes chez les enfants défavorisés, qui souvent n'ont pas accès à des soins appropriés ; de plus, ils n'ont pas la même immunité face à ces maladies, qui peuvent présenter des effets secondaires graves. Les enfants en permanence affaiblis par des maladies chroniques ou des carences alimentaires se développent plus lentement. Ils sont souvent apathiques, et les personnes qui s'en occupent les laissent facilement dans un coin, livrés à eux-mêmes.

Les enfants vivant dans des immeubles insalubres aux murs encore recouverts de peinture au plomb, qui boivent l'eau passant par des tuyaux de plomb ou qui jouent dans un lieu contaminé par de la poussière de plomb paient souvent cher ces dépôts de substance dangereuse dans leurs os, leur sang et leur cerveau. Ils risquent des problèmes d'apprentissage et de comportement, peuvent être victimes de convulsions, de coma ou de retard mental. Aux Etats-Unis, les tests de mesure du plomb (dans la peinture ou les canalisations des vieux immeubles entre autres), l'interdiction de l'essence au plomb et le programme de réduction du plomb, ont contribué à réduire l'exposition des enfants, mais cette substance reste encore une menace pour les 12 millions d'enfants qui habitent dans de vieux immeubles. Les ouvrages de pédiatrie estiment à 17% les enfants américains de six mois à six ans présentant des taux de plomb dans le sang plus élevés que la norme «acceptable». D'autres substances toxiques (notamment les résidus de pesticides, les métaux lourds présents dans les aliments) s'attaquent également au cerveau en pleine croissance des enfants. Selon certains scientifiques, tous ces dangers augmentent, puisque notre environnement est de plus en plus contaminé.

La malnutrition chronique de la mère entraîne souvent un faible poids de naissance chez l'enfant ; certaines carences dans son alimentation peuvent occasionner des malformations du fœtus. Les enfants mal nourris sont plus souvent et plus longtemps malades que les autres. La malnutrition comme la sensibilité aux maladies sont plus fréquentes chez les enfants né avec un faible poids. De par le monde manquer de l'alimentation adéquate ou ne pas manger à sa faim constituent les plus grands dangers pour la santé et le développement de l'enfant.

Un adulte en bonne santé peut supporter des mois ou même des années de mauvaise alimentation, voire de quasi-famine sans que son cerveau en souffre. Mais le bébé n'a pas beaucoup de réserves ; son corps et son cerveau, qui sont en période de croissance accélérée, ont un énorme besoin d'énergie, et exigent d'être alimentés régulièrement. Il est bon de répéter ce point important : le développement infantile s'effectue selon un programme génétique inné qui dépend de façon cruciale des données extérieures sur lesquelles il s'appuie. La croissance et le développement sont des processus progressifs et cumulatifs. Il est vrai que le programme de développement infantile possède

en lui-même une grande flexibilité qui permet d
place des mécanismes de protection et d'adaptati
dispositifs de sécurité sont susceptibles d'être dé
enfants compensent vite une carence, quand on leur en donne la chance, ils gardent cependant parfois un certain retard.

J'ai moi-même été témoin de cas de ce genre, puisque j'ai suivi la rééducation de trente enfants mexicains âgés de moins d'un an, victimes de malnutrition grave. Ils venaient tous des bidonvilles proche de Mexico, et étaient nés dans des familles nombreuses particulièrement défavorisées ; il n'y avait chez eux ni réfrigérateur ni point d'eau. Ils n'avaient été allaités que pendant quelques semaines, ou pas du tout. Leur famille recevait très peu d'aide de l'assistance publique ou de parents.

Grâce à une bonne alimentation et un traitement différent, tous ces enfants se mirent à grandir, grossir, et à agir enfin un peu plus comme des enfants. Ils souriaient, jouaient et montraient de la curiosité pour leur environnement. Ils restèrent toutefois petits pour leur âge ; leur développement était lent, en particulier en ce qui concerne le langage. Régulièrement pendant un an, et depuis l'admission des enfants à l'hôpital, mes collègues mexicains, américains et moi-même avons enregistré l'encéphalogramme et les réponses évoquées électroencéphalographiées à une série de stimuli visuels et auditifs, dont des sons parlés. Pour disposer d'une référence, nous avons également analysé les réponses évoquées d'enfants normaux du même sexe et du même âge, qui venaient à la crèche de l'hôpital destinée aux enfants du personnel.

Peu de temps après leur admission à l'hôpital, les enfants souffrant de malnutrition présentaient des réponses évoquées dont les ondes cérébrales étaient courtes, simples et lentes. Ces ondes se sont améliorées au fil de la thérapie, c'est-à-dire qu'elles se sont rapprochées des réponses évoquées que présentaient les enfants du même âge nourris de manière appropriée ; elles sont néanmoins restées anormales, même après la rééducation alimentaire : la malnutrition avait manifestement laissé une marque durable sur la façon dont le cerveau de ces

·nfants procédait au traitement de l'information visuelle et auditive.

Les autres épreuves que ces enfants avaient subies dans leur courte vie ont sans doute contribué également à rendre leur réactivité anormale. La plupart avaient en effet souffert de diverses maladies (diarrhée, infections respiratoires) en plus de la carence calorique et protéique ; de plus, la longue hospitalisation qu'ils subissaient constituait certainement pour eux une source d'angoisse.

Les recherches sur la malnutrition illustrent bien les limites des études de terrain, dans lesquelles les résultats sont influencés par de nombreux facteurs incontrôlables. En dehors du labo, un facteur de risque (la carence en protéines par exemple) n'agit évidemment jamais tout seul. On mène justement des études de laboratoire sur des animaux produits par génie génétique, soumis à des régimes calculés et élevés dans un environnement contrôlé, afin de débusquer l'impact de chacun des nombreux facteurs de risque et de définir les effets neuroanatomiques et neurophysiologiques avec une précision impossible à obtenir dans les recherches menées sur les humains. Ces efforts ont conduit à une compréhension plus grande du rôle joué par l'alimentation dans le développement du cerveau, et ont permis de mettre au point des thérapies alimentaires plus efficaces. De telles études mettent également en lumière les relations étroites entre les facteurs sociaux et les conséquences biologiques.

Les différentes recherches effectuées tant sur les animaux que sur les enfants confirment qu'une malnutrition grave ou le manque de certains éléments nutritifs – en particulier avant la naissance ou chez les tout-petits – sont à mettre en corrélation avec des changements structurels et fonctionnels dans le cerveau. Elles montrent également que le comportement apathique ou hyperactif des enfants comme des animaux sous-alimentés est dû en partie au fait qu'ils ont forcément moins d'énergie pour s'impliquer dans la découverte et la communication – et sont donc moins confrontés à des situations à partir desquelles il peuvent accroître leur apprentissage. Dans des situations nouvelles, on les voit plus souvent se mettre en retrait, ou bien être découragés ou irritables en face de ces expériences. La thérapie des enfants souffrant de malnutrition doit alors non seulement comprendre une alimentation adéquate, mais également porter une attention spéciale aux besoins sociaux et éducatifs.

Des facteurs sociaux et environnementaux défavorables influent sur le développement par l'accumulation de divers risques. On a remarqué, par exemple, que des enfants soumis à une malnutrition chronique, ou des enfants négligés, ou enfin ceux accusant un faible poids à la naissance (et qui présentent parfois également des incapacités spécifiques d'apprentissage) ont tendance à rester petits. Et étant donné qu'ils ont l'air plus jeunes qu'ils ne le sont en réalité, et que leur comportement est aussi immature, les adultes ont tendance à les traiter comme des bébés. Quand les adultes attendent peu d'un enfant, celui-ci s'adapte parfois à ce rythme et présente des réactions bien inférieures à ses possibilités. Il y a aussi l'enfant qui arrive à l'école en ayant à peine mangé, ou qui est perturbé par ce qui se passe chez lui, et qui réagira peut-être de façon immature, sera impulsif, inattentif ou indifférent. Du coup, il hérite de l'étiquette «enfant à problèmes», et son instituteur peut se décourager. L'enfant est alors découragé de lui-même, et entre dans une spirale sans fin qui le laissera de plus en plus à la traîne. Ses résultats scolaires médiocres réduisent ensuite le champ des possibilités éducatives et sociales qui s'ouvrent à lui, ce qui déterminera aussi son travail, ses amis et son mariage.

Les premières expériences d'un enfant établissent des schémas qui ont tendance à se répéter dans sa vie, sous une forme ou une autre. Au sein d'un environnement donné, ce qui retient notre attention dépend en partie de nos expériences antérieures, des expériences multiples du moment, ainsi que de notre tempérament et de nos goûts. Les amis que nous choisissons et ceux qui nous choisissent, notre participation au club d'échecs ou à l'équipe de foot, ou encore notre préférence pour la lecture, tout ceci nous ouvre des portes différentes vers nos rencontres et expériences sociales futures.

D'une certaine façon, notre environnement est en perpétuel changement. Nous déménageons, changeons d'école, assistons au divorce ou au remariage de nos parents, contemplons le petit frère ou la petite sœur qui rejoint la famille. Mais, pour la plupart des gens, les influences environnementales essentielles – celles qui touchent au développement, à l'éducation et à la santé – persistent d'une étape de la vie à l'autre. L'enfant inscrit dans une école élémentaire moyenne ira sans doute dans un collège de même niveau et poursuivra ses études dans le même genre d'établissement. L'intérêt d'avoir un père et une mère qui passent du temps avec vous, de pouvoir manger à sa faim et d'être inscrit à une bonne école ne s'arrête évidemment pas là. Et inversement, le poids des diverses carences persiste tout au long de la vie d'un individu.

Les efforts organisés en vue de procurer des suppléments de nourriture aux enfants, de les vacciner, de leur fournir de l'eau potable ou d'éliminer la peinture au plomb dans les immeubles améliorent bien sûr grandement la santé infantile. Ils ne concernent malheureusement pas ceux qui en ont le plus besoin. Dans le monde, plus de 200 millions d'enfants de moins de cinq ans sont sous-alimentés. Et si la malnutrition sévère est rare, des millions d'enfants américains n'ont pas un bon régime alimentaire.

## Les partenaires du langage

Réussir à expliquer les merveilles du fonctionnement du langage dans le cerveau humain représentera une avancée scientifique digne des découvertes de Galilée ou de Newton. Ce chapitre concerne un problème plus immédiat : que savons-nous du rôle des parents et de l'entourage dans le développement du langage chez l'enfant ? Les personnes qui s'occupent de l'enfant tiennent-elles ce rôle naturellement, ou doivent-elles réfléchir à toutes leurs interactions avec le bébé ? Si être l'interlocuteur d'un bébé est un art, les parents sont-ils dans l'obligation de veiller à ce qu'eux-mêmes et les autres membres de l'entourage jouent adéquatement leur rôle ? Et si les parents n'apportent pas à l'enfant l'aide qui lui est nécessaire dans son apprentissage préscolaire du langage, ou ne peuvent pas le faire, la société doit-elle en prendre la responsabilité et les relayer dans cet aspect critique de l'éducation d'un enfant ?

S. Pinker, collègue de Chomsky et auteur d'un livre très connu sur la création du langage, range dans la catégorie «folklore» l'idée selon laquelle les parents «apprennent le langage à leurs enfants». Dans le même esprit, un ouvrage de neurosciences cognitives affirmait récemment : «Tout comme dans le cas de la vision, il suffit d'une exposition au langage appropriée pour que le langage se développe chez l'enfant rapidement et sans beaucoup de problèmes, même avec peu ou pas d'enseignement.» Puisque, selon ce point de vue, lire des histoires, chanter des chansons ou jouer à des jeux sur les mots avec les bébés n'apporte pas grand-chose, les parents devraient être plus décontractés. Il y a tout à parier que leur tout-petit leur tiendra des discours quand il sera prêt. Dès trois ans, l'enfant est, aux dires de Pinker, un «génie de la grammaire».

D'autres spécialistes déclarent au contraire que de telles descriptions du langage laissent croire que le processus d'acquisition est facile. Nous possédons une merveilleuse compétence innée au langage, mais la réalisation de ce potentiel de communication perfectionnée spécifiquement humain demande à la fois des efforts et de l'aide. «L'apprentissage du langage est un boulot costaud, qui nécessite de la part de l'enfant beaucoup de travail, (...) exige une relation avec un adulte et toute une série de capacités cognitives.»

Pinker et les autres «innéistes» reconnaissent bien sûr l'importance d'un interlocuteur. (Cependant, rappelait Chomsky, cet interlocuteur n'a pas besoin d'être un adulte ; les frères et sœurs ou d'autres enfants font l'affaire.) Ils sont également d'accord sur le fait que des capacités cognitives et des relations appropriées avec des adultes sont nécessaires à un développement normal du langage ; selon eux, cette nécessité n'est pas plus importante que dans le cas de l'émotion ou de l'habileté motrice. La maîtrise dans tous ces domaines demande effectivement du «travail». Les scientifiques s'intéressant à l'acquisition infantile du langage divergent essentiellement sur les questions de la spécificité des structures cérébrales d'acquisition du langage par rapport aux autres acquisitions et de la façon dont ces mécanismes interviennent. Les théories diffèrent sur la manière dont les processus de syntaxe et de sémantique opèrent dans le cerveau, ainsi que sur les éléments qui sont nécessaires pour que ces processus interviennent au bon moment et avec le maximum d'efficacité. Les parents possèdent-ils vraiment la clef qui ouvre à leurs enfants la porte du langage ?

La réponse dépend en grande partie de ce qu'on entend par «langage». Les enfants viennent au monde avec tout ce qu'il faut pour acquérir le langage. Tout comme nous sommes nés avec deux jambes pour marcher, nous sommes aussi nés pour parler. Cependant, si le développement moteur d'un bébé est à peu près le même dans le monde entier, qu'il soit né en Equateur ou en Australie, les mots qu'il prononcera dépendent de la langue dans laquelle sa mère s'adresse à lui.

Comme la capacité de marcher, celle d'utiliser le langage est universelle chez les humains. Si un individu peut se distinguer par une démarche caractéristique, le langage génère une abondance de variations beaucoup plus grande d'une personne à l'autre. Dans un environnement minimum, pratiquement tous les bébés apprendront à marcher, sans pour autant devenir des marathoniens ou des danseurs étoile. A peu près tous les bébés, même soumis à un environnement peu approprié, apprennent à parler. Mais beaucoup d'enfants n'apprennent pas à parler suffisamment bien pour s'adapter aux défis quotidiens de la vie moderne. Comment cela se fait-il ?

Deux facteurs entrent en jeu : premièrement, une certaine compétence linguistique est indispensable dans de nombreuses transactions de tous les jours (faire ses achats, inscrire un enfant à l'école, répondre à une annonce, être embauché et garder son travail) deuxièmement de nombreux enfants n'ont pas accès à l'environnement éducatif qui leur permettrait d'acquérir cette maîtrise du langage.

Dans la plupart des situations sociales ou professionnelles, les exigences concernant l'aptitude à communiquer sont de plus en plus élevées. Pour devenir un bon opérateur de saisie, pas besoin d'être gagnant aux «Chiffres et des Lettres», toutefois personne n'a jamais réussi à exercer ce métier sans maîtriser un certain niveau de langage ; cette remarque vaut pour de nombreux postes. Les petits boulots actuels ne demandent pas tous une habileté linguistique hors du commun, mais la maîtrise de l'oral comme de l'écrit est indispensable pour obtenir un travail ou de l'avancement.

A une époque où toutes les branches de l'économie imposent des capacités linguistiques de plus en plus hautes pour obtenir un travail, de plus en plus d'enfants sont handicapés, parce que leur environnement d'apprentissage du langage ne les a pas bien préparés à ce défi. Leurs parents, les personnes de leur entourage et de leur environnement scolaire n'ont pas consacré assez de temps, d'énergie ou d'argent au soutien de leur développement linguistique.

Affirmer que l'environnement social de nombreux jeunes enfants présente des risques pour leur apprentissage du langage peut au premier abord paraître plutôt paradoxal : dans la société actuelle, les enfants sont bombardés de langage (dans la voiture, à la halte-garderie, dans la rue et surtout à la télévision). Mais les enfants développent leur adresse pour le langage et la communication à travers les interactions sociales. Ils ont besoin de l'échange qui a lieu lors d'une conversation qui les implique, dans le contexte d'une activité commune.

Etre en présence d'adultes qui discutent ensemble ne semble pas aider grandement l'enfant dans son apprentissage du langage. L'enfant d'immigrés, par exemple, qui entend ses parents et grands-parents se parler entre eux en algérien, sénégalais ou vietnamien, mais à qui ce même entourage s'adresse toujours en français, n'aura qu'une faible compréhension de la langue maternelle de ses parents, et peu ou pas du tout de vocabulaire actif dans cette langue. Le discours entendu dans un contexte de communication qui inclut les enfants, au moins de temps en temps, les aide énormément à maîtriser le langage.

La façon dont les adultes s'adressent aux enfants diffère d'une culture à l'autre. Dans certains pays, les parents parlent très peu à leurs enfants avant que ceux-ci aient atteint l'âge de tenir une véritable conversation. A vrai dire, le discours interactif parents-enfant commun aux anglophones en Amérique du Nord, Angleterre et Australie, est plutôt rare dans de nombreux autres pays ; les bébés apprennent alors à parler surtout par les interactions avec leurs frères et sœurs ou d'autres enfants.

C. Snow soutient que «dans les premiers stades de l'acquisition du langage, la fonction principale du discours [de l'adulte] à l'enfant n'est pas de donner une information sur la structure syntaxique, mais plutôt de fournir un contexte aux propos de l'enfant (...) Si les enfants entendent leurs courts propos ancrés dans un discours émanant d'une source sûre, ils vont découvrir le moyen de créer des contextes linguistiques plus étendus pour eux-mêmes.» Snow avance qu'un enfant qui en est au stade de l'acquisition d'un seul mot participe avec son interlocuteur à la construction d'expressions plus longues et utilise ces expériences pour passer aux propos à deux mots, puis aux phrases plus longues, par lui-même.

Il n'est pas certain que le fait de s'adresser directement à l'enfant ou d'adapter son discours au niveau de l'enfant soit fondamental dans son acquisition de la grammaire ou son décodage des mots. Cependant, faire en sorte que le discours intéresse les bébés et les enfants a d'autres fonctions : les personnes de l'entourage de l'enfant se servent des mots pour lui montrer qu'il est regardé, écouté, et qu'il est lié affectivement à un monde plus vaste influencé par les mots. Le bébé comprend vite que les vocalises sont des signaux, et cette découverte constitue ce que Snow appelle «le premier stade dans l'aptitude à communiquer».

Quand la mère regarde l'enfant et donne une réponse parlée aux regards et aux vocalises de l'enfant, celui-ci se trouve face à un autre point nécessaire à la communication linguistique : l'attention commune. Maintenant, il peut communiquer au sujet de quelque chose autant qu'avec quelqu'un. Du regard, il demande à sa mère de prononcer les mots qui guident son exploration : «Est-ce que je peux monter les escaliers à quatre pattes ? caresser le gros chien des voisins ? appuyer sur les boutons de la chaîne stéréo ?»

La majeure partie des propos qui s'adressent aux bébés le sont moins pour fournir une information ou un modèle grammatical correct, que pour transmettre la notion de relation entre les êtres. Le discours de l'adulte fournit un «étayage», comme disent certains psychologues, aux efforts de l'enfant pour communiquer. Les mots que les parents adressent aux bébés sont différents d'un pays à l'autre, mais la mélodie du discours est partout semblable ; Pinker a remarqué que dans n'importe quelle langue, quand les parents s'adressent à l'enfant, on retrouve le même phrasé : la phrase qui s'élève puis redescend exprime l'approbation chaleureuse et pleine d'amour ; les «exclamations brusques, martelées» signifient «Ne touche pas», ou «Arrête» ; le ton qu'on hausse, «Attention» ; et les «murmures longs et tout en legato» consolent.

Les pères et les mères renforcent différents aspects dans la façon de communiquer de leurs enfants, selon leur culture, leur tempérament, ce qu'ils perçoivent du caractère de leur enfant, de son stade de développement, et ce qu'ils considèrent comme important. La plupart des parents occidentaux parlent différemment à leur fille ou à leur garçon, et le père et la mère s'adressent chacun différemment aussi à leur progéniture. Une mère sera fière que son bébé prenne l'initiative ; elle réagira aux expressions de l'enfant, les interprétera, suivra son regard et lui décrira les objets qu'il observe ; elle prend soin d'être à l'écoute des questions, et y répond simplement, souvent en réutilisant les mots de l'enfant. Une mère différente fera répéter une phrase pas très claire : «Comment, qu'est-ce que tu dis ?» Parfois elle confirme l'affirmation de l'enfant en développant le même thème :

L'enfant : - C'est un petit chat.

La mère : - Avec une belle fourrure toute douce.

Il semble que le fait de laisser parfois l'enfant donner le sujet et le rythme de la conversation – et de lui offrir ainsi l'occasion d'être un participant actif au discours – encourage l'apprentissage du langage. Cependant, le langage de la routine quotidienne l'aide également dans cette tâche. Pendant les rituels du bain, de l'histoire avant d'aller au lit, ou du jeu préféré, les gens de l'entourage utilisent souvent des expressions figées pour encourager l'enfant à exercer son sens de la communication : «Bonne nuit la lune ! Bonne nuit, Maman ! Bonne nuit, Papa ! Bonne nuit, bébé !»

Pendant une période de vingt et un mois, le psychologue J. Bruner alla tous les quinze jours observer deux petits enfants, Richard et Jonathan, qui jouaient chacun à «Coucou !» avec leur mère. Au début de cette observation, Richard avait cinq mois, et Jonathan trois. Bruner décrit l'évolution des enfants qui passaient de spectateurs actifs à participants, et la façon dont, au fur et à mesure que les enfants gagnaient en compréhension et habileté motrice, la mère les laissait de plus en plus organiser le jeu. Le jeu de base (apparaître, disparaître et réapparaître) donnait lieu à diverses variantes. Parfois la mère se cachait et réapparaissait avec un «Booo !» ; quelquefois c'était un clown en chiffon qu'elle montrait puis cachait. A un an, un des petits garçons prenait l'initiative du jeu en allant lui-même se cacher. (A peu près au même âge, notre petit-fils Joey découvrit la joie de se dissimuler derrière un rideau qui tombait jusqu'au sol et de réapparaître avec un sourire plein d'attente.) Si les deux mères ponctuaient le jeu d'exclamations explicatives («Il s'en va ! le voilà !») c'est bien plus que le langage qui se mettait en place. A six mois, Jonathan attrapait le clown, et sa maman avait bien du mal à le persuader de le lâcher pour que le jeu continue ; à un an, il possédait assez de sens et de contrôle moteur pour lui redonner le jouet quand il le souhaitait. Il utilisait des vocalises (pas encore de mots) pour accompagner les mots de sa mère et en savait beaucoup sur ce que Bruner appelle «la gestion de l'interaction». Les deux garçons prenaient de plus en plus plaisir à l'activité commune en elle-même, à la joie que procure la surprise dénuée d'angoisse au sein d'une relation sûre, et à ces rituels sociaux prévisibles. (Joey tapait des mains quand il émergeait de sa cachette, et son public se mettait à applaudir de concert.)

Les comptines et les jeux simples fascinent les tout-petits justement parce qu'ils deviennent vite familiers. Peut-être que les bébés anticipent mentalement les gestes répétés qui suivent, tout comme un peu plus tard ils sauront à l'avance les mots de l'histoire du soir, ou la scène suivante dans la cassette vidéo vue et revue. Le fait de parler aux enfants avant qu'ils puissent eux-mêmes se servir de la parole contribue à leur développement à la fois cognitif et émotionnel sur de nombreux plans. Dans la routine et les situations prévisibles, comme celles que nous venons de décrire, les enfants utilisent un discours plus complexe que dans des situations moins structurées, et s'en servent plus correctement.

Quelle est la meilleure stratégie à adopter pour encourager l'acquisition du langage et l'apprentissage nécessaire à une habileté dans la parole et plus tard dans la lecture ? Heureusement, les enfants apprennent de toute façon à parler, que les situations soient structurées ou non – la plupart des familles offrent un mélange des deux. Ce que Snow appelle «l'ancrage» des expressions de l'enfant dans le discours et les activités communes constitue un bon moyen d'entretenir l'aptitude au langage avant l'école. Toute conversation, qu'elle soit rythmée par les réactions de l'adulte à ce que l'enfant dit, ou voit, ou qu'elle soit occasionnée par l'heure d'aller se coucher, l'heure prévisible du déjeuner, ou toute autre routine ménagère, fait l'affaire. La capacité d'acquisition du langage est extrêmement résistante et souple. Elle fonctionne dans des environnements d'apprentissage extrêmement divers.

Les enfants présentent entre eux des différences de tempérament dans leur besoin de communication. Cela dit, un entourage dans lequel on estime le langage et où l'on applaudit les progrès de l'enfant dans ce domaine, détermine souvent les buts que l'enfant se fixe dans son apprentissage du langage, les efforts qu'il va faire, l'énergie qu'il mettra pour y parvenir. Ce que disent les personnes de l'entourage motivera l'enfant à accomplir la tâche difficile à laquelle la nature l'a préparé.

Les parents doivent être conscients de l'importance de leur rôle dans l'apprentissage linguistique de leur enfant. Ce qui ne signifie pas que gaver l'enfant de mots ou d'activités permanentes soit une bonne idée. Les petits ont leur propre rythme d'activité et de solitude, de parole et de silence. Ils ont besoin d'occasions d'aller aussi chercher par eux-mêmes ce qu'ils veulent apprendre.

Cependant, nous avons de nombreux exemples de la façon dont les relations de l'enfant avec les personnes de son entourage principal conditionnent ses efforts pour maîtriser des aptitudes de toutes sortes. L'enfant qui possède l'assurance d'être nourri et encouragé aura sans doute plus confiance en lui, sera intellectuellement plus curieux et prêt à prendre plus de risques pour parler (entre autres formes d'apprentissages) qu'un bébé qu'on ignore la plupart du temps et qui entend le plus souvent des ordres aboyés et des messages en code télégraphique bien trop complexes pour lui. Les premières expériences de langage ont un impact sur la façon dont l'enfant apprendra ensuite à lire et à écrire, et le plaisir qu'il aura à bien utiliser le langage.

## Le langage et l'occasion de le pratiquer

Durant l'été 1991, la fondation Carnegie pour le progrès de l'enseignement interrogea plus de 7 000 instituteurs de maternelle de toutes les régions des Etats-Unis sur le problème suivant : pensaient-ils que les enfants qu'ils avaient eu dans leur classe cette année-là étaient prêts à bénéficier l'année prochaine de l'éducation plus formelle du cours élémentaire ? L'enquête s'appliquait autant au bien-être physique des enfants qu'à la confiance manifeste en société, à leur maturité émotionnelle, à la richesse de leur langage, à leurs connaissances générales et à leur conscience morale. E. Boyer, président de la fondation et pédagogue connu, estima les résultats «profondément troublants, effrayants en fait». Selon leur instituteur de maternelle, 35% des enfants n'étaient pas prêts pour le cours élémentaire ; de plus, un grand nombre de ces instituteurs trouvaient que les enfants de maternelle de cette année 1991 étaient moins prêts que ceux qu'ils avaient eu cinq ans auparavant. «Quand on leur demanda de préciser les zones de faiblesse des enfants, rapporte Boyer, les enseignants citèrent à la grande majorité «l'insuffisance de maîtrise du langage.»

L'enquête de la fondation Carnegie prend en compte l'impression des instituteurs, et non les notes des élèves ; les résultats en sont peut-être légèrement déformés. Cependant, le fait même qu'un si grand nombre d'instituteurs de tous les coins des Etats-Unis* estiment que les capacités de langage des enfants de cinq ans diminuent est grave, car leur découragement se reflète certainement dans leurs réactions avec les enfants.

Lors d'une conférence au Congrès mondial de neurologie, le psychiatre anglais Michael Rutter faisait remarquer que la grande majorité des enfants dans le monde présentant une faible maîtrise du langage possèdent pourtant toutes les capacités mentales nécessaires, mais n'ont pas les atouts sociaux pour développer leur potentiel. Les contextes culturels offrant de tels atouts sont très divers. De nombreuses études confirment qu'ils contiennent tous ces mêmes actions de base que nous avons déjà évoquées, avec quelques variantes : encourager et aider les efforts de l'enfant ; des rituels sociaux qui impliquent le langage ; engager des conversations avec l'enfant ; faire la lecture à l'enfant ; répondre par des mots aux efforts que fait le bébé pour communiquer. Pour fournir ces éléments, il faut que les adultes consacrent du temps, de l'énergie et de l'attention ; dans de nombreux milieux familiaux ces denrées sont plus que rares, et vite accaparées par tous les membres de la famille. Le manque de temps de la part des parents explique souvent pourquoi les enfants de familles à faibles revenus ne sont pas prêts pour l'école ; à une époque où il est de plus en plus rare que les membres de la famille mangent tous ensemble, et encore plus rare que la télévision soit éteinte pendant les repas, les occasions

* Aux Etats-Unis, les enfants entrent en maternelle pour une année seulement, avant ce qui correspond à notre cours primaire (NT).

de conversations détendues et agréables entre parents et enfants font défaut dans toutes les classes sociales.

Lors d'une étude, les chercheurs reçurent la permission de rendre visite pendant une heure, une fois par mois, à quarante enfants, dans leur famille. L'étude commença alors que les bébés avaient sept mois, et s'acheva à leurs trois ans. Les chercheurs enregistrèrent les propos des enfants et des adultes en interaction avec eux, notant le contexte et le contenu des échanges verbaux, mais également les «actions» accompagnant ces échanges : gestes, expression faciale, ton de la voix. Ils gardaient le compte du nombre de mots que chaque enfant savait dire, ainsi que la longueur de ses énoncés.

Tous les enfants développèrent des capacités de langage, et aucun ne fut classé comme retardé ou handicapé dans ce domaine, mais il y avait de grandes variations d'aptitude parmi eux. A l'âge de trois ans, leur vocabulaire parlé allait de 266 mots à 1 692, et la longueur moyenne des énoncés de 1,56 phonèmes (unité de langage) à 4,51. La grande majorité des enfants, alors âgés de trois ans, utilisant le vocabulaire le moins étendu et les phrases les plus courtes avaient des parents qui leur parlaient peu, avec un nombre limité de mots, leur expliquaient moins les choses, posaient moins de questions et y répondaient moins, et surtout avaient plus tendance à décourager ou même défendre toute exploration. Ces parents étaient pour la plupart issus de milieux défavorisés et étaient faiblement éduqués.

Vingt-neuf de ces enfants furent ensuite suivis à intervalles réguliers pendant leur trois premières années d'école élémentaire ; on leur fit subir des tests standard d'évaluation de l'oral, de la lecture et des matières scolaires. Les chercheurs remarquèrent que les résultats des enfants à l'école élémentaire, en particulier aux tests d'aptitude à l'oral et à la lecture, étaient en forte corrélation avec les résultats obtenus à trois ans. Ce qui signifie que les enfants qui entraient à l'école élémentaire avec un désavantage, et qui ne recevaient pas d'aide scolaire spéciale, conservaient leur retard.

## LANGAGE, STATUT ET IDENTITÉ

Eliza Doolittle, la populaire héroïne de *My Fair Lady,* parle un dialecte anglais qui possède une complexité sémantique, une expressivité efficace et une logique syntaxique. Le dialecte d'Eliza la condamne néanmoins à rester vendeuse de rue. La comédie musicale et la pièce de George Bernard Shaw dont elle est tirée nous rappellent que les chances et les occasions que nous offre la vie sont liées à notre manière de parler.

Même dans des sociétés dites égalitaires, la langue divise autant qu'elle unit. Partout dans le monde, la façon de parler, l'accent, les dialectes, le choix des mots sont des indicateurs de classe sociale. Une manière de parler trop éloignée de ce qu'on considère comme le standard constitue le plus souvent un handicap sur le marché du travail, et limite l'horizon social et éducatif. Il existe une façon de parler qui permet d'obtenir un travail à l'usine, une autre qui vous pose comme secrétaire de direction, et une bien différente qui permet de devenir directeur d'une grande entreprise, ou d'entrer en fac de médecine.

L'anglais standard vient évidemment de familles où l'on parle l'anglais standard. Les enfants de familles dans lesquelles on ne parle pas anglais, ou dont les parents utilisent un dialecte, s'adaptent pour la plupart à l'anglais scolaire. C'est ce qui s'est produit pour des générations d'immigrants. La plupart des enfants apprennent à utiliser le langage approprié aux situations de communication dans lesquelles ils se trouvent, passant aisément d'un langage de copains au carcan de la diction scolaire, et plus tard du langage de la maison à celui du travail.

L'apprentissage de la culture et celui de la langue sont liés. Comme nous l'avons vu, même les premiers jeux et les rituels quotidiens («coucou, au revoir») ainsi que des routines de langage plus complexes introduisent l'enfant aux interactions sociales admises. Selon le linguiste et ethnographe B. Schieffelin, en Nouvelle-Guinée, quand les mères de langue kaluli veulent que les enfants imitent ce qu'elles disent, elles terminent leurs phrases par l'ordre : «Dis-le !». En faisant cela, la mère n'essaie pas de lancer un exercice de langage, elle montre plutôt à l'enfant quelle attitude il doit adopter. Dans un incident que Schieffelin rapporte, un enfant plus âgé avait pris la bouchée d'un bébé. La mère répéta alors plusieurs fois à son bébé : «Ce n'est pas à toi, c'est à moi. Dis-le !» Elle avait parfaitement conscience que son tout-petit n'était pas assez grand pour répéter cela, ni même pour comprendre le sens des mots, mais la nourriture est rare chez les Kaluli, et les mères apprennent à leurs enfants à défendre leur part. Parmi les premiers énoncés des bébés kaluli, il existe une brève expression négative à opposer aux gestes agressifs d'un frère ou d'une sœur plus âgés.

Les enseignants – et plus tard, les employeurs – confondent souvent les divergences de langage – toujours par rapport à une langue standard – déterminées par la classe sociale et la culture, avec des déficiences linguistiques ou cognitives. Les anthropologues de la culture observent les multiples façons dont les facteurs de classe et de culture influencent le style du langage : le déploiement des gestes, la diction et le choix des mots, l'existence ou l'absence de contact par le regard et à quel moment ce contact se produit ; comment on s'adresse à une personne du sexe opposé, à quelqu'un qui fait partie du groupe ou qui en est extérieur, ou à un supérieur. Les enfants deviennent des communiquants très compétents dans des cultures aux styles de communication très différents du modèle du Blanc américain appartenant à la classe moyenne. Cela dit, leur habileté à utiliser efficacement un langage dans leur propre contexte culturel ne les empêche pas d'être complètement perdus en dehors de celui-ci.

Si l'apprentissage du langage arrivait au même point de développement dans toutes les cultures, et si le style et l'usage du langage était le même pour tous, alors les différences de parler entre les individus s'expliqueraient simplement par des différences de capacités linguistiques individuelles. Mais ce n'est pas le cas. Chaque culture a divers styles de langage et des besoins différents dans l'usage de la langue ; le problème étant qu'à l'école ou dans les entreprises, les compétences linguistiques sont jugées par rapport au standard culturel dominant ; les styles de langage s'éloignant un peu trop du courant général sont vite considérés comme inférieurs et inacceptables.

Paradoxalement, l'anglais, comme toute langue vivante, se modifie en permanence sous l'influence des gens qui l'utilisent. Les enseignants se font parfois les gardiens de la pureté de la langue, mais leur bataille est perdue d'avance. L'évolution de la langue est peut-être spécialement rapide dans la société de plus en plus multiculturelle et polyglotte des Etats-Unis. Les changements concernent d'abord dans les subcultures – les adolescents, les obsédés de l'informatique, certaines disciplines scientifiques pointues, les minorités, les immigrants et les habitants des frontières. Ces innovations verbales restent parfois locales, ou s'éteignent, mais quelques-unes viennent grossir le courant principal de la langue.

Aux Etats-Unis, les communautés de langues spécifiques comprennent maintenant non seulement le «black english», mais aussi l'anglais appalache, les dialectes créoles, le français d'Haïti, plusieurs variétés d'espagnol, de coréen, de chinois, de vietnamien, de russe et d'éthiopien, ainsi que de bien d'autres langues. Le bourdonnement de ces langues de toutes les parties du monde suscite des échos dans les rues, les métros et les supermarchés de toute l'Amérique. Les Américains appartiennent maintenant à une société pluriculturelle, à bien des égards ; un phénomène dont l'ampleur fut jusqu'ici sans égale. La nouvelle émigration de ces trente dernières années dérange pas mal d'Américains. Un courant exigeant «uniquement l'anglais» dans les écoles, reprend donc de la vigueur. L'éducation multiculturelle est une réponse à ces problèmes très controversée, les querelles concernant les langues sont souvent âpres.

Les efforts brutaux visant à humilier ou abaisser une personne à cause de la façon dont elle parle, ou obliger trop énergiquement les gens à parler une autre langue que la leur, provoquent souvent des violences. Des bagarres de quartier aux guerres les plus meurtrières, les conflits à propos du langage sont empreints d'une charge émotionnelle qui rend les dissensions profondes et les conflits difficiles à arrêter. La division du

Canada, les massacres dans les Balkans, le rôle du chauvinisme de la Grande Russie dans le démantèlement de l'Union Soviétique, ou le mépris dévastateur d'un adolescent pour un de ses semblables qui ne parle pas de façon «cool», tout cela nous rappelle que l'espèce humaine se sert du langage comme d'un drapeau ; notre maniement des mots nous lie à la communauté qui nous importe, mais est également le symbole de ce que nous sommes.

## Les graines de l'alphabétisation

Quand nous parlons, nous combinons un nombre restreint de sons dénués de sens en un nombre infini d'unités de sens. L'écriture a été inventée quand un de nos ancêtres lointains s'est rendu compte que ses mots étaient constitués de sons spécifiques, puis a découvert que chacun de ces segments vocaux pouvait être représenté, de façon arbitraire évidemment, par une forme visuelle distinctive : le son (a) par la forme a, le son (b) par la lettre b, etc. C'est ainsi qu'est né l'alphabet. Grâce à cette invention décisive, toute personne connaissant la langue pouvait apprendre à la lire et l'écrire, à condition de prendre conscience de la structure sonore des mots – c'est-à-dire de leur phonétique – et d'apprendre son code alphabétique.

L'enfant de six ans qui apprend à lire refait la même découverte, souvent avec l'aide d'un parent ou d'un instituteur. Il apprend que les sons sont visuellement représentés par des lettres. Il apprend à lire les mots en articulant chaque son séparément. Il apprend les différentes façons dont une lettre se traduit en sons : par exemple le «o» dans «dormir», «rose», «doigt», «rond». Il apprend à écouter et à prendre conscience qu'un mot prononcé est un groupe de sons spécifiques, non pas énoncés séparément, mais liés pour former des syllabes.

Exposés aux livres et autre matériel écrit, les enfants qui n'ont pas encore l'âge d'aller à l'école se préparent à la lecture bien avant de pouvoir comprendre les mots de leurs livres ou de pouvoir reconnaître une seule lettre. Les tout-petits aiment beaucoup s'asseoir sur les genoux de leurs parents pour qu'ils leur lisent des histoires. Ils montrent la vache et caressent le lapin. Ils disent «Meeeuh», ou peut-être même «chien», en fonction de leur façon du moment de donner la même appellation générale à tout ce qui a quatre pattes. Ils apprennent alors à associer trois types de représentations des objets et des actions du monde réel : les mots qu'ils entendent, les images dans le livre et les mots écrits. Quelquefois, ils «lisent» eux-mêmes l'histoire tout haut, dans un mélange de mots et de charabia qui imite la façon de lire de leur mère ou de leur père.

Quand nous nous promenons avec Joey, notre petit-fils de deux ans, il s'arrête devant les panneaux ou les pancartes et les «lit» ou demande qu'on les lui lise. Nos promenades sont ponctuées de «Stop», «A vendre» et «Interdiction de stationner». Même s'il ne sait pas encore lire, il a compris que les lettres imprimées ont un dessin spécifique, différent de celui que forment les feuilles tombées ou les motifs de son pull. Les lettres «disent quelque chose». Les enfants qui vivent dans des familles où l'écrit a sa place ont de nombreuses occasions d'observer à quel point l'écrit est important, et cela de multiples façons : faire ses courses, lire les étiquettes, regarder les résultats du foot, lire pour le plaisir ou pour s'informer. Même les tout-petits se mettent à saisir l'intérêt de la lecture dans leur culture, et ils comprennent peu à peu qu'ils deviendront eux aussi des lecteurs. Ces attitudes, aptitudes et connaissances sont appelées par les spécialistes de la lecture «alphabétisation émergente». Avant d'apprendre à lire à l'école, les enfants apprennent à «développer et à affiner leurs capacités à utiliser les symboles, à représenter l'expérience, et à construire des mondes imaginaires, capacités qu'ils exploiteront quand ils apprendront à lire et à écrire.» Le rôle majeur des parents dans ce processus consiste à encourager et guider l'intérêt naturel que les enfants montrent pour la lecture et les histoires racontées.

Pendant les vingt dernières années, des recherches ont montré qu'un environnement familial dans lequel les enfants et les bébés sont très tôt familiarisés avec les livres, prédispose à un apprentissage réussi de la lecture. Il y a des façons très différentes d'initier les enfants aux livres, à ce qui est imprimé, aux ordinateurs et tout matériel écrit. Certains parents angoissés ont tellement envie que leur enfant brille à la maternelle, qu'ils le submergent de pédagogie. Plus couramment, les parents qui savent lire et écrire considèrent qu'il est tellement normal que leur enfant apprenne aussi qu'ils sont plus décontractés et encouragent leur progéniture de façon plutôt ludique dans leurs premières aventures avec les mots.

Les enfants se préparent à lire en écoutant des comptines et des histoires simples, mille fois répétées. Dans ce processus, ils prennent conscience de la structure sonore des mots. Ils apprennent à entendre, par exemple, la différence entre «lit», «dit», «qui», «rit», ou «mer», «terre», «vert».

De nombreuses études indiquent que les enfants qui, dans les années de maternelle, savent le nom des lettres et les reconnaissent sur la boîte de céréales, les panneaux de signalisation ou à la télévision seront vraisemblablement de bons lecteurs en cours élémentaire. Rien ne prépare cependant mieux à la réussite en lecture que d'avoir des parents, ou des personnes proches, qui vous lisent des histoires régulièrement, rien que pour soi, dans les premières années de votre vie – «en particulier quand le vocabulaire et la syntaxe des matériaux de lecture sont un tout petit peu au-dessus du niveau de la maturité linguistique de l'enfant». Marilyn Jager Adams, psychologue du développement à l'université de l'Illinois, au Centre d'étude de la lecture, décrit l'expérience de son enfant à elle, qui rejoint sans doute celle de nombreux enfants de la classe moyenne américaine. «Dès que David a eu six semaines, nous n'avons pas arrêté de lui lire des histoires, pendant une demi-heure ou trois quart d'heures par jour. Quand il est entré au cours élémentaire, il avait déjà passé entre mille et mille sept cents heures avec un de ses parents ou une personne de son entourage, le nez dans un livre ; plus quelque mille heures à regarder des émissions, et au moins autant d'heures à s'amuser avec des lettres magnétiques sur le réfrigérateur, à écrire, à participer à des activités de lecture, d'écriture et de langage à la maternelle, à jouer à "épeler" les mots dans la voiture, sur l'ordinateur, avec nous, avec sa sœur, avec ses amis, et tout seul, etc.»

Les enfants de six ans qui n'ont pas eu ce genre d'expériences risquent d'être ralentis dans le début de leur apprentissage au cours élémentaire. Pensez à tout ce qu'ils doivent apprendre en même temps s'ils ne savent pas à l'avance à quoi sert l'écriture. Aux Etats-Unis, les instituteurs de cours élémentaire, qui s'occupent de vingt ou même trente élèves par classe, ne consacrent pas plus de 360 heures par année scolaire à l'enseignement spécifique de la lecture. Ils se trouvent confrontés à la tâche quasi impossible de préparer les lecteurs attardés à affronter les défis qu'ils rencontreront dans les classes suivantes. Et quand ces lecteurs à la traîne ou même les non-lecteurs sont poussés malgré tout dans le système, ce sont à la fois les élèves et l'école qui échouent.

## Culture et alphabétisation

Fort heureusement, les aptitudes innées au langage sont tellement vigoureuses qu'il faut vraiment être soumis à un isolement extrême ou avoir été abandonné pour ne pas réussir à parler. Mais la lecture est une autre affaire. L'alphabétisation n'est pas inscrite dans nos gènes, et plus de la moitié de la population terrestre ne sait pas lire du tout. Pour que vous sachiez lire, il faut que quelqu'un vous ait appris à lire.

Selon de nombreuses sources officielles, «L'aptitude de nos étudiants (américains) à lire des matériaux complexes décline lentement mais sûrement (...) parmi les pays industrialisés, le niveau de lecture des étudiants américains se situe dans la moyenne, ou même au-dessous (...) par rapport à leurs concurrents industriels, les Etats-Unis sont en train de former un nombre gigantesque de très faibles lecteurs (...) déjà un adulte sur cinq est fonctionnellement illettré, et cette masse ne cesse de s'accroître, au rythme de 2,3 millions de personnes chaque année.»

Le mythe de la démocratie américaine est fondé sur l'égalité des chances, le moteur de progression personnelle offert à tous, du moins en théorie, et une éducation publique gratuite. Néanmoins, pour tirer avantage ne serait-ce que des premiers barreaux de l'échelle scolaire, un enfant doit être préparé à la lecture. Comme la Commission sur la lecture de l'Académie nationale de l'éducation l'avait prédit voici déjà quinze ans, les niveaux d'alphabétisation considérés comme acceptables il y a encore peu de temps ne sont en fait pas suffisants en l'an 2000. Dans cette ère de l'information, comme on l'appelle, la capacité à lire, comprendre et écrire un matériel complexe, souvent technique, devient indispensable – et pas seulement afin d'obtenir un travail un peu mieux payé que le seuil de pauvreté, mais aussi et surtout pour être capable de participer, en tant que citoyen, à la vie de son pays – ce qui implique de comprendre comment les rapides changements technologiques et politiques qui propulsent notre pays dans le XXIe siècle nous concernent aussi individuellement. Les adultes qui ne savent pas lire, n'ont pas accès aux informations qui leur permettraient de prendre des décisions intelligentes – qu'il s'agisse de leur santé, de leur famille, de l'éducation, du travail – et ils ne peuvent jouer qu'un rôle marginal dans les politiques locale, régionale ou nationale.

Dans une remarquable étude américaine portant sur la vie familiale de trois communautés culturellement très différentes de Caroline du Nord, Shirley Brice Heath remarque que le genre d'encouragement au langage et le genre de préparation préscolaire à l'apprentissage de la lecture que nous venons de décrire, étaient présents dans les «foyers appartenant culturellement au courant dominant», et cela même quand les parents étaient défavorisés, n'étaient pas allés au lycée, et vivaient de petits boulots. Aux Etats-Unis, des millions d'enfants grandissent en dehors de ce courant culturel dominant. Dans certaines familles, les revenus et le statut social ont beau être élevés, les livres ne sont pas estimés, ni vraiment présents. Le temps et la patience manquent parfois aux parents pour lire et relire des histoires simples à leur tout-petit ou pour engager la conversation avec leur enfant sur ce qu'il a fait dans la journée. Ou bien encore, pour le familiariser aux lettres, à leurs formes, à leur prononciation, pour lui expliquer, avant le cours élémentaire, à quoi servent les livres.

Il est très difficile de démêler – en particulier dans le cas de familles défavorisées – si l'enfant souffre d'un trouble de langage ou de lecture de source biologique, d'un retard dans l'apprentissage du langage ou de la lecture dû à un manque d'opportunités sociales, ou d'une adaptation ratée à la culture et à la langue rencontrées à l'école et qui sont très différentes de celles qu'il retrouve chez lui. Heath montre dans son étude comment ces facteurs mêlés jouent sur les aptitudes de lecture, les résultats scolaires, et l'attitude des instituteurs. L'observation de ces trois communautés géographiquement proches mais socialement distinctes (Townspeople, Roadville et Trackton, comme elle les a surnommées) dura neuf ans.

Les habitants de Townspeople (littéralement «les gens de la ville»), Blancs et Noirs, font partie de la classe moyenne et du courant culturel prépondérant, dans leur façon de penser et leurs attentes. Ils considèrent l'éducation et la lecture comme des choses importantes. Le bébé participe aux conversations familiales. Les mères ont des conversations en tête-à-tête avec leur enfant, réagissant comme si les mouvements et les vocalises du tout-petit étaient intentionnels. Les parents eux-mêmes aiment lire, et ils communiquent ce plaisir à leurs enfants. En général, les enfants sont bons à l'école.

A Roadville (la ville de/sur la route), communauté blanche d'ouvriers située à la périphérie de la ville, les parents trouvent que la lecture est un outil important de réussite, mais eux-mêmes lisent seulement un magazine de temps en temps. Ils commencent à faire la lecture à leurs enfants quand ceux-ci sont encore très jeunes. A deux ans, les enfants ont appris à rester sagement assis pendant la lecture, sans intervenir ou commenter avant que les parents les interrogent sur l'histoire. «Wendy, arrête ! dit un père à sa fille qui remue. Il faut rester tranquille quand quelqu'un te lit une histoire. Tu dois écouter. Maintenant assieds-toi et tiens-toi tranquille. Souvent, Wendy (...) s'enfuit en disant «Non, non». Dans ce cas, son père va la chercher, lui donne une petite fessée et l'assied fermement sur le canapé à côté de lui. «Maintenant tu vas apprendre à écouter.»

Heath appelle ce genre d'interaction «participation prescrite». Cela prépare effectivement les enfants à l'environnement scolaire qu'ils vont rencontrer à l'école primaire. Les enfants de Roadville réussissent dans les premières classes. Mais beaucoup parmi eux n'arrivent pas à adapter ce qu'ils ont appris à de nouveaux contextes. Ils ont une créativité limitée, peu d'imagination. Ils sont vite distancés. Quand ils arrivent au collège, «la plupart attendent tout simplement la fin de l'école, ou leurs seize ans, l'âge légal qui permet de quitter l'école.»

La communauté noire de travailleurs de Trackton est constituée de quelques maisons jumelles, au bout d'une voie sans issue non goudronnée. Une grande partie de la vie sociale de Trackton se passe dehors, sur les vérandas et sur une sorte de place poussiéreuse qui s'est formée entre les maisons. Les bébés et les tout-petits sont en permanence sous la surveillance des plus grands ou des adultes ; tout adulte qui se trouve là les porte, joue avec eux, les câline, les nourrit ou les gronde. Ils baignent dans un flot incessant de communication, verbale et non-verbale ; mais le «langage bébé» ou le langage simplifié que les adultes des communautés voisines de classe moyenne – noire comme blanche – utilisent, ne sont jamais pratiqués à Trackton. Tout le monde parle du bébé, en l'admirant, en le soulevant, mais on parle rarement au bébé. Dans cette communauté, on pense qu'il n'y a pas d'effort spécial à développer pour encourager un enfant à parler : «Quand un bébé aura quequ' chose à dire, il le dira.» Les enfants de Trackton n'ont qu'une faible expérience directe du mot écrit avant d'entrer à l'école. Les parents ne font pas la lecture aux enfants et ne lisent pas pour leur propre plaisir. Leur niveau d'éducation est généralement bas.

Les enfants de Trackton engrangent des compétences sociales hautement adaptées à la communauté isolée dans laquelle ils grandissent. Quand un bébé masculin commence à marcher, il est investi d'un rôle spécial sur la scène de Trackton. Un des rituels, sans cesse répété avec des variantes, consiste en provocations et taquineries de la part des hommes de la communauté. Un oncle pique son biscuit ou son biberon au petit, ou bien le provoque verbalement : «Comment ça, tu sais pas ? Tu f'rais bien de savoir quequ'chose dans ta grosse tête. C'est quoi ton nom ?» Si l'enfant se plaint ou se met à pleurer, les hommes continuent à l'embêter. Si le petit reprend son biberon ou donne des coups de poing à son tortionnaire en criant «Arrête ça !», on l'applaudit, avec des rires et des mots d'encouragement : «Tout ira bien pour toi, mon gars, tu vas devenir exactement comme moi !»

En dehors de cela, ces enfants ne sont absolument pas familiarisés aux genres de prouesses de langage qui font impression sur les instituteurs. Quand ils entrent à l'école, les enfants de Trackton parlent le «black english» (anglais parlé par les Noirs) et sont fortement dépendants du contexte pour se faire comprendre. Ils n'ont eu que peu d'expérience les préparant à la lecture.

La façon d'élever les enfants à Trackton encourage les sensibilités et les aptitudes sociales, stimule l'imagination, et prépare les enfants à se débrouiller par eux-mêmes. Mais cette culture ne les prépare pas à obéir à des horaires scolaires, à acquérir des connaissances en écoutant l'instituteur, ou à se faire comprendre en anglais standard. Si un enfant de Trackton était dyslexique, il ne faudrait pas compter sur sa maîtresse pour le découvrir, puisqu'elle s'attend par expérience à ce que ces enfants soient des non-lecteurs. Elle est heureusement surprise quand elle trouve un lecteur de Trackton dans sa classe, mais ne s'inquiète pas outre mesure de ceux qui ne lisent pas. Il n'est pas étonnant que les enfants de Trackton tombent vite dans un schéma d'échec, rendu d'autant plus pénible pour eux qu'on ne cesse de leur dire, à l'école comme à la maison : sans diplôme, tu n'arriveras nulle part.

Les «Trackton» sont maintenant beaucoup plus nombreux que quand Heath a effectué son étude. Dans le même temps, parler, lire et écrire en anglais standard sont devenus des aptitudes indispensables à la survie. A part quelques rares personnes qui peuvent encore passer leur vie dans leur propre communauté de langue, les individus qui ne connaissent pas assez l'anglais, ou seulement un dialecte de l'anglais, découvrent que leurs perspectives se limitent à un travail mal payé, ou pas de travail du tout, et à un isolement culturel ; une «carrière criminelle» peut alors sembler plus séduisante.

L'enquête de la fondation Carnegie posait aux sept mille instituteurs de maternelle interrogés la question suivante : «Qu'est-ce qui améliorerait le plus la préparation des enfants à l'école ?» La réponse majoritaire fut : «L 'éducation des parents.» Les parents qui en ressentent l'intérêt apprennent assez rapidement à lire des histoires à leurs enfants de façon à stimuler leur imagination. Ils peuvent les aider à prendre conscience des sons du langage, en chantant des comptines, ou en répétant des petits poèmes. Dans une étude portant sur des enfants de deux et trois ans appartenant à la classe moyenne, on a pu remarquer que l'expression orale et le vocabulaire de ces enfants s'étaient remarquablement enrichis après que les parents avaient reçu une seule heure de formation en lecture d'histoire interactive. Dans les tests classiques, le groupe de contrôle – les enfants dont les parents n'avaient reçu aucune formation – se retrouvait de six à huit mois en retard par rapport au groupe de l'étude.

Au centre de quartier pour les familles que j'ai contribué à fonder en 1981, The Family Place, nous avons organisé des sessions de six cours pour les parents de langue espagnole à l'éducation faible. Nous avions filmé des petits groupes de parents en train d'interagir avec leurs bébés et leurs tout-petits, puis les parents et les éducateurs commentaient ces vidéos et essayaient de trouver des façons de susciter et de renforcer les efforts de communication des enfants. Quelques années plus tard, en période préscolaire ou en maternelle, ces enfants avaient une maîtrise plus grande (autant de l'anglais que de l'espagnol) que les enfants dont les parents n'avaient suivi aucune formation. De tels programmes «d'alphabétisation familiale» donnent aux parents des aptitudes de langue et de lecture, et surtout leur ouvrent les yeux sur la façon dont ils peuvent aider leurs enfants à acquérir ces mêmes aptitudes.

Etre conscients des étapes de développement d'un enfant, savoir comment parler à un enfant dans la vie quotidienne, interagir efficacement avec les enfants à différents stades du développement ou les stimuler avec des livres ou du matériel approprié, et savoir encourager leurs efforts de communication sont des dispositions qui ne sont pas assurées par le simple fait d'être parents. Or, tous les parents (ou presque) peuvent apprendre.

L'éducation spécialisée et les efforts de mise à niveau scolaire prennent du temps, demandent un investissement humain et financier, mais quand ces interventions sont bien menées elles permettent en fin de compte d'économiser l'argent public. De manière aberrante, nous faisons passer de nombreux non-lecteurs à travers le système, jusqu'à leur donner un diplôme qu'ils ne savent même pas déchiffrer, et ils découvrent bien vite qu'ils ne peuvent prétendre qu'à une succession de petits boulots mal payés. Comme disait le shérif d'Alexandria, en Virginie : «Ma prison est pleine des échecs scolaires de notre ville.»

## CHAPITRE 5

# Le langage du cœur

Il suffit d'aborder des sujets comme la signification de l'enfance, les besoins spécifiques des enfants ou le rôle des parents, pour que la discussion s'enflamme et que les points de désaccord surgissent sur les questions les plus fondamentales : Que faut-il aux enfants pour devenir des adultes bien dans leur peau, heureux et aimants ? Quand ont-ils besoin d'aide ? Et qui doit la leur prodiguer ? Les réponses à ces interrogations n'ont cessé de changer au fil des siècles, sous l'effet des variations culturelles et économiques, ainsi que plus récemment à la suite des recherches en psychologie infantile et autres disciplines. Quelle part d'influence revient, d'une part, au tempérament inné de l'enfant, d'autre part, à ses expériences avec les personnes qui l'entourent ? Voilà encore un point qui soulève bien des débats. Examinons donc les dernières recherches sur le sujet.

**ÉLEVER SON PETIT**

Chez les humains, élever les enfants génère des attitudes et des pratiques beaucoup plus variées que dans n'importe quelle autre espèce animale. Au XVIIIe siècle, par exemple, la moitié des enfants nés de famille aisée et citadine étaient envoyés pendant un an ou plus chez une nourrice à la campagne, suivant le principe qu'il leur fallait avant tout respirer un air sain. Chez les Efel, peuple semi-nomade du Congo, le nouveau-né est confié à une autre femme qui l'allaite et prend soin de lui, la responsabilité de son éducation étant partagée entre de nombreux adultes. Le mode d'alimentation des bébés – faut-il ou non allaiter ? pendant combien de temps ? à quel moment doit-on introduire une nourriture solide ? – est un thème lui aussi particulièrement sensible aux variations de cultures et de modes.

Suivant les pays et les coutumes, les bébés s'endorment seuls ou entourés, dans un berceau, un hamac, un porte-bébé, dans le lit de leurs parents, ou serrés par des étoffes contre le dos ou la poitrine de leur maman. On les emmaillote, on les emmitoufle, on les couvre ou non, on les couche sur le dos ou sur le ventre. Traditionnellement, la jeune mère apprenait de sa mère à elle ou d'une femme de la génération précédente les gestes pour s'occuper de son enfant, et considérait cette manière comme la meilleure ou la seule possible. Dans la société contemporaine, par contre, les femmes peuvent du jour au lendemain changer de façon de faire, réagissant par là aux conseils officiels, à l'avancée des connaissances en la matière, ou à des changements de situation. Quand les études pédiatriques confirmèrent la relation entre le syndrome de mort subite du nourrisson et l'usage de positionner les enfants sur le ventre pour dormir, on s'aperçut lors d'enquêtes ultérieures que le changement d'attitude concernant la position des bébés s'était opéré d'une année sur l'autre, ce qui entraîna une baisse tout aussi rapide des cas de mort subite du nourrisson.

Sans connaître, ou du moins sans avoir lu Freud, John B. Watson, John Bowlby, Donald W. Winnicott ou Françoise Dolto, des milliers de parents adoptent avec leur bébé un comportement influencé par ces spécialistes. Petit à petit, les pédiatres, thérapeutes, travailleurs sociaux et juges pour enfants par leurs conseils et leurs décisions, ont également répercuté ces diverses théories sur le développement de l'enfant ; des variantes de ces mêmes théories se sont infiltrées dans la vie quotidienne des familles, par l'intermédiaire d'ouvrages de vulgarisation sur l'art d'être parent, mais aussi d'émissions de télévision, d'articles de journaux, ou même de romans et de films.

On pense par exemple au conseil autorisé du comportementaliste John B. Watson, dont le célèbre ouvrage, *Psychological Care of Infant and Child*, a été publié en 1928. Watson affirmait que les nourrissons sont malléables comme de l'argile : ils deviennent ce que leur environnement (comprenez principalement leur mère) les fait devenir. Le pouvoir qu'a la mère de modeler le comportement de son enfant est total, et sa responsabilité immense. Certains de ses conseils vont tellement à l'encontre de l'intuition, qu'ils en sont troublants : «Ne les embrassez jamais, ne les serrez jamais dans vos bras, ne les laissez jamais s'asseoir sur vos genoux. S'il le faut, embrassez-les une seule fois sur le front, quand ils viennent dire bonsoir.» Les enfants élevés de cette manière, assurait-il, apprendront à ne jamais pleurer ou geindre pour attirer l'attention.

Si dans les années de la Dépression, les mères manquant de sommeil ont dû trouver bien difficile de supporter les pleurs d'un bébé qu'il ne fallait pas aller consoler, le conseil très différent donné par John Bowlby, psychiatre anglais pour enfants, a sans doute engendré autant de culpabilité maternelle. «Les liens intimes avec d'autres êtres humains, écrit-il, constituent le pivot autour duquel la vie d'un individu se bâtit, non seulement durant la période de la prime enfance ou de l'enfance, mais à travers toute son adolescence, ses années de maturité, et jusqu'à son vieil âge.» Pour lui, il était impératif que la mère communique son affection à son bébé dans les premiers mois de sa vie d'une manière si forte que l'enfant deviendrait «attaché avec sécurité» à la personne qu'il apprend à connaître et à croire plus que toutes les autres. C'est sur ces fondations que «tout le reste de sa vie émotionnelle est bâtie – sans (cela) il y a un risque pour son bonheur et sa santé dans l'avenir.»

Bowlby exposa sa théorie de l'attachement dans une série de livres et d'articles à partir des années 1950. Il avait été impressionné par les études de Konrad Lorenz montrant que les oisillons sortant de l'œuf s'attachaient au premier objet en mouvement qu'ils voyaient, que ce soit leur mère ou l'expérimentateur humain ; il avait lu également les travaux d'autres éthologistes, en particulier ceux d'Harry Harlow, qui décrivaient l'importance de la relation mère-enfant chez les singes. Bowlby soutenait que chez les humains, la relation entre la mère et l'enfant est organisée par les signaux comportementaux de l'enfant, signaux innés et non acquis – la succion, l'étreinte, le cri, le sourire, la tendance à «suivre» – qui les lient l'un à l'autre. Quand la mère n'est pas disponible physiquement ou émotionnellement, ou que l'enfant craint d'être abandonné, il devient chroniquement angoissé. Si la figure principale qui prend soin de lui est lointaine, dépressive, indifférente, ou non-fiable et incohérente, ou encore si les gens qui remplissent ce rôle changent à tout bout de champ, les déformations de la relation première qui en résulteront engendreront à leur tour chez l'enfant, toujours d'après Bowlby, des difficultés à former des relations profondes dans sa vie d'adulte.

Sur la base de cette toute première expérience d'attachement, chaque nourrisson, pense Bowlby, se construit un schéma fonctionnel interne de lui-même et des autres. Un enfant à l'attachement sécurisé est un enfant qui est sûr que sa mère, son père, ou la personne qui s'occupe de lui, va répondre à ses besoins. Son assurance que les adultes qui prennent soin de lui sont fiables lui donne le sentiment que le monde est un endroit essentiellement sûr. C'est ce sentiment de sécurité qui lui procure alors l'assurance qu'il peut affronter de nouveaux défis – base de son autonomie de développement. Les enfants et les nourrissons à l'attachement insécurisé ont un schéma fonctionnel des relations humaines tout différent ; ils ont tendance à davantage se méfier des autres, à moins bien évaluer le caractère dangereux ou bienveillant de leur environnement. Petits, ils hésitent plus à explorer le monde autour d'eux ; en grandissant, ils risquent de se surprotéger eux-mêmes, deviennent parfois inquiets ou agressifs.

La théorie de l'attachement, qui met l'accent sur les premières interactions entre le nourrisson et la personne qui en prend soin, et postule que ces relations ont un impact profond sur la vie à venir, a pris une place importante en psychologie. Au cours des quarante dernières années, elle a influencé en matière de développement émotionnel la façon de penser des parents et des spécialistes du développement de l'enfant, pédiatres, nourrices et thérapeutes. Nous aborderons plus loin dans le chapitre des exemples pris à la fois chez les humains et chez d'autres espèces animales qui montrent nettement la pertinence de la thèse de Bowlby, tout en y apportant également quelques réserves.

Bowlby défie le dogme freudien en ignorant les théories du mobile instinctif tension-réduction de la répression, de la sexualité infantile et du complexe d'Œdipe ; cependant, il rejoint la théorie freudienne quand il attribue une place importante à la relation primaire parents-enfant. Cependant, les théories freudiennes qui prédominaient dans la première moitié du XX^e^ siècle concernaient plus les fantasmes et les rêves des enfants sur leurs parents que les faits réels de cette relation. Comme l'expliquait un éminent psychanalyste de l'époque, la psychanalyse s'intéressait «simplement et uniquement aux élucubrations de l'esprit infantile, aux plaisirs fantasmés et aux châtiments appréhendés». En effet, l'intérêt que la psychanalyse classique portait à l'enfant était seulement motivé par le fait que les mythes universels de l'enfance - en particulier le fantasme d'inceste - intervenaient de façon massive dans le traitement des problèmes psychiatriques des adultes. Bowlby, lui, pense que les «faits réels – la façon dont les parents traitent un enfant – a une importance fondamentale dans la suite du développement.»

Les théories de Bowlby posent le problème de la responsabilité. Si le destin affectif du nourrisson est déterminé par l'expérience reçue les premiers jours – ce n'est pas exactement ce que croyait Bowlby, mais son travail fut souvent interprété en ce sens –, alors un adulte, le plus souvent la mère, est responsable des échecs futurs de l'enfant. C'est ainsi que tout au long de ce siècle, les mères ont été accusées – et de nombreuses autres s'en sont culpabilisées – de pourrir leurs enfants en les submergeant de leurs propres émotions, en les agressant par leurs manières surprotectrices, en les étouffant sous leur besoin d'amour, ou à l'inverse en leur témoignant trop peu d'amour, trop de colère, en leur apprenant le pot trop tard ou trop tôt, en les sevrant trop tôt ou trop tard. Il n'y a pas si longtemps encore, on accusait les mères de fabriquer des enfants autistes par manque d'affection.

A la fin des années vingt, Arnold Gesell, pédiatre reconnu de l'université de Yale, commença à répandre une idée plus confortable : le développement d'un individu se déroule suivant un programme intrinsèque qui, dans une large mesure, est difficile à faire dérailler. Tous les enfants normaux apprennent à parler, à marcher et acquièrent d'autres compétences dans un laps de temps plus ou moins semblable. Gesell souligne les incidences positives de ce programme de la nature : «La tendance innée vers un développement optimum est tellement ancrée que (l'enfant) bénéficie grandement de ce qui est bon dans notre pratique, et souffre moins de nos erreurs que ce qu'on peut logiquement penser.»

Loin d'apaiser les controverses sur le rôle des parents dans le développement émotionnel de leur enfant, le récent regain d'intérêt pour les tendances innées du bébé et leurs effets dans le temps a relancé le débat. Ces vingt dernières années, l'hypothèse selon laquelle le développement physique et comportemental de l'enfant est contrôlé par son héritage génétique est devenue la seule admise, avec comme conséquence qu'il est maintenant impossible d'énoncer l'idée que les premières années de l'enfance changent tout. Ce qui a permis à Sandra Scarr, présidente de la Société américaine pour la recherche sur le développement de l'enfant, de proclamer en 1991 sans aucune hésitation que les enfants «produisent leur propre environnement... basé sur leurs caractéristiques héréditaires propres». D'après cette idée, l'enfant repère et choisit inconsciemment parmi les nombreux éléments de son environnement ceux et seulement ceux qui correspondent à ses penchants héréditaires. Un enfant de trois ans naturellement sociable se mêlera joyeusement à un groupe de camarades pour jouer, alors qu'un enfant timide restera en marge. Quelle que soit l'attitude de l'instituteur, l'expérience sociale de ces deux enfants restera différente. De la même façon, à partir d'une même liste d'options environnementales, garçons et filles choisiront des objets différents (jouets, activités, camarades de jeux). L'observation dans le temps montre que la somme des expériences sociales de chaque enfant se constitue très différemment suivant les diverses dispositions biologiques de chacun.

En gros, les défenseurs de cette idée soutiennent que l'enfant devient ce qu'il est biologiquement programmé à devenir. Du moment que les parents sont «assez bons» dans les soins qu'ils prodiguent à leur progéniture, affirme Scarr, peu importe ce qu'ils font. Ils devraient moins s'en faire et éviter les «sacrifices inutiles et l'agitation émotionnelle». Un autre éminent psychologue conclut que par rapport à l'influence des contraintes innées, l'attitude des parents compte relativement peu dans l'apprentissage cognitif et la personnalité de leurs enfants.

Où se situe l'«assez bon», et que signifie le fait que «les parents ont peu d'influence» ? Dans le marché des idées concernant les enfants, ces deux notions essentiellement contradictoires s'affrontent donc. Cependant beaucoup de gens adhèrent aux deux en même temps. La première est la notion dépassée que la famille – ici encore, lisez «la mère» – doit élever le bébé pour qu'il devienne un travailleur compétent et un membre de la communauté impliqué et moralement sain. Si un enfant ne tourne pas bien, c'est qu'il a été mal élevé. Le deuxième point de vue, très influencé par certaines interprétations des recherches en génétique comportementale, énonce que les traits génétiques innés sont si forts, qu'à moins de conditions absolument désastreuses, l'environnement ne joue qu'un rôle mineur dans la définition de l'adulte qu'un enfant va devenir.

La plus formidable preuve à l'appui de cette dernière théorie provient de l'étude de jumeaux séparés l'un de l'autre et de leur mère biologique, peu de temps après leur naissance. On remarque que les vrais jumeaux, pourtant élevés dans des familles d'adoption différentes, se ressemblent étonnamment une fois adultes, non seulement dans leurs caractéristiques physiques, mais également dans leurs comportements. Si l'un des jumeaux est affectueux, boit de la limonade «light» et aime les voitures de sport, le second possède les mêmes particularités et les mêmes goûts, allant jusqu'à acheter la même marque de limonade. Si l'un des jumeaux est devenu commercial, aime la chasse ou la science-fiction, l'autre développe le plus souvent le même genre d'occupations et d'intérêts. Porteurs de gènes pratiquement identiques, ces jumeaux ressemblaient plus l'un à l'autre qu'à leurs frères ou sœurs adoptifs, même si chacun a partagé avec ces derniers le même foyer et la même éducation.

On peut supposer que ces jumeaux et leurs frères et sœurs adoptifs ont reçu une éducation «assez bonne». Les généticiens comportementaux se servent de ces résultats pour avancer que dans un environnement ni fortement déviant ni fortement destructeur, le développement personnel s'effectue selon un chemin au tracé nettement défini par l'héritage biologique. Selon ce point de vue, des enfants ayant les mêmes parents, le même foyer, la même école, seront influencés uniquement par les éléments de cet environnement qui correspondent à leurs prédispositions innées ; ainsi, ce qui paraît superficiellement constituer un seul et même environnement est en fait différent pour chaque individu. Et ce sont ces facteurs «non partagés» qui importent.

Même les vrais jumeaux, élevés dans la même famille ou non, ne sont pas tout à fait semblables, leurs parents et leurs amis arrivant facilement à les différencier. Les dissemblances entre les vrais jumeaux sont presque toujours attribuées aux influences environnementales, qui pour certaines s'exercent bien avant la naissance. Les vrais jumeaux ont par exemple rarement le même poids à la naissance ; la nutrition prénatale, entre autres facteurs influençant la croissance, est donc différente pour les deux bébés. Cette donnée agit forcément sur l'environnement postnatal, et ce de manière considérable. Un bébé bien portant de 2,5 kg entre à la maison au bout de quelques jours, tandis que son frère ou sa sœur jumeau (jumelle) de 1,9 kg reste à l'hôpital plusieurs semaines. Ce qui peut pousser les parents à traiter les deux enfants différemment.

Une étude récente montre que le premier et le dernier-né des jumeaux présentent des différences étonnantes dans leur personnalité, leur caractère, et dans la vie qu'ils mènent, car les parents, sans nécessairement en être conscients, se comportent différemment avec chacun ; suivant l'ordre de naissance, les jumeaux eux-mêmes réagissent autrement l'un par rapport à l'autre et avec leurs parents. Ainsi, le hasard d'un élément fixé avant la naissance, mais pas génétiquement déterminé, influence-t-il l'environnement de l'enfant et, par le fait même, son comportement. Les généticiens comportementaux estiment généralement que l'influence des facteurs hérités par rapport à ceux de l'environnement est globalement de 50-50, bien que ce taux change considérablement selon l'aspect étudié.

## La nature de l'amour maternel

Chez la plupart des mammifères, la seule mise en présence de nouveaux petits suffit à provoquer les changements physiologiques qui favorisent l'élevage. Pour beaucoup de parents, la naissance d'un enfant est l'expérience d'amour la plus profonde.

Les mécanismes physiques, cérébraux et culturels qui génèrent ces liens se mettent en place bien avant la naissance – hormones et imagination des futurs parents, sourire d'approbation de la famille et des amis, publicités pour la layette. Linda Mayes, pédiatre à l'Ecole médicale de Yale, a interrogé de futurs parents, pour la plupart des couples faisant partie de la classe moyenne de New Haven, sur leurs pensées et leurs sensations avant et après la naissance de leur enfant. Tous pensaient énormément à leur bébé, et ces ruminations avaient un aspect commun : elles étaient involontaires, préoccupantes, envahissantes, voire même insupportables dans leur insistance. Ce temps de préoccupation par des pensées et des rêveries sur le bébé augmente entre le moment où les parents apprennent qu'ils ont conçu, jusqu'à environ deux semaines après la naissance ; il demeure ensuite très important pendant trois mois, puis commence à décroître très lentement. Quand leurs préoccupations sont au plus fort, les mères rapportent qu'elles pensent au bébé toutes les trois minutes ! (Les pères disent qu'ils y pensent tous les trois quarts d'heure.)

Pendant les semaines précédant la naissance du bébé, les parents entreprennent toutes sortes de projets. Des femmes qui n'ont jamais recousu un bouton de leur vie se mettent à confectionner des rideaux. Les futurs parents nettoient, repeignent, tapissent, déplacent les meubles pour que tout soit parfait. Une fois le bébé arrivé, les nouveaux parents se trouvent envahi de pensées joyeuses, stimulantes, pleines d'espoir, mais aussi d'inquiétudes. Ils vérifient si le bébé va bien, même si cela fait à peine quelques minutes qu'ils l'ont fait ; ils s'inquiètent des microbes. Les pères surtout craignent de laisser tomber le bébé ; ils ont une peur irrationnelle de faire mal à l'enfant.

Même si le support d'un gène ne détermine pas les sentiments ou le comportement humains, la survie de l'espèce est favorisée par des programmes intégrés qui contribuent à l'élevage des petits. Les humains ont découvert des versions élaborées de ces programmes, et les individus diffèrent dans leur degré de réaction. Quand Mayes décrivit les «comportements de nidification» des parents devant un public d'environ trois cents médecins et autres scientifiques, il y eut dans la salle de nombreux sourires et des murmures d'approbation mais sans doute pas de la part de tous les parents présents.

Les chercheurs ont noté de nombreuses similitudes entre l'amour parental – en particulier dans ses phases initiales – et les troubles obsessionnels compulsifs. Et cela semble logique, non seulement au regard des pensées et des comportements dont nous avons parlé, mais surtout, et de façon étonnante, quand on compare les canaux impliqués dans le cerveau. L'inquiétude involontaire normale des jeunes parents, qui assure la sécurité du bébé, et les rituels compulsifs, comme se laver tout le temps les mains, semblent emprunter les mêmes circuits, les mêmes influences neuro-hormonales et les mêmes gènes.

L'oxytocine jouerait un rôle à la fois dans les rituels d'élevage et dans les rituels obsessionnels compulsifs. On sait maintenant que cette hormone constitue un stimulus vital des comportements d'élevage. L'oxytocine n'est présente que chez les mammifères ; elle est une composante du système extrêmement complexe qui contrôle le comportement de reproduction, en intervenant chez les femelles dans les contractions utérines et la lactation, ainsi que dans les fonctions sexuelles des deux sexes. L'oxytocine est sécrétée par l'hypothalamus, qui est le centre principal de contrôle des fonctions vitales de survie, comme la régulation de la température et l'absorption de la nourriture et de l'eau. Les neurones sécréteurs d'oxytocine agissent sur de nombreux systèmes du cerveau, dont les centres du bulbe rachidien qui commandent le sommeil et l'éveil, le système limbique qui contrôle les émotions, et les centres hippocampiques régissant la mémoire. Les récepteurs neuronaux de l'oxytocine subissent des transformations tout au long du développement de l'individu. Leur nombre croît et décroît selon l'activité sexuelle et les comportements sociaux du sujet, mais leur bouleversement le plus significatif intervient en relation avec les comportements maternels (et parfois paternels, suivant les espèces).

Dans leur recherche des liens génétiques entre la mère et sa progéniture, les neurologues ont découvert un gène spécifique, qui pourrait constituer l'élément essentiel du comportement de maternage. Ce gène est normalement en activité dans une région de l'hypothalamus connue pour son importance dans les comportements d'élevage. Les chercheurs ont réussi à désactiver ce gène chez des souris et ont observé que les animaux – semblant par ailleurs tout à fait normaux – ayant subi cette délétion étaient complètement indifférents à leurs petits, les ignorant jusqu'à les laisser mourir.

Des déviations du système physiologique générant le maternage des enfants peuvent parfois se produire. C'est le cas lors de dépressions post-partum graves. De récentes recherches suggèrent que la raison pour laquelle les mères cocaïnomanes montrent un désintérêt total pour leur bébé – et leur comportement est généralement beaucoup plus extrême que celui des mamans alcooliques ou héroïnomanes – serait que les récepteurs du système de comportement maternel que nous venons de décrire sont réquisitionnés par le besoin de cocaïne.

## L'AMOUR EST UN BESOIN VITAL

Ce qui arrive quand un tout-petit manque d'attention parentale est hélas clair : même lorsque ses autres besoins (nourriture, chaleur et protection physique) sont satisfaits, l'enfant dépérit. Il perd tout intérêt pour la nourriture, pour son entourage, et pour la vie ; si la carence affective est trop forte, il peut en mourir. Déjà en 1760, un évêque notait dans son journal : «Dans les orphelinats, les enfants deviennent tristes, et beaucoup meurent de tristesse.»

En 1915, l'étude de quinze orphelinats américains montrait que le taux de mortalité chez les enfants au-dessous de deux ans allait de trente-deux à soixante-quinze pour cent. Jusqu'à la Seconde Guerre mondiale, les psychiatres et pédiatres de nombreux pays se penchèrent sur la tristesse, la solitude et le retard de développement chez les enfants placés dans les orphelinats et les hôpitaux. Ils s'aperçurent que les enfants placés en institutions présentaient peu de réactions émotionnelles, étaient apathiques, indifférents et incohérents. A cinq ans, les enfants, brinquebalés d'une famille d'accueil à une autre – on pensait à l'époque qu'il était mauvais pour eux de s'attacher à un adulte avant d'être adoptés – demeuraient visiblement impuissants à contrôler leurs émotions. Ils étaient hyperactifs, sujets à des mouvements de colère, et incapables de s'intégrer à des groupes de jeux. Les tout-petits s'agrippaient à n'importe qui. On rapporte que les enfants plus âgés couraient parfois vers un homme qu'ils n'avaient jamais vu en criant «Papa !» ou demandaient sur un ton geignard à une femme inconnue «Tu veux bien être ma maman ?» Ils paraissaient peu conscients du rôle de chacun, à commencer de leur propre rôle.

Cependant, jusqu'au milieu du XX^e^ siècle, la plupart des institutions s'occupant d'enfants étaient surtout soucieuses d'éviter les épidémies. On nourrissait donc les bébés en les laissant allongés dans leur lit, le biberon surélevé par un lange plié ; on touchait les enfants le moins possible. La notion que les bébés puissent avoir des besoins affectifs n'était pratiquement pas admise. En 1941, dans un article intitulé «La solitude chez les enfants», le pédiatre Harry Bakwin décrivit jusqu'où les hôpitaux pouvaient aller pour isoler les bébés ; il parla en particulier de la boîte antiseptique dans laquelle on plaçait le bébé de manière à «pouvoir en prendre soin en le touchant le moins possible». Une étude de 1960 sur les enfants d'un orphelinat iranien où des conditions similaires avaient cours indique que 60% des enfants de deux ans ne savaient pas s'asseoir sans aide, et que 85% de ceux de quatre ans étaient incapables de marcher seuls.

En 1945, le psychanalyste René Spitz publia une étude portant sur deux groupes d'enfants : un orphelinat pour enfants abandonnés et une crèche rattachée à une prison pour femmes. A l'orphelinat, chaque nourrice avait sept nourrissons à sa charge. Les berceaux était recouverts d'un drap, ce qui fait que les bébés ne pouvaient pas regarder à l'extérieur. Dans la crèche de la prison, ce sont les mères elles-mêmes qui s'occupaient des bébés, en les comblant de tendresse pendant le temps où elles avaient le droit d'être avec eux.

Selon certains critères de développement, les tout-petits de l'orphelinat étaient en avance dans les quatre premiers mois de la vie – ce qui prouve qu'ils n'étaient pas plus handicapés à la naissance que les autres. Mais à la fin de leur première année, ils se trouvaient loin derrière les bébés de la prison. Seulement deux des bébés sur les vingt-six de l'orphelinat marchaient et parlaient à trois ans, alors que les enfants élevés par leur mère en prison se développaient normalement.

Depuis, de nombreuses études ont corroboré les résultats de Spitz, en démontrant un écart énorme entre le Q.I. des enfants placés en institutions et celui d'enfants élevés dans des milieux plus familiaux. L'un de ces programmes de recherche des années trente consista à placer des tout-petits dans une résidence pour jeunes filles «faibles d'esprit», chaque bébé étant «adopté» par une des pensionnaires. Grâce à l'attention prodiguée par ces jeunes femmes retardées mais remplies d'affection, le Q.I. des enfants en manque d'affection passa de 64 à 92, ce qui amène à penser qu'une prise en charge pleine de tendresse et compatissante favorise le développement cognitif comme le bien-être affectif.

Pendant la Seconde Guerre mondiale, dans de nombreuses villes d'Europe, on envoya les enfants loin de leur famille, à la campagne. Cette pratique, destinée à protéger les enfants des risques de raids aériens, occasionna bien souvent cette carence affective que nous venons de décrire. John Bowlby a rassemblé les résultats sur la santé mentale des enfants séparés de leur famille dans un rapport publié en 1951 sous l'égide de l'O.M.S., intitulé *Soins maternels et santé mentale*. Dans l'après-guerre, de nombreuses études établirent les effets de l'absence de la mère chez les enfants. En particulier, un film émouvant de 1953 montre la protestation désespérée, la souffrance et le désespoir d'un enfant admis dans un hôpital qui pratiquait la politique, quasi universelle à l'époque, des heures réduites de visites parentales. Ces données contribuèrent heureusement à la révision des pratiques de soins dans les hôpitaux et autres institutions accueillant des enfants. On augmenta les heures de visites parentales, on conseilla aux personnes s'occupant des bébés de les prendre dans les bras, de réagir à leur comportement ; dans de nombreuses institutions, il fut interdit de nourrir les enfants en calant simplement le biberon dans leur lit.

Mais les pratiques institutionnelles bien ancrées sont souvent imperméables à toute nouveauté. Dans les années soixante-dix, les observateurs occidentaux visitèrent les institutions pour enfants orphelins ou abandonnés de Roumanie et trouvèrent des conditions «sévères» et «déplorables» sans aucune «attention personnalisée». Dans certaines institutions, on lavait les enfants au jet d'eau froide. Comme on peut s'y attendre, les bébés étaient gravement retardés, dans leur développement physique aussi bien que mental. Heureusement, lorsqu'on retire les enfants de ces lieux pour les placer dans de bonnes familles d'adoption, leur comportement et leur résultats aux tests d'intelligence tendent le plus souvent à s'améliorer de façon spectaculaire. Toutefois, plus les enfants sont soumis à ces privations, moins il y a de chance qu'ils puissent combler leurs déficits.

Il y a de bonnes et de mauvaises mères, et la plupart se situent quelque part entre ces deux extrêmes. Les pères prodiguent eux aussi de l'attention à leur enfant, comme le font d'autres personnes qui ne sont pas forcément liées à l'enfant biologiquement. Les enfants sont conciliants, mais on sait maintenant de façon certaine qu'un bébé a un besoin absolu de quelqu'un sur qui il peut compter, qui fait ce que les parents font ; quelqu'un de fiable, de sûr, d'aimant et qui tient la distance.

## LE POUVOIR DE L'ATTACHEMENT

Les expériences menées par Harlow dans les années cinquante, au cours desquelles il séparait des bébés singes de leur mère, confirment de façon étonnante certaines des conclusions de Bowlby. Le besoin du bébé singe pour ce qu'Harlow appelle «le réconfort du contact» – une communication tactile prolongée et intense avec un autre singe – est si grand que le petit s'agrippe même à un objet recouvert d'un tissu qu'on lui fournit, bien que cette «mère de substitution» inanimée n'offre aucune nourriture.

Harlow et ses collègues observèrent que les bébés singes isolés devenaient psychologiquement, physiquement et socialement plus faibles. Quand un petit isolé pendant six mois – ce qui est très long dans la vie d'un primate – était rendu à la colonie de singes, il restait tout seul, sans jouer avec les autres ni se défendre quand ils l'attaquaient. Certains animaux restaient accroupis dans un coin, à se bercer ; dans une attitude très proche de celle des enfants autistes, ils se recroquevillaient et se rongeaient les doigts et les orteils. Plus le bébé est jeune et l'isolement long et strict, et plus les symptômes en découlant sont graves ; on constate cependant de grandes différences de comportement entre les individus. Certains sortent relativement indemnes de leur expérience d'isolement, alors que d'autres sont complètement anéantis.

De nombreuses années plus tard, les singes privés du réconfort de contact dans leur petite enfance présentaient encore des différences radicales, comportementales comme physiologiques, avec les animaux élevés par leur mère, et ce, même s'ils avaient passé le reste de leur existence dans des conditions de vie plus normales : ils mouraient plus jeunes ; leur capacité de cognition était faible ; lors de tests, ils ne parvenaient pas à traiter l'information aussi efficacement que les autres singes. Des animaux présentent une immunodépression ; des analyses effectuées après autopsie montrent une chimie cérébrale de l'immunité anormale. Certains signes laissaient à penser que les animaux présentaient des mouvements anormaux, comme se balancer d'avant en arrière en permanence, avaient des chimies cérébrales modifiées indiquant l'implication des systèmes de régulation motrice. Plusieurs singes étaient devenus beaucoup trop agressifs, schéma de comportement concordant avec un niveau anormal de sératonine ; d'autres au contraire étaient excessivement soumis. Certains ne s'accouplaient pas, et ceux qui le faisaient délaissaient ou malmenaient leur progéniture, en particulier le premier-né. On découvrit également que ces schémas d'attachement se transmettent sur plusieurs générations : la façon caractéristique dont une femelle singe est liée à sa maman se retrouve le plus souvent dans le comportement de sa propre progéniture.

Quand les conséquences épouvantables d'un environnement social anormal sur les primates – humains ou non – furent reconnues et comprises, les pratiques commencèrent à changer. Ces vingt dernières années, grâce entre autres à la prise de conscience, déclenchée par le mouvement sur le droit des animaux, des maltraitances subies par les animaux de laboratoire, on ne fait plus subir d'aussi longues périodes d'isolement social aux singes. Mais on observe encore actuellement des violations scandaleuses des directives concernant le traitement des enfants et des animaux sans défense. La lutte pour des traitements plus humains est loin d'être gagnée...

Stephen Suomi, élève d'Harlow et maintenant directeur du laboratoire d'éthologie comparée à l'Institut national de la santé et du développement humain, a mis en place un programme de recherche dans lequel des singes rhésus bébés étaient élevés sans leur mère, mais en compagnie d'autres jeunes singes. Quand ces singes «élevés par leurs pairs» se trouvaient dans un environnement familier, socialement stimulant et stable, ils semblaient normaux, et cela à travers leur adolescence et à l'âge adulte ; mais dans le cadre de situations nouvelles ou stressantes (être séparés tous les ans de leur groupe social pour quatre jours de tests) ces mêmes singes réagissaient très différemment de ceux qui avaient été élevés par leur mère pendant les premiers mois décisifs de leur vie. Si aucun des animaux n'aimait ces tests, les singes élevés par leurs pairs étaient beaucoup plus perdus et effrayés ; les mesures physiologiques indiquaient effectivement la présence de stress. Les scientifiques en ont conclu que les schémas réactionnels qui avaient disparu dans des conditions favorables restaient en fait latents et pouvaient, des années plus tard, être déclenchés par une expérience stressante. La réaction d'un tout-petit à la séparation préjuge de sa réaction à d'autres défis sociaux pendant son adolescence et même sa vie d'adulte, bien que son comportement et ses réactions physiologiques changent avec l'âge ; les cris de protestation et l'air de profonde désolation sont plus fréquents dans la petite enfance ; chez des animaux plus âgés, on observe plus souvent de l'agressivité.

Les recherches sur les primates suggèrent que les différences individuelles de réactions à la séparation proviennent en partie de traits de caractère innés ; certains bébés singes sont plus facilement et plus profondément perturbés par la séparation que d'autres. Il semble que cela soit également vrai lors de séparations naturelles, quand par exemple une mère rejette son petit lors du sevrage et pendant la saison de reproduction. La plupart des bébés singes acceptent assez facilement cette séparation, mais vingt pour cent d'entre eux environ sont terriblement angoissés et semblent submergés de désespoir. De manière caractéristique, ils passent de longues périodes à gémir, ils cessent de jouer.

Les taux d'hormones du stress, comme l'hormone adrénocorticotrope (ACTH) et l'hydrocortisone plasmatique augmentent brusquement, et les battements de cœur du nourrisson s'accélèrent, indiquant une activité accrue du système nerveux sympathique. Les mécanismes de sécrétion de la sérotonine et de la dopamine montrent eux aussi des signes de réactions au stress.

Suomi et ses collègues ont observé des couples mère-enfant assez homogènes de tempérament, c'est-à-dire dans lesquels la mère comme l'enfant étaient soit très réactifs, soit imperturbables. Les animaux sensibles devenaient très angoissés et inquiets devant des stimuli inconnus ou légèrement angoissants, alors que les autres restaient calmes. Les chercheurs menèrent des expériences pour voir si la tendance des bébés à un comportement calme ou angoissé – que l'on suppose innée – pouvait être modifiée par la qualité de l'élevage maternel reçu. Ils placèrent donc des nouveau-nés provenant d'une lignée réactive ou tranquille aux soins d'une mère singe adoptive connue pour avoir montré un comportement de maternage particulièrement fort, ou un comportement «caractéristique» de l'espèce. Les bébés singes des deux groupes se développèrent normalement avec leur mère adoptive. Les chercheurs notèrent que les bébés hyper-réactifs avec une mère à fort comportement maternel étaient en fait plus rapides dans leur développement. Tous, hyper-réactifs ou calmes, explorèrent leur entourage avec plus d'assurance et montrèrent moins de désespoir au sevrage que les bébés singes élevés par une mère adoptive «caractéristique».

A six mois, les bébés furent séparés de leur mère adoptive pour quatre jours de tests, durant lesquels chacun resta seul. Les petits singes hyper-réactifs, élevés par une mère adoptive très attentionnée ou typique, se révélèrent plus perturbés que leurs congénères calmes. Cependant, en retrouvant leur mère adoptive, ils retrouvent aussi leur équilibre et semblèrent, une fois encore, plus précoces que les autres.

Quelques mois plus tard, tous les bébés furent placés dans des groupes plus vastes, avec d'autres singes rhésus jeunes. Chaque groupe comprenait un couple de vieux singes connu pour exercer une bonne influence sur la vie sociale des jeunes. Le grand-père adoptif faisait cesser les disputes et contrôlait les membres les plus turbulents du groupe, tandis que la grand-mère adoptive était disponible pour les jeunes qui désiraient être cajolés.

Suomi décrit ainsi les résultats de ces «manœuvres» sociales :

«Dans l'environnement de ce groupe plus large, les singes hyper-réactifs élevés par une mère adoptive attentionnée, établirent immédiatement des liens sociaux forts avec les vieux adultes, en particulier avec la vieille femelle. Grâce au soutien social que leur apportaient les vieux adultes, ces jeunes hyper-réactifs devinrent les membres dominants du groupe des jeunes. Au contraire, les jeunes hyper-réactifs élevés par une mère adoptive "typique" évitaient les vieux singes et se retrouvèrent au bas de l'organisation hiérarchique de dominance. (Les singes calmes, eux, élevés par une mère adoptive attentionnée ou typique, se situaient quelque part au milieu de l'organisation hiérarchique de dominance.)»[6]

Ces études montrent que les singes présentant des prédispositions à l'hyper-réactivité se débrouillent très différemment dans la hiérarchie sociale, suivant le support social qu'ils avaient reçu étant bébés et au cours de leur vie. Si les raisons de ces résultats sont loin d'être manifestes, cette conclusion suggère néanmoins l'interaction de différents facteurs : les prédispositions innées qui permettent de répondre d'une certaine façon à des situations nouvelles et difficiles ; la qualité du maternage précoce ; certains éléments de la situation sociale vécue quotidiennement, en particulier l'existence d'un soutien social ; et la réaction d'autrui au comportement de l'individu. L'expérience de liens d'attention et d'affection suffisants, à la fois dans le passé et dans le présent, semble servir de tampon entre l'individu et les conséquences défavorables de sa tendance naturelle à trop réagir.

Les mêmes effets se manifestent-ils dans les groupes humains ? Ceux-ci possèdent bien sûr un assortiment de réactions que les primates non-humains n'ont pas. Mais Suomi conclut : «Il est probable que la plupart, sinon la totalité, des principes généraux glanés à partir des expériences avec les singes sont en fait transposables au cas humain. Un grand nombre de données permettent de penser que les premières relations d'attachement ont effectivement des conséquences à long terme chez les humains, en particulier dans des conditions de stress et de défi. De plus, le tableau des différences individuelles dans les réactions comportementales et physiologiques au défi observées chez les singes rhésus, apparaît comme étrangement similaire au schéma des différences individuelles constaté chez les humains.»

## Les bébés en situations de dépaysement

Mary Ainsworth, psychologue américaine qui travailla à Londres au début des années cinquante comme assistante de John Bowlby, a mis au point des tests en laboratoire permettant d'établir la qualité de l'attachement du tout-petit humain à sa mère. Son test de «situation de dépaysement», publié en 1978, est encore largement utilisé de nos jours.

Après une première étude en Ouganda, où elle observa l'interaction de mères et d'enfants, Ainsworth refit à grande échelle la même étude d'observation à Baltimore, et arriva aux mêmes résultats, malgré des différences de culture énormes entre les deux populations.

Pendant la première année des sujets nourrissons, Ainsworth et ses assistants effectuèrent dix-huit visites de quatre heures, en suivant de près les interactions de chacun des vingt-six couples mère-enfant faisant partie de l'étude. Ils purent observer un assortiment étonnamment varié de schémas comportementaux. Quelques mères ne tenaient presque jamais compte des cris de leur enfant ; d'autres réagissaient immédiatement au moindre gémissement ; certaines mères comprenaient rapidement les signes (roucoulements, balbutiements, mouvements du corps) et avaient des réactions agréables et apaisantes à la fois pour leur enfant et pour elles-mêmes. Quelques mois plus tard, ces mères jouaient avec leur enfant, suscitant des sourires, des vocalisations et des petits sauts de joie. Pendant la même période, les moments de rencontre entre les mères moins sensibles et leur enfant furent brefs et sans éclat ; elles allaient vers l'enfant en silence, ou sans l'ombre d'un sourire, et se braquaient quand leur bébé gigotait dans leurs bras ou recrachait sa nourriture. Les mères qui avaient montré plus de sensibilité durant le premier quart de l'année d'observation gardaient des relations plus harmonieuses avec leur enfant tout au long de sa première année. Les comportements maternels qu'Ainsworth qualifie de «sensible» ou «insensible» déterminent fortement la qualité de la relation des tout-petits avec leur mère – c'est-à-dire leur attachement.

La constatation de ces différents schémas d'interaction et de relation mère-enfant – constatation réalisée dans leur cadre de vie – poussa Ainsworth à développer une série de situations expérimentales permettant de classer les types d'attachement. La «situation de dépaysement» est destinée à des bébés d'un peu plus d'un an, âge auquel ils commencent à explorer librement l'espace autour d'eux, mais où il n'ont pas encore acquis la maîtrise du langage. La mère et l'enfant se trouvent d'abord ensemble dans une pièce inconnue remplie de jouets attirants. A un moment donné, un inconnu amical entre dans la pièce. Puis suivent une série de brèves séparations et de retrouvailles, la mère quittant la pièce puis y revenant. La procédure se veut légèrement stressante, puis un petit peu plus. Dans la pièce qu'il ne connaît pas, le bébé doit d'abord décider s'il peut quitter sa mère pour aller explorer du côté des nouveaux jouets. Puis vient le stress des départs maternels, et le soulagement quand la mère revient. La plupart des tout-petits pleurent et arrêtent de jouer quand leur mère s'en va ; mais à son retour, ils se consolent facilement et retournent alors à leurs jeux.

On mesure la sécurité de l'attachement par la capacité du bébé à utiliser sa mère comme «une base sûre à partir de laquelle il peut aller explorer», et à tirer sa consolation d'elle quand il est perturbé. Dans le test de situation de dépaysement, la mesure la plus fiable et la plus cohérente est apportée par le comportement du bébé lors des retrouvailles avec sa mère ; c'est pourquoi la classification des comportements d'attachement est principalement basée sur les comportements de retrouvailles.

Selon Ainsworth, environ 55 à 65% des tout-petits avaient des comportements qui les classaient dans le groupe des bébés à «attachement sécurisé». Le bébé de ce groupe part explorer la pièce tant que sa mère est là. Il montre ou non une certaine détresse quand elle part, mais l'accueille avec effusion à son retour, soit en allant directement vers elle pour qu'elle le prenne, soit en montrant par un sourire ou quelques balbutiements qu'il est content de la revoir. Et après être resté un moment dans ses bras ou pas trop loin d'elle, il retourne tranquillement à son jeu.

Les autres tout-petits étudiés par Ainsworth montrent des comportements qui indiquent, semble-t-il, un attachement insécurisé et angoissé. Grosso modo, ils se divisent en deux catégories, les bébés «résistants/ambivalents» et ceux à comportement «d'évitement». Les enfants «résistants/ambivalents», soit 10 à 15 % des enfants étudiés, ne s'éloignent pas trop de leur mère tant qu'elle est dans la pièce puis sont perturbés quand elle part. Cependant, lorsqu'elle revient, l'enfant «résistant/ ambivalent» est difficile à consoler, et met longtemps à se calmer ; quand sa mère le prend ou le câline, il crie, se contracte, ou va jusqu'à la taper. Il se débat pour qu'elle le repose, puis crie pour être repris. Il recherche le contact tout en s'en défendant. Les enfants «résistants/ambivalents» semblaient incapables de se servir de l'aide de leur mère pour moduler leur grand degré d'énervement et de détresse.

Un enfant de la seconde catégorie d'attachement insécurisé, «celui qui évite», montre peu de détresse quand sa mère quitte la pièce ; quand elle revient, il l'ignore ou même évite ses efforts d'interaction avec lui. Environ un quart des enfants étudiés par Ainsworth font partie de cette catégorie.

Classer ce dernier comportement dans les manifestations de l'attachement insécurisé peut paraître paradoxal ; certains détracteurs affirment que les nourrissons «évitants» sont peut-être tout simplement des enfants particulièrement indépendants. En réponse à cette critique, les scientifiques menant des recherches sur l'attachement mettent l'accent sur des études longitudinales qui montrent que le bébé «évitant» a un parcours de développement très différent de celui d'un nourrisson à «l'attachement sécurisé». Le premier aura en fait plus de mal à être indépendant dans ses années d'enfance et d'adolescence. Voici l'explication donnée à cette étrange différence : les enfants à l'attachement sécurisé ont obtenu une réponse satisfaisante à leurs besoins de dépendance, et peuvent, à partir de cette base sûre, aller de l'avant avec confiance.

Depuis le début de cette mise en scène expérimentale, des enfants du monde entier ont participé à cette expérience de vingt minutes. Près de 90 % des vastes échantillonnages d'enfants peuvent facilement se classer dans l'une des catégories définies par Ainsworth. Des études longitudinales d'enfant «normaux» et d'enfants faisant partie de populations spécifiques – enfants présentant un faible poids de naissance ou un handicap, enfants maltraités, enfants élevés par des beaux-parents ou des parents adoptifs, ou qui vivent divers moyens de garde non parentale – ont permis d'étendre les résultats d'Ainsworth, d'établir des sous-classes et d'éprouver leur valeur prédictive.

Une des catégories récemment décrites est celle de l'enfant «désorganisé/désorienté». En retrouvant sa mère, cet enfant va s'approcher d'elle, puis se figer sur place ; ou bien aller vers elle, mais en tournant la tête de l'autre côté. Ces réactions incohérentes sont fréquentes chez les enfants de parents psychotiques ou qui leur font subir des sévices sexuels, mais se retrouvent également chez ceux qui sont soumis à une éducation incohérente à l'extrême. Les contradictions de ces parents, ainsi que le caractère imprévisible de leur attention, empêchent les enfants de développer des moyens efficaces pour affronter des situations angoissantes. Le comportement d'attachement désorganisé semble également plus présent parmi les enfants dont les parents ont eux-mêmes souffert dans leur propre enfance d'expériences très traumatisantes, qui les ont laissés avec des sentiments de frayeur et d'impuissance non résolus.

Des études menées dans de nombreux pays, dont les Etats-Unis, le Canada, l'Angleterre, le Japon, l'Allemagne et Israël, montrent des schémas de comportement d'attachement similaires malgré la diversité des cultures ; cependant, les pourcentages d'enfants classés dans les différentes catégories varient énormément. En général, la conclusion d'Ainsworth, selon laquelle la sensibilité de la mère – ou de la figure d'attachement principale – détermine la catégorie d'attachement du bébé, s'est trouvée confirmée. La classification des comportements d'attachement des tout-petits s'est révélée utile pour prévoir certains aspects importants du développement ultérieur de l'enfant. Par exemple, de jeunes enfants d'âge préscolaire et scolaire classés à attachement insécurisé dans leur petite enfance, sont plus susceptibles d'avoir des problèmes de comportement que ceux qui ont été classés à attachement sécurisé.

Les pratiques d'éducation influencées par les diverses cultures semblent jouer un rôle dans les schémas d'attachement. Dans une étude consacrée aux enfants de Bielefeld, une ville du nord de l'Allemagne, la moitié des sujets sont classés dans les «évitants», un taux bien plus élevé que dans les études portant sur des bébés américains ; par contre, à Ratisbonne, ville du sud de l'Allemagne, les chiffres approchent ceux des Etats-Unis. Les chercheurs se sont aperçus que les mères de Bielefeld apportaient une tendresse et une affection moins démonstratives dans les soins à leur bébé que les mères américaines ou du sud de l'Allemagne. Les mères de Bielefeld décourageaient tout contact physique trop proche et poussaient par contre activement leur enfant à être curieux et indépendant.

En élevant l'enfant, les parents, souvent inconsciemment, lui communiquent les valeurs de leur culture. La plupart des parents américains ont tendance par les signes affectifs qu'ils prodiguent, à encourager l'indépendance et l'individualisme, les jeux qu'ils proposent ou les jouets qu'ils achètent, alors que beaucoup de mères japonaises favorisent la dépendance affective et la loyauté. Dans les deux cas, les personnes éduquantes transmettent des signes sociaux reflétant les relations affectives et spécifiques qu'elles ont elles-mêmes intégrées durant leur vie. D'une façon similaire, les valeurs culturelles et les attentes distinctes face à une fille ou à un garçon sont transmises tôt dans l'enfance.

Dans l'éducation de nos enfants, nous avons tendance à répéter les pratiques de nos propres parents. S. Fraiberg l'exprime ainsi : «Dans chaque chambre d'enfant planent des fantômes.» Possédant une grande expérience dans l'observation des tout-petits et de leur famille, elle nous fait une description des processus psychologiques qui amènent les parents à répéter leur propre éducation. Dans les cas qu'elle a analysés, les parents négligent leur enfant, ou le soumettent à des abus sexuels ; cependant, le même processus s'applique également à un grand éventail de pratiques et d'attitudes normales. Le fait d'être parents, surtout la première fois, ouvre la boîte de Pandore du passé. Nous verrons dans le chapitre suivant pourquoi ce phénomène n'est pas seulement une métaphore poétique, mais un fait neurophysiologique – tout au moins d'après les recherches actuelles sur les souvenirs émotionnels.

## Tempérament et expérience

Le psychologue pour enfants J. Kagan, d'Harvard, ne conteste pas seulement la validité du test de situation de dépaysement, mais s'interroge sur la théorie de l'attachement toute entière. Kagan réfute l'idée que la vie psychologique prend forme de manière durable au moment des premières relations, ou que «les événements de la petite enfance influent sérieusement sur les tendances et le comportement futurs de l'adolescent». Rejetant les idées populaires concernant l'importance décisive du lien mère-enfant pour le bonheur et l'adaptation de l'enfant dans le futur – idées qu'il considère «instinctivement agréables» mais fausses –, Kagan soutient que les dispositions tempéramentales propres à l'enfant constituent les facteurs principaux et déterminants de ce qu'il deviendra plus tard. Le psychologue critique également les valeurs de base des théoriciens du comportement d'attachement, qui, à ses yeux, sont trop préoccupés de sécurité : «Dans les années quarante et cinquante, les enfants qu'on qualifie maintenant d'attachés étaient considérés comme surprotégés, ce qui n'était pas une bonne chose.»

Selon Kagan, le fait qu'un enfant est indépendant, sociable et facile à vivre, ou bien timide, inquiet et facilement angoissé, dépend principalement de ces traits innés. Effectivement, les prédispositions tempéramentales des bébés sont modifiées par la façon dont on s'occupe d'eux et par leur intégration des espoirs et des valeurs parentales, et cela s'avère très important dans de nombreux cas. «Si vos parents aiment l'autonomie, vous serez autonome, s'il apprécient la dépendance, vous serez dépendant.» L'influence la plus durable sur le cours du développement est exercée, selon Kagan, par les prédispositions innées ancrées dans l'héritage biologique.

Galien, le médecin grec du IIe siècle, croyait que les «humeurs», ou liquides corporels, déterminaient si un individu donné aurait un tempérament sanguin, mélancolique, flegmatique ou colérique. Dans la lignée de cette idée antique, les théoriciens du tempérament pensent de nos jours que les différences entre les gens – qui sont timides et inquiets, intrépides et hardis, expansifs et joyeux, hésitants et pensifs, ou passifs et même tristes – découlent de la donne génétique de chacun. Le tempérament définit également le champ émotionnel propre à un individu, ainsi que son thermostat émotionnel ; ce qui implique que chaque individu est différent d'un autre dans sa sensibilité à divers stimuli, dans ses seuils de réactions à diverses situations, et dans les caractéristiques de ses réactions.

Dans leur laboratoire pour le développement de l'enfant, Kagan et ses collègues ont observé les différentes réactions de nourrissons de vingt et un mois jouant ensemble. Si la plupart se mettent facilement et joyeusement à jouer avec les autres, 15 à 20 % d'entre eux restent en retrait, se raccrochent à leur mère et se bornent à observer les autres. Ces enfants «comportementalement inhibés» montraient à leur naissance un rythme cardiaque plus élevé que la moyenne ; dans leur petite enfance leurs battements de cœur s'accéléraient dès qu'ils étaient exposés à une nouvelle situation en laboratoire. Quatre ans plus tard, les mêmes enfants sont revenus pour un nouveau test : deux tiers environ des nourrissons craintifs étaient devenus des enfants de cinq ans anxieux, encore effrayés de rencontrer de nouvelles personnes et peu désireux de goûter à des aliments inconnus ou d'essayer de faire quelque chose qu'ils n'avaient jamais fait auparavant. Aucun des bébés audacieux et sociables n'était devenu craintif.

Les études longitudinales de Kagan indiquent que les enfants craintifs, inhibés, tendent à devenir des adolescents puis des adultes timides et anxieux, surtout si leur timidité persiste pendant l'enfance. L'étude de 754 garçons et filles de onze et douze ans montre que 44 d'entre eux avaient déjà souffert d'au moins une attaque de panique. A treize, quatorze ans, ces mêmes enfants timides souriaient et parlaient moins, évitaient les situations inconnues, et devenaient plus anxieux dans les activités sociales que leurs congénères. Ils étaient également enclins à développer des sentiments de culpabilité et de reproche vis-à-vis d'eux-mêmes.

Kagan insiste sur le fait que ces résultats concernant les humains rejoignent ceux de la recherche animale sur les bases anatomiques et neurophysiologiques du comportement affectif. Il avance que les nourrissons sujets à la peur sont nés avec un système nerveux particulièrement sensible aux stimuli induisant la peur. Ils réagissent violemment à des événements auxquels les autres enfants ne prêtent pas attention, et leurs réactions de peur durent plus longtemps et sont plus intenses. Kagan note que par rapport aux autres, les enfants craintifs présentent une excitation plus grande du système nerveux autonome : même des stimuli léger, comme une mauvaise odeur ou le fait d'être dans les bras d'une personne inconnue, déclenchent chez eux ces réactions autonomes (rythmes cardiaque et respiratoire plus élevés, pupilles dilatées). On constate une augmentation de noradrénaline dans les taux de marqueurs urinaires (une hormone du stress associée à l'activité du système nerveux autonome). Les recherches sur les animaux ont démontré que l'une des structures centrales du système d'alerte émotionnel du cerveau est l'amygdale, une grappe en forme d'amande constituée de plusieurs groupes de neurones, profondément enfouie dans les lobes temporaux du cerveau. (Nous reparlerons d'ailleurs plus longuement de l'amygdale dans le chapitre suivant.) Kagan se demande si les enfants trop peureux et inquiets ne sont pas nés avec un système de peur amygdalien facilement excitable.

Selon le point de vue de Kagan, le tempérament de l'enfant modifie les relations parents-enfants ; par exemple, les parents auront tendance à réagir différemment avec un enfant inhibé ou possessif, ou avec un enfant plus expansif et audacieux. De plus, le style d'éducation des parents, leurs valeurs, ainsi que leurs attentes interagissent avec les tendances comportementales de leurs enfants. Certains parents protégeront leur enfant craintif et sensible, lui épargnant des expériences inconnues. D'autres au contraire le pousseront à faire de nouvelles expériences, en espérant ainsi «endurcir» sa sensibilité.

Kagan suggère intelligemment aux parents de «créer des expériences encourageantes» en montrant leur propre intérêt pour des objets inconnus ou des expériences nouvelles, ce qui encourage l'enfant à explorer lui aussi. Il permettront également à l'enfant d'accomplir des petits défis et de résoudre ses craintes par lui-même ; ils devront poser des limites claires au comportement acceptable. Les nourrissons craintifs ont besoin d'occasions de dominer les peurs auxquelles ils sont sujets, afin d'apprendre à accepter les hauts et les bas de la vie. Le psychologue a constaté qu'un tiers environ des enfants inhibés qu'il a étudiés se débarrassent de leur crainte au cours des années de maternelle. Il pense qu'une légère insistance de la part des parents les a aidés à devenir plus confiants en eux-mêmes et plus sociables.

L'enfant ouvert, sans inhibitions, audacieux, aura tendance à avoir un attachement plus sécurisé que l'enfant craintif, mais selon Kagan, cela est davantage dû à son tempérament intrépide, qu'à son expérience avec les personnes qui prennent soin de lui. Les enfants au tempérament inhibé sont en revanche plus perturbés et angoissés par le test de situation de dépaysement, et de ce fait se consolent plus difficilement ; plutôt qu'une relation mère-enfant affaiblie, telle est la cause de leur classement dans les enfants «à attachement insécurisé».

Les chercheurs font remarquer cependant que l'attachement caractérise une relation plutôt qu'un individu ; ils insistent sur le fait que l'attachement de l'enfant à son père est différent de son attachement à la mère. Ils continuent à affirmer également que le tempérament de l'enfant n'influence pas directement la qualité de l'attachement, car, comme l'exprime Jay Belsky, psychologue à l'université de Pennsylvanie : «Même un enfant difficile, ayant reçu l'attention "qu'il faut", peut devenir sécurisé.» Quelles que soient les tendances tempéramentales de l'enfant, la façon dont il se comporte dans la situation de dépaysement sera modelée par ses relations avec ses figures d'attachement.

Une étude réalisée aux Pays-Bas corrobore ce point de vue. Dymphna van den Boom a identifié un groupe de cent nouveau-nés très irritables et difficiles à apaiser. Elle a proposé une aide psychologique à cinquante des mères quand leur bébé avait entre six et neuf mois : elle les aida à décoder les signes de l'enfant avec précision et leur conseilla des stratégies efficaces pour calmer leur bébé agité. A un an, 62 % des enfants dont la mère avait reçu cette aide présentaient un attachement sécurisé au test de la situation de dépaysement. Par contre, seulement 28 % des bébés du groupe témoin, dont la mère n'avait pas reçu de conseils, furent classés parmi les enfants sécurisés. Ainsi, l'expérience des bébés avec leur mère semble avoir une influence plus importante sur la qualité de leur attachement que leurs tendances tempéramentales.

Cependant, les influences sont réciproques : les qualités propres d'un tout-petit peuvent avoir un effet puissant sur son père ou sa mère et modifier la qualité de l'attention qu'on lui prodiguera. Les parents qui n'ont pas conscience du rôle joué par le tempérament de leur enfant dans la relation parents-enfant, peuvent, comme l'écrivait la psychiatre pour enfants Stella Chess, «développer d'énormes sentiments de culpabilité dérivant de la notion qu'ils sont forcément les seuls responsables des difficultés affectives de leur enfant. Accompagnant cette culpabilité, vient l'inquiétude, une attitude défensive, les pressions accrues sur l'enfant, et même de l'hostilité à son égard parce qu'il "révèle" l'incapacité de la mère par son comportement dérangeant.» D'un autre côté, pour pouvoir aider le bébé, les personnes maternantes doivent lui offrir la qualité d'attention qui diminuera sa détresse. Chess insiste sur ce point : le tempérament d'un enfant ne signifie pas l'échec des parents (ou leur réussite), mais il ne faut pas en déduire non plus qu'une attention sensible n'a aucune importance. L'influence du tempérament de l'enfant implique que ce qui constitue un maternage sensible est différent pour chaque bébé.

Megan Gunnar et ses collègues de l'université du Minnesota ont effectué une série d'expériences permettant d'évaluer la prédisposition tempéramentale des bébés à la peur, leur attachement aux personnes maternantes et leurs façons de gérer les situations stressantes. Gunnar mesure les taux de l'hydrocortisone, une hormone du stress, sous diverses conditions. L'augmentation ou non d'hydrocortisone, et en quelles proportions, semble avoir un lien avec l'attachement sécurisé ou insécurisé du bébé. Les chercheurs ont constaté que lorsque par exemple on fait un vaccin à un bébé de quinze mois à l'attachement sécurisé, il hurle, s'agrippe à sa maman, à son papa ou à toute personne qui l'a amené chez le médecin ; mais son taux d'hydrocortisone ne bouge pas. Un nourrisson du même âge, qui selon le test de situation de dépaysement n'a pas d'attachement sécurisé, hurle aussi fort quand il sent l'aiguille sur sa peau, mais il ne recherchera pas forcément à être consolé par la personne qui s'occupe de lui ; et son taux d'hydrocortisone grimpe brusquement. Il semblerait qu'un attachement sécurisé aide à faire face aux situations stressantes.

Les enfants ont chacun des ressources diverses et différentes façons de faire face. Le comportement d'un enfant face à une situation angoissante ou menaçante dépend de son stade de développement comme de son tempérament : il sucera son pouce, tripotera sa couverture, cherchera à se distraire en jouant ou en tapant sur quelque chose, fermera les yeux pour nier la situation, bref, aura recours à toutes sortes de stratagèmes. Quand notre fils Michael, alors âgé de trois ans, sortit jouer pour la première fois dans le jardin de notre toute nouvelle maison, il se fit accompagner par un ami imaginaire.

Les principales ressources d'un enfant sont les adultes dont il dépend. Nous en avons eu la preuve quand Beth, notre fille de deux ans, s'ouvrit le front en tombant. Elle hurla bien sûr, mais se calma en suçant son pouce, sur le trajet de l'hôpital. Dans la salle des urgences, l'infirmière et l'interne préparaient leurs petits patients à l'intervention en les emballant, bras et jambes compris, à la «manière momie», afin qu'ils ne bougent pas. Evidemment, Beth se mit à hurler de terreur. Le médecin nous demanda de quitter la pièce. «Je reste» dit Ann. «Et elle a besoin de sucer son pouce.» Le médecin hésita, et Ann répéta, avec toute l'autorité qu'elle pouvait rassembler : «Laissez-lui son pouce !» On autorisa alors Beth à garder les ressources qu'elle s'était trouvées pour faire face : son pouce et sa mère. Ses cris se calmèrent, et elle s'endormit avant la fin de l'intervention.

La croissance émotionnelle dépend d'une interaction continuelle entre le caractère émotionnel propre d'un individu et un assortiment d'expériences vécues. Cependant, les premières relations recèlent quelque chose de spécial. Allan Schore, psychiatre et auteur d'un ouvrage sur la neurobiologie du développement émotionnel, nous en donne un résumé frappant en termes de neurobiologie : «Les expériences qu'un cerveau bien réglé enregistre durant la période décisive de la petite enfance prennent leur source dans les échanges socio-émotionnels entre un cerveau d'adulte et un cerveau en développement.» Les personnes maternantes primaires, affirme-t-il, jouent non seulement un rôle clef dans la modulation de l'état émotionnel de l'enfant, mais elles «modèlent de façon indélébile et permanente sa toute nouvelle capacité à s'organiser seul. Dans le chapitre suivant, nous examinerons cette idée à la lumière des récentes découvertes concernant les base neuronales du développement émotionnel.

## Chapitre 6

# Moi et autrui : relation affective et découverte de soi

Explorons à présent les débuts du développement affectif, la conscience de soi naissante chez l'enfant, et la façon dont l'interaction sociale agit sur les processus de régulation émotionnelle. Nous décrirons les recherches récentes portant sur les pivots neuronaux de nos émotions, en particulier la peur. Les études menées sur des animaux de laboratoire et sur des humains souffrant de lésions cérébrales ont mis en lumière les fonctionnements des systèmes émotionnels dans le cerveau, montrant comment l'émotion et la raison sont entremêlées. Ainsi, nous verrons que le développement intellectuel de l'enfant est inévitablement lié à son développement émotionnel.

## Les émotions : définition et fonction

Les nouveau-nés sont déjà équipés des capacités intrinsèques qui définissent le développement émotionnel. Ils sont biologiquement préparés à diriger leur attention ; dès leur première respiration, ils montrent qu'ils savent réagir à leur environnement. Ils se tournent vers le sein, et tètent. Ils sont nés avec une acuité visuelle suffisante pour montrer leur préférence pour les visages plutôt que pour d'autres stimuli visuels ; Ils sont capables de faire la différence entre les syllabes «pa» et «ba», distinguent l'écart entre le do et le do dièse, et manifestent qu'ils préfèrent entre toutes la voix de leur mère. Ils ont un besoin inné d'être touchés, de se blottir contre quelqu'un et semblent parfaitement heureux quand on les caresse ou qu'on les berce. Les bébés qu'on prend rarement dans les bras ne se développent pas comme il faudrait ; on sait maintenant que les prématurés minuscules qu'on porte régulièrement, tout doucement, prennent du poids beaucoup plus vite que ceux qui sont moins souvent portés et caressés.

Si les nouveau-nés présentent un répertoire émotionnel limité, il est tout à fait suffisant pour leur faire obtenir ce dont ils ont besoin. Un tout-petit envoie des signaux de détresse en agitant bras et jambes, en grimaçant et en criant. Il montre sa satisfaction en prenant une pose détendue dans les bras de sa maman, et son intérêt pour un objet nouveau par un regard vif. Ce sont des messages destinés aux personnes qui prennent soin de lui : «Viens par ici ! J'ai besoin de toi !» ; «Tout va bien maintenant.» ; «Merci d'agiter ce beau hochet multicolore devant moi." Pour interpréter les signaux de communication du tout-petit, les adultes de son entourage n'ont pas vraiment besoin de posséder d'un savoir particulier, les signaux sont suffisamment poignants. Les schémas basiques de signaux et de réponses des bébés et des mères, qui se développent et s'améliorent au fil du temps, permettent aux petits humains sans défense de rester en vie, d'être nourris, réchauffés, tenus, et enfin d'apprendre.

Tous les petits mammifères crient quand ils sont séparés de leur mère. Chez les mammifères, dont, sans doute les humains également, les appels de la mère vers les petits séparés d'elle sont eux aussi instinctifs. En entendant des cris de séparation, qu'ils proviennent de bébés souris ou humains, la mère rassemble sa progéniture, la nourrit et en prend soin. Le neurophysiologiste Paul MacLean a remarqué que la région du cortex cérébral impliquée dans la production de ces cris de séparation est également celle qui reçoit les messages neuronaux des centres du thalamus qui interviennent dans la perception de la douleur.

En étudiant les circuits cérébraux liés au «cri d'affiliation» que les singes-écureuils poussent quand ils se cherchent entre eux, MacLean a observé que des lésions dans une partie du cortex cingulaire élimine le cri. Le cortex cingulaire, profondément enfoui dans le cerveau, fait partie du système limbique (système de l'émotion archaïque). La peur instinctive de l'abandon est si fondamentale que même un adulte socialisé à être imperturbable, appellera sa mère s'il se retrouve dans des conditions de stress extrêmes, blessé sur un champ de bataille par exemple.

Les pleurs, comme le rire, constituent une réaction physiologique à des émotions diverses, mais ne sont pas en eux-mêmes une émotion. Nous pleurons de joie ou de peine, nous pleurons de colère. Les émotions provoquent des expressions et des actions afin de satisfaire les besoins du corps. Les bébés oiseaux, mammifères, humains, qui naissent sans défense et dépendants, doivent communiquer leurs besoins à ceux qui prennent soin d'eux, et ils le font à l'aide de séquences de comportement qui ne dépendent ni de l'expérience, ni de la mémoire ou de la réflexion. L'adjonction de niveaux de contrôle, de régulation et de nuance encore plus sophistiqués dans nos schémas de réaction émotionnelle innés constitue une force évolutive du développement humain.

Dans son livre publié en 1872, *L'Expression des émotions chez l'homme et les animaux,* Darwin notait les corrélations entre les états émotionnels (peur, tristesse, colère) et les expressions faciales, les mouvements du corps et les postures singulières ; depuis, ces observations sont souvent reprises par les psychologues. L'une des fonctions des émotions est de pouvoir signaler aux autres ce que nous ressentons. Réciproquement, nous déduisons de la démonstration des émotions de l'autre (le sourire d'un ami ou le grognement d'un chien) ce que sera son prochain mouvement. Comme le dit Darwin : «Les mouvements d'expression du visage et du corps, quelle qu'en soit l'origine, sont en eux-mêmes d'une extrême importance pour notre bien-être. Ils servent de premier moyen de communication entre la mère et son bébé ; elle sourit en signe d'approbation, et encourage ainsi son enfant sur la bonne voie, ou fronce les sourcils quand elle n'est pas d'accord. Nous percevons tout de suite la sympathie chez les autres par leur expression ; notre souffrance est alors adoucie, et notre plaisir accru ; et le bon sentiment mutuel s'en trouve alors renforcé.» Des siècles avant que le langage verbal n'apparaisse dans notre espèce, les expressions émotives des traits ou de la voix ainsi que le langage du corps servaient les buts de la communication, et elles servent des fonctions similaires chez le bébé. La communication affective se mêle au langage au fur et à mesure que cette capacité d'expression verbale apparaît.

Ces trente dernières années, des psychologues et des anthropologues du monde entier ont rassemblé un matériel d'observation impressionnant, qui confirme les études de Darwin. Certaines émotions sont liées à des expressions faciales caractéristiques qui diffèrent visiblement très peu d'une culture à l'autre. Quelqu'un paraît heureux, triste, effrayé, fâché ou surpris pratiquement de la même façon sous tous les climats, toutes les latitudes et les cultures. Dans une situation émotionnellement forte, un Esquimau et un Hongrois peuvent lire sur le visage de l'autre ce qu'il ressent. Les expressions faciales des émotions fortes sont rarement volontaires, bien que dès le début de notre vie, vers trois ans, nous apprenions à les contrôler ou à les déguiser suivant ce que les anthropologues appellent les «règles d'assortiment» de notre culture. Même un nouveau-né présente des expressions appropriées à des stimuli extérieurs agréables ou désagréables ; cependant ses réactions sont sans doute encore lentes, et moins différenciées que quelques mois plus tard. Piqué par l'aiguille du médecin, le bébé se tortille brusquement, puis se met à crier. Quand on pose sur la bouche d'un tout-petit un coton imbibé de jus de citron, il pince les lèvres et fronce le nez.

Nous sommes tous capables de reconnaître nos propres émotions et celles des autres. Cependant personne, pas même les scientifiques ne s'accordent sur ce qu'est une émotion. L'une des raisons qui rend les émotions difficiles à définir, c'est qu'elles viennent de bien plus profond en nous que le règne du langage. Une émotion nous tord les boyaux ou nous lève le cœur ; la frayeur est un poids indescriptible dans la poitrine et dans les membres ; la joie est ineffable, mais on peut l'évoquer par la poésie.

La manière dont un scientifique décrit une émotion dépend non seulement de son contexte personnel et culturel, mais également de la méthodologie qu'il emploie. Les anthropologues sont de plus en plus conscients des ambiguïtés de l'expérience et de l'expression émotionnelles, ainsi que des difficultés qu'entraîne l'utilisation des termes de leur propre langue pour décrire des états affectifs inscrits dans d'autres cultures, analogues, certes, à ceux qu'ils connaissent dans la leur, mais pourtant subtilement différents. Les psychologues du développement étudient les effets de l'âge et de l'expérience sur les processus caractéristiques de l'émotion, mais ces effets restent encore largement incompris. En voyant un inconnu entrer dans la pièce où il joue, un tout-petit prendra un air sérieux qui n'a rien à voir avec l'expression d'un bébé de trois ans qu'on laisse avec une nouvelle baby-sitter ; l'appréhension d'un adolescent qui hésite à ouvrir la lettre lui annonçant les résultats d'un examen universitaire est certainement très différente. Le fait de mesurer la colère d'un enfant à partir d'un caprice ou d'un changement de rythme cardiaque influence forcément les questions de l'expérimentateur, et les réponses qu'il reçoit. Comme le rappelle le physicien Freeman Dyson, «Il est impossible d'attendre une description qui soit indépendante du mode d'observation.»

Toutes les émotions sont, à un degré plus ou moins grand, puissantes, excitantes, motivantes et difficiles à contrôler volontairement. Elles possèdent toutes une qualité de plaisir (joie, amour, fierté) ou de déplaisir (dégoût, rage, découragement). L'émotion est souvent déclenchée par un ensemble spécifique de stimuli – des remerciements suscitent d'habitude la joie ou la fierté, et la perte de quelqu'un amène la tristesse – mais le même stimulus peut avoir des conséquences émotionnelles différentes, suivant les tempéraments individuels et les circonstances : les remerciements ou les louanges provoquent parfois un sentiment de honte ou de tristesse.

Les émotions servent à classer l'information extérieure suivant son importance, en portant attention à ce qui est frappant, en préparant les réactions du corps et en initialisant une réponse cohérente aux dangers, défis, et aux opportunités qui se présentent. Si les émotions varient en intensité suivant les différences d'évaluation de l'information, elles servent toujours à diriger l'attention, décider des priorités, mobiliser l'énergie et augmenter les réactions. Des émotions négatives répétées, comme la colère ou la peur, exercent une pression mentale et physique ; mais une joie trop intense peut aussi nous épuiser. Quelque chose en nous a besoin d'un équilibre émotionnel, d'un moyen terme entre excitation et calme ; et le lieu de cette mesure est différent pour chacun de nous. Les humains, comme les autres animaux, présentent de grands écarts dans leurs degrés émotionnels. Certains individus ont tendance à être passionnés, d'autres sont plus flegmatiques ; certains sont peureux, d'autres stoïques. C'est cette tonalité émotionnelle que nous appelons l'humeur, ou, quand il s'agit d'un trait de l'esprit caractéristique et permanent, le tempérament.

Quand on veut réfléchir à la notion d'émotion, il peut être utile d'appliquer des distinctions entre les expressions et actions émotionnelles extériorisées, les processus émotionnels internes, et l'expérience émotionnelle subjective, ou sensations : vous vous trouvez nez à nez avec un ours. Danger ! Vous vous sentez terrifié. Vous courez. La perception, l'estimation, et les actions qui en découlent, ainsi que les réactions physiques qui les supportent, sont mesurables – du moins théoriquement. Mais votre sentiment de frayeur, bien que oh combien réel, est indéfinissable. Les sensations subjectives sont par essence intimes, même si nous passons beaucoup de temps et faisons beaucoup d'efforts pour les communiquer et comprendre celles des autres.

Les émotions sont accompagnées de sensations ; le contraire n'est pas toujours vrai. La peur entraîne par exemple, une sensation de serrement de gorge, mais une attaque cardiaque provoque la même sensation. Une joie soudaine teinte vos joues de rose, mais courir par une belle journée d'été donne le même résultat. Une partie de la physiologie de ces réactions est donc semblable dans les deux cas, mais les stimuli qui les suscitent sont différents, tout comme leurs contrôles neuronaux. L'événement déclencheur – un bruit insolite, le cri de douleur d'un enfant dans la nuit, la venue de quelqu'un que vous avez aimé il y a longtemps – entraîne toute une série de processus d'estimation, et de schémas d'action qui, à l'origine, sont involontaires et se produisent en dehors de la conscience : vous sursautez, puis vous vous figez ; vous êtes hors du lit et debout avant même de comprendre ce qui se passe ; vous courez vers votre amour de toujours, vous rayonnez. La conscience de votre cœur qui bat, de vos paumes moites, ou de la rougeur de vos joues vient plus tard, ainsi que vos appréciations de l'événement-stimulus : «C'est seulement le chien qui gratte à la porte» ou «Est-ce que je devrais m'inquiéter ?», ou encore «Où étais-tu pendant tout ce temps ?»

## Le développement des émotions

Tous les animaux, y compris les humains, ont des réactions émotionnelles manifestement programmées et instinctives, et qui n'impliquent pas, ou très peu, de traitement cognitif. Les oisillons s'envolent quand ils perçoivent l'ombre d'un épervier, même s'ils n'en ont jamais vu auparavant. Un rat de laboratoire présente des signes de peur quand il rencontre un chat pour la première fois de sa vie. L'agrippement automatique d'un nouveau-né dont la tête tombe en arrière est sans doute de la même façon une réaction innée à la peur de tomber ; de même que le sursaut d'un bébé à un bruit trop fort est aussi une réaction innée de peur.

Les psychologues émettent diverses théories sur la façon dont les états émotionnels apparaissent. Certains pensent que les bébés naissent avec des programmes génétiques permettant l'apparition, au stade de maturation approprié, de plusieurs émotions distinctes. D'autres soutiennent qu'ils naissent avec seulement deux états émotionnels de base, «un état négatif, ou de détresse, et un état positif, ou de satisfaction». Le bébé ne navigue pas seulement entre ces deux pôles, mais également selon une succession de retrait et d'engagement, d'attention et d'inattention.

Les bébés possèdent une motivation innée pour l'apprentissage et une compétence biologique pour les interactions relationnelles émotionnellement chargées. Tous ceux qui ont déjà observé des bébés ont remarqué qu'ils manifestent autant d'impatience pour prendre part au jeu social que pour manger. Et pour un bébé, jouer c'est apprendre. Mieux que ça : dès sa naissance, le bébé «sait» qu'il est un être social. Des observations expérimentales suggèrent que le tout-petit est «instruit», c'est-à-dire qu'il montre naturellement l'habileté nécessaire pour agir lors d'interactions relationnelles, sans avoir à passer par des erreurs d'apprentissage. Chez l'adulte, le fonctionnement intellectuel se distingue – jusqu'à un certain point – de l'état émotionnel, alors que chez le jeune enfant, l'apprentissage est inextricablement lié aux émotions.

De même que ses capacités perceptives et cognitives, les sensibilités émotionnelles du tout-petit se développent beaucoup plus tôt que ce qu'on a cru. A environ quatre mois, le bébé change d'expression, il se raidit, son visage devient grave et prend un air triste quand sa maman le pose et quitte la pièce pour aller répondre au téléphone. Au même âge, son regard s'illumine et tout son corps exprime le plaisir le plus intense si quelqu'un qu'il connaît bien entre dans sa chambre, ou quand un moment quotidien qu'il apprécie beaucoup, comme le bain, se répète à nouveau. Entre quatre et six mois, il commence à pouvoir montrer des signes vigoureux de colère.

Depuis les écrits de Darwin sur les émotions, au XIX^e^ siècle, la colère a toujours été définie comme la réaction caractéristique à un obstacle empêchant d'atteindre un but qu'on s'est fixé. Si un nourrisson est capable de colère, cela signifie donc qu'il est également capable d'avoir un but, et de prendre conscience que ses efforts pour l'atteindre sont contrariés. Les parents sont bien placés pour se rendre compte de cette évolution chez leur bébé – et elle est amplement confirmée par des tests en laboratoire. Le bébé d'un mois dont on tient les bras va montrer son angoisse et amplifier ses mouvements, mais sa réaction négative ne s'adresse à personne précisément ; à quatre mois, le bébé regardera les mains de l'expérimentateur qui le tiennent, il essaiera de se dégager, et la colère se lira sur son visage ; vers sept mois, il regardera plutôt l'expérimentateur dans les yeux, ou se tournera vers sa mère, comme pour demander de l'aide.

Le psychologue M. Lewis et ses collègues ont remarqué que les enfants devenaient angoissés quand leurs attentes étaient trahies. On apprend à des tout-petits à tirer une ficelle qui allume un petit dessin animé accompagné d'une musique ; quand l'expérimentateur fait en sorte que la ficelle ne déclenche plus ni le film ni la musique, certains des bébés paraissent tristes, d'autres se mettent en colère. On remet le mécanisme en marche afin que les bébés soient à nouveau récompensés par le dessin et la musique quand ils tirent sur la ficelle. Ceux qui avaient réagi avec colère plutôt que tristesse présentent, en retrouvant le geste, un degré d'intérêt et de joie plus élevé que les autres. Ainsi, les bébés présentent très tôt des différences de comportement face à une situation décevante.

A partir de sept ou huit mois, les enfants expriment une certaine peur quand ils sont confrontés à des expériences nouvelles. L'inquiétude qu'exprime presque tout bébé, entre sept et douze mois, devant un inconnu, implique non seulement qu'il a en mémoire les visages familiers, mais aussi qu'il possède la capacité de comparer ce dont il se souvient à ce qu'il voit. Un bébé légèrement plus jeune sera simplement surpris par les situations qu'il n'a jamais rencontrées auparavant. Selon une étude, en voyant un nain s'approcher d'eux, les tout-petits sont à la fois étonnés et fascinés. L'excitation joyeuse et contagieuse exprimée par le rire se développe vers le milieu de la première année, souvent en réaction aux chatouilles des parents ou aux jeux de «attention, je t'attrape».

A mesure que l'enfant mûrit dans ses capacités cognitives et son contrôle moteur, qu'il assimile la richesse des expériences quotidiennes, il présente un tissu d'émotions de plus en plus complexe, et la variété dans leur expression augmente. Il devient expert en sourires. Il glousse et rit et exulte de joie. Ou bien il fronce les sourcils, fait la moue, et se met à geindre désespérément ou à hurler de rage. Le tout-petit sait un ou deux mots, et apprend des gestes intentionnels pour exprimer ses sentiments et ses désirs. Le bébé de six mois crie s'il veut qu'on le prenne dans les bras ; à un an, il lève les bras, regarde son papa avec une expression de demande et prononce une syllabe qui dans son langage veut dire «prendre».

Vers la fin de la première année, le nourrisson sait ramper, et très vite, il est debout et se déplace seul. Son aptitude à s'introduire alors dans un monde plus vaste, plus stimulant, s'accompagne d'expressions de joie et d'enthousiasme, renforcées encore par les exclamations ravies des personnes de son entourage. Le bébé, doué maintenant de mobilité, exprime des réactions émotionnelles différentes de celles exprimées quelques semaines plus tôt. Il ressent une puissance et des possibilités nouvelles, des défis et des plaisirs nouveaux. A ce stade, le psychiatre Louis Sander appelle le soi du nourrisson le «soi intentionnel». L'enfant possède maintenant un champ plus vaste d'exploration ; il se donne à lui-même des tâches qu'il accomplit avec le sentiment gratifiant d'une compétence grandissante ; fort de ses exploits, il affiche un bonheur rayonnant qu'il n'avait jamais montré jusque-là.

La psychanalyste Margaret Mahler appelle ce stade de la marche (entre un an et dix-huit mois) la «période d'entraînement». Au fur et à mesure qu'il maîtrise de nouvelles pratiques, l'enfant «exulte devant ses propres capacités, il est en permanence enchanté par les découvertes qu'il fait dans son univers qui s'agrandit (...) il est passionné par le monde et par sa propre omnipotence.» A partir de ce sentiment général de contentement de soi, apparaît la fierté, émotion qui est associée à la maîtrise d'une tâche ou au but atteint.

Jusque-là, la plupart des signaux que l'entourage aimant du bébé lui a envoyés ont été positifs et approbateurs. Mais à partir de ce stade, le nombre d'expressions de désapprobation et d'agacement de la part des parents s'amplifie énormément – le bébé se dirige vers les escaliers, il vient de flanquer un vase par terre d'un coup de coude, fonce droit vers le four. Un chercheur a estimé que jusqu'aux dix mois de l'enfant, 90% du comportement de la mère consiste à «montrer son affection, jouer avec l'enfant et prendre soin de lui» ; mais quand le tout-petit atteint le stade des treize à dix-sept mois, sa mère lui dit «non» d'une manière ou d'une autre toutes les neuf minutes.

Tout au long de notre vie, chaque émotion prend des rôles multiples et variés. Certains scientifiques pensent qu'il existe des inducteurs «universels», par exemple le sentiment de menace à l'approche d'un animal plus grand. Mais la plupart des associations qui déclenchent la peur ou d'autres émotions découlent de l'expérience personnelle et d'un conditionnement culturel. Le dégoût par exemple : presque sans exception, les adultes normaux trouvent les selles repoussantes, mais plus d'un bébé goûtera ses excréments au moins une fois, et s'amusera à décorer les murs avec. L'apprentissage de la propreté aide donc l'enfant à acquérir une aversion culturellement nécessaire, par le biais de ce qu'il comprend des sentiments et des attentes de son entourage. Le dégoût (le mouvement de recul caractérisé par un nez froncé, des lèvres serrées et un haut-le-cœur) continue à nous empêcher d'avaler certains produits toxiques, même si l'émotion adulte, les réactions physiques qui l'accompagnent et le circuit neuronal qu'elle suit, servent à un usage plus abstrait – quand nous nous sentons nauséeux en voyant, ou même en entendant un acte brutal ou abominable.

## AUTOPSIE DE LA PEUR

Chaque émotion produit un ensemble de transformations et de schémas d'actions physiologiques ; en fait, certains psychologues pensaient auparavant que les émotions étaient complètement définies par les variations physiques et les sensations qui en découlaient. «Quel genre d'émotion de peur resterait-il, si aucune sensation, ni de battements de cœur accélérés, ni de respiration courte, ni de lèvres tremblantes ou de membres affaiblis, ni de chair de poule ou de nœud dans l'estomac, n'était présente, cela m'est impossible à penser.» écrivait William James en 1890.

Les neurobiologistes actuels avancent qu'il existe des circuits cérébraux spécifiques, spécialisés pour chacune des émotions de base. En prenant le rat de laboratoire comme modèle expérimental, Joseph LeDoux, de l'université de New York, a tracé les limites des régions cérébrales et le tracé des connexions neuronales qui assurent la peur ; il pense qu'il est certainement possible de tracer de telles cartes neuronales pour des émotions très variées. LeDoux a étudié un indicateur particulier de la peur chez le rat de laboratoire : sa tendance à se «figer» quand il se trouve en danger. On place un rat dans une boîte munie d'un réseau électrique au sol, par lequel passe un courant qui fait subir à l'animal une décharge électrique légère mais désagréable. L'expérimentateur diffuse un son précis, et tout de suite après transmet une décharge. Après quelques décharges, l'animal montre qu'il a peur du son. Quand le son se fait entendre, le rat s'arrête net, se blottit et reste immobile. Ses poils sont dressés, sa pression sanguine et son rythme cardiaque augmentent. Des hormones de stress sont libérées dans le sang. Le rat a appris à associer un signal au départ neutre à une conséquence désagréable, et du coup ce seul bruit lui inspire de la peur. La réponse conditionnée du rat est exactement la même que sa réaction instinctive quand il voit un chat.

Reprenant les recherches d'autres neurobiologistes, LeDoux et ses collègues ont entrepris une série d'expériences systématiques pour découvrir quelles sont les zones du cerveau qui, chez les rats, contrôlent et influencent cette réaction de peur. Afin de tester leurs hypothèses sur les localisations anatomiques impliquées, les expérimentateurs stimulent électriquement certaines zones cérébrales et injectent un marqueur au point de stimulation ; ou bien ils pratiquent des lésions sur les voies cérébrales susceptibles de jouer un rôle dans cette émotion particulière. Dans ces expériences, ils se servent du fait bien connu que certains marqueurs chimiques injectés dans le corps cellulaire d'un neurone sont ensuite disséminés dans les axones et les dendrites de ce neurone, et traversent même les synapses, ce qui permet de repérer précisément les connexions du neurone. Par le même processus, quand on tue un neurone en lui injectant une substance, ses axones et dendrites dégénèrent et changent d'apparence ; on peut donc ainsi s'assurer des extensions d'une cellule en l'examinant au microscope. Les techniques de lésions et de marquage s'utilisent également pour retrouver le neurone lié à une fibre nerveuse, ou pour suivre la voie d'un axone jusqu'à sa connexion synaptique avec la cellule suivante. Après être intervenus sur une zone de la voie neuronale présumée, les chercheurs observent le rat dans la situation signal sonore-décharge électrique décrite plus haut, pour voir si son comportement s'est modifié, et de quelle façon. Puis ils tuent l'animal et examinent dans son cerveau la localisation de la lésion ou du marqueur.

Ces expériences ont montré le rôle fondamental de plusieurs noyaux (petites grappes de cellules) qui sont tous regroupés en une masse en forme d'amande, à la base des hémisphères cérébraux, située de chaque côté de la scissure centrale dans les lobes temporaux. Les anatomistes du XIXe siècle appelaient ces noyaux les «amygdales», «amandes» en latin. LeDoux et ses collègues ont trouvé que la stimulation d'une des sous-régions de l'amygdale, le noyau central, entraîne des modifications dans le rythme cardiaque et la pression sanguine – exactement comme sous l'effet de la peur – et que l'animal se fige de la même façon. Une lésion dans cette zone abolit la réaction conditionnée de peur ; après l'opération, le rat entend le son mais ne réagit plus.

Quand la lésion est effectuée sur un seul des paquets de fibres nerveuses partant du noyau central, seul le rythme cardiaque se modifie, mais pas la pression sanguine, ni la production d'hormones du stress ou le comportement d'arrêt instantané ; une lésion sur une autre extension ne change rien au rythme cardiaque mais perturbe un autre composant de la réaction de peur (l'augmentation des hormones de stress par exemple). Les chercheurs ont ainsi établi l'importance du noyau central de l'amygdale dans le contrôle des manifestations physiques essentielles de la peur.

On utilise ce genre de technique pour comprendre le rôle des autres sous-régions de l'amygdale. On a ainsi trouvé que le noyau latéral de l'amygdale faisait lui aussi partie du circuit de la peur. D'autres régions de l'amygdale sont importantes dans les manifestations d'agressivité, par exemple le grognement menaçant d'un chien et les poils qui se dressent sur sa nuque.

Comme l'exprime LeDoux, l'amygdale est «un moyeu dans la roue de la peur». L'un des aspects les plus fascinants de cette recherche sur l'amygdale est qu'elle fournit une explication neuro-anatomique sur le fait que la roue en question se met brusquement à tourner quand le danger menace. Comme nous l'avons vu dans un chapitre précédent, le thalamus est le principal centre de contrôle de l'information sur l'autoroute reliant les sens au cortex et le cortex aux articulations et aux muscles. Ce voyage cortical complet prend environ 200 millièmes de secondes. Mais il existe un chemin plus simple et plus rapide.

Charles Darwin a relaté un incident au cours duquel cette voie rapide avait été empruntée : «J'ai collé mon visage sur la vitre épaisse en face d'une vipère heurtante, au jardin zoologique, avec la détermination ferme de ne pas reculer si le serpent m'attaquait ; mais dès que l'impact a eu lieu, ma résolution s'est évanouie et j'ai sauté en arrière d'un mètre ou deux avec une rapidité surprenante. Ma volonté et ma raison étaient impuissantes.» Un instant plus tard, Darwin se souvient qu'il est dans un zoo, que l'animal ne le menace pas et que sa réaction involontaire confirme ses théories sur la conservation des comportements adaptatifs au cours de l'évolution. S'il a sauté quand la vipère l'a attaqué, c'est parce qu'un message direct de son thalamus à son amygdale a envoyé l'image «Serpent !» et que son amygdale a hurlé l'ordre «Recule !». Le circuit thalamus-amygdale prend moins de temps que le passage cortical ; et ce système de réaction rapide de l'amygdale fait la différence entre la vie et la mort. Une fois le danger passé, les réactions corticales, plus mesurées, modifient les perceptions et les réactions d'urgence.

Les sensations émotionnelles et les comportements impulsifs et involontaires contrôlés par le système de réaction rapide de l'amygdale posent parfois des problèmes. «Détournement émotionnel», c'est la métaphore employée par D. Goleman pour définir cette rage, cette peur ou cette excitation explosive et incontrôlable, qui s'empare parfois des gens, empêchant une perception et un jugement raisonnable – chez quelques personnes cela arrive trop souvent. Les phobies intenses comme la peur des hauteurs, des microbes ou de la foule seraient, au moins en partie, fondées sur le système de réaction à la peur de l'amygdale.

Nous avons décrit une recherche qui montre comment le cerveau d'un rat de laboratoire traite un stimulus provoquant la peur. Le même processus existe-t-il chez les humains ? La réponse est un oui sans ambiguïté. L'extension du cortex chez les humains – avec son aptitude à peser les options et à retenir les pulsions – a permis de nombreuses modifications du système de réactions émotionnelles fondamentales. Du côté de l'amygdale, le circuit est le même chez tous les mammifères, et les schémas comportementaux qu'il induit sont assez similaires. Chez les humains, une décharge électrique stimulant l'amygdale (comme dans un cas d'épilepsie du lobe temporal) provoque la frayeur. Une atteinte de l'amygdale chez l'humain diminue ou efface la peur.

Chez les humains, les lésions cantonnées à l'amygdale seule sont rares, mais quelques cas ont été rapportés. L'un d'eux implique une femme, désignée par les initiales D.R., qui a subi une opération destinée à entraver une épilepsie incontrôlable ; les lésions faites pendant l'opération touchèrent l'amygdale. Après l'opération, si D.R. reconnaissait sans peine le visage des gens de son entourage, elle n'arrivait plus à interpréter les expressions de leur visage, en particulier quand ils montraient de la peur. Quand on lui montrait des photos de personnes exprimant des émotions – que des individus normaux reconnaissaient – D.R. ne discernait ni la peur ni la colère. De même, si elle entendait parfaitement, et comprenait les mots et les phrases qu'on lui disait, elle ne comprenait pas bien l'expression orale des émotions. Elle ne comprenait pas, par exemple, le ton de colère ou de frayeur dans des phrases qu'on lui lisait. Elle n'identifiait pas non plus le grondement comme un son agressif, et ne saisissait pas immédiatement qu'un cri signifiait la peur. Ses déficits concernaient des émotions spécifiques ; elle identifiait encore le rire comme quelque chose de gai et les pleurs comme quelque chose de triste. De plus, elle était consciente de son manque, comme une personne amputée l'est de son membre absent.

Les indications limitées que nous avons recueillies sur les humains confirment l'importance de l'amygdale dans l'appréciation des craintes potentielles. (Une expression de colère ou un grognement peut être signe de danger ; la peur sur le visage d'une autre personne peut également signifier une menace pour tous les deux.) Sans la capacité d'évaluation rapide des situations menaçantes, les stratégies de protection (la fuite ou l'attitude de défense) sont retardées. Il est peu probable, cependant, que D.R. se retrouve jamais véritablement sans défense. Les mammifères disposent de plusieurs moyens d'auto-protection, entre autres les sollicitations relationnelles qu'ils adressent à autrui : D.R. ne ressent peut-être pas la pression de la peur quand elle traverse et qu'une voiture fonce sur elle, mais elle est assez consciente pour reculer, et si elle ne le fait pas, quelqu'un d'autre la tirera en arrière. Chez les humains, le néocortex (et particulièrement certaines parties du cortex frontal dotées de connexions abondantes avec les centres corticaux et sous-corticaux plus anciens dans l'évolution) permet à l'apprentissage et au jugement de modifier les réactions adaptatives automatiques que nous tenons de nos lointains ancêtres. Mais pas toujours. Même l'être éminemment raisonnable qu'était Charles Darwin, s'est laissé piéger.

## Les connexions émotionnelles

Les émotions influencent le corps tout entier, du sommet du crâne aux bouts des orteils. Les poils d'un chat se dressent quand l'animal est en colère ; il ne peut s'empêcher d'étendre les pattes en bâillant après un bon repas. Les systèmes immensément complexes qui transmettent les invites émotionnelles sont disséminés dans tout notre corps. Les émotions participent à des systèmes cérébraux en relations étroites les uns avec les autres et qui se recoupent ; la localisation de ces systèmes va du tronc cérébral au cortex préfrontal. Les systèmes sous-corticaux exercent un contrôle sur la faim, la soif, l'attention et le sommeil ; ils gouvernent la production d'hormones et les fonctions immunitaires ; ils régulent l'accouplement, la reproduction, et le comportement de maternage ; ils influencent la formation, le stockage et l'utilisation de la mémoire ; et ils sont mêlés à des traitements corticaux comme le langage, le jugement, et le raisonnement moral. Le système limbique, bandeau de structures interconnectées à la base du cerveau antérieur, est parfois qualifié de «cerveau émotionnel», à cause de son rôle central dans les processus émotionnels.

Une émotion peut être suscitée par n'importe lequel des nombreux systèmes corporels, déclenchée par un événement extérieur ou un élément interne (la douleur, la mémoire). Dans le cerveau même, les nombreux composants des systèmes de l'émotion se chevauchent, s'entrelacent, contrôlant des réactions qui peuvent sembler similaires. D'où la difficulté extrême d'isoler la base neuronale exacte d'un comportement. En effet, comme le note Sheperd, «un comportement donné peut être transmis par des mécanismes potentiels multiples». Les systèmes cérébraux qui commandent les émotions reçoivent des messages directs et indirects du corps et, par le biais des sens, de l'environnement. Les émotions peuvent prendre possession de la voie passant par la moelle épinière qui gouverne le mouvement volontaire. De cette façon, l'émotion contrôle l'action.

Les émotions influencent les états corporels et vice-versa ; ce lien réciproque passe par les systèmes neuro-hormonal et immun, ainsi que par un système nerveux auxiliaire, le système nerveux autonome, lui-même divisé en deux sous-systèmes, le sympathique et le parasympathique. (Ces sous-systèmes ont des actions qui généralement s'opposent de façon coordonnée, contribuant ainsi à l'équilibre du corps.) Le système nerveux autonome, qui régule le tonus et la contraction des muscles lisses, contrôle entre autres la taille de la pupille oculaire, le rythme cardiaque, la vitesse de respiration, le calibre des vaisseaux sanguins, les fonctions digestives, la sécrétion des glandes, etc. Il possède des centres de contrôle auxiliaires partout dans le corps (notamment dans le cœur, les intestins, les organes reproductifs). L'existence de ces centres auxiliaires nous rappelle que le cerveau central, qui supervise et coordonne le corps dans son entier, est relativement nouveau ; avant cette évolution, la commande et le contrôle locaux suffisaient. Le niveau «de base» du cerveau central, le tronc cérébral, qui régule la respiration, le métabolisme, les rythmes d'éveil et de sommeil, et préprogramme les postures et les mouvements, est en contact étroit avec le système nerveux autonome. Il supervise le monde interne du corps et ses états métaboliques.

Le système nerveux autonome accomplit ses fonctions de façon plus ou moins automatique, mais il est relié aux centres cérébraux supérieurs pour tout ce qui concerne les émotions qui à la fois influencent le système et sont influencées par lui. La peur – déclenchée, comme nous l'avons vu, dans l'amygdale – peut contracter les muscles dans les parois des vaisseaux sanguins des voies digestives, ce qui diminue le flux sanguin ; au même moment, les vaisseaux sanguins des bras et des jambes se relâchent, ce qui permet une augmentation du flux sanguin. Ces changements involontaires qui se produisent dans notre corps nous servent de signaux : «L'ours s'approche ! Ne reste pas là à manger ton déjeuner ! Va-t-en !» L'amygdale envoie des messages de contrôle via le système nerveux autonome. Ces messages ont pour effet d'équilibrer les exigences métaboliques dans les différentes parties du corps, au fur et à mesure des changements de circonstances. «L'une des preuves de la présence d'une émotion, écrit Shepherd, consiste à vérifier si une perception ou un acte moteurs donnés sont accompagnés par des changements dans le système nerveux autonome – un rythme cardiaque plus élevé, ou un excès de transpiration.» Les invertébrés ne possèdent pas de système nerveux autonome. Lors de l'excitation sexuelle et de l'accouplement, le rythme cardiaque d'une pieuvre ne change pas.

Les hormones et autres molécules neuroactives ont une énorme influence sur le réseau de l'émotion et, par ce réseau, sur toutes sortes de traitements du corps, y compris la cognition. L'orchestration de la fonction neuro-hormonale a lieu dans l'hypothalamus et la glande pituitaire. L'hypothalamus est un regroupement de neurones, de la taille d'une cacahuète, situé à la base de l'encéphale ; il est en contact direct avec la glande pituitaire. Celle-ci est le centre de contrôle de la production hormonale, et est souvent qualifiée de «glande maîtresse» du système endocrinien, parce qu'elle produit des hormones qui à leur tour dirigent la production hormonale dans d'autres parties du corps. Les hormones thyroïdiennes, du stress, de la reproduction et l'adrénaline, entre autres hormones, sont soumises au contrôle neuronal dans l'hypothalamus, et l'axe hypothalamo-pituitaire reçoit à son tour un feed-back des hormones qui circulent dans le sang. Le système hypothalamo-pituitaire possède également de nombreuses boucles de contrôle et de feedback reliées à plusieurs régions du cerveau, dont l'amygdale, les autres zones limbiques et le cortex ; il est en communication étroite et réciproque avec des régions du tronc cérébral et du cerveau moyen. Agissant ensemble, ces régions coordonnent l'éveil et l'attention avec les impulsions motivationnelles (la faim, la soif, le désir sexuel) et peut-être la curiosité.

Le stress est la réaction normale du corps à un stimulus effrayant ou douloureux qui dérange son équilibre. Il est principalement géré par les interactions entre les hormones des glandes adrénale et pituitaire et l'hypothalamus, qui constituent «l'axe du stress». Un certain taux d'hormones du stress, comme le cortisol et l'adrénaline, est nécessaire et même bénéfique en temps normal. Dès qu'un stimulus stressant est rencontré, les hormones du stress que sont l'adrénaline et la noradrénaline sont libérées. L'excitation émotionnelle augmente et la formation de la mémoire est activée. Mais un stress permanent peut avoir de nombreux effets pathologiques sur le corps et l'esprit. En effet, le stress augmente la production de cortisol, une hormone sécrétée par la glande adrénale. On a observé que des excès chroniques de cortisol accéléraient la perte de certains neurones, entre autres ceux de l'hippocampe, centre essentiel pour la formation des souvenirs ; le stress chronique altère la mémoire et l'apprentissage, ce qui peut avoir des effets dramatiques sur le développement infantile.

Comme le fait remarquer le physiologiste Jaak Panksepp, il y a une concordance entre les effets qu'une hormone ou un neuropeptide produisent dans le cerveau et dans le reste de notre corps. (Les neuropeptides sont des substances chimiques produites par les neurones, et ont des effets similaires à ceux des hormones.) Exemples : dans le corps, l'insuline favorise le stockage d'énergie ; dans le cerveau, elle régule la consommation d'aliments ; l'oxytocine aide à l'accouchement et à l'allaitement par ses effets sur l'utérus et les seins ; dans le cerveau, elle régule le comportement de maternage. Ces dix dernières années, on a beaucoup étudié les boucles de feedback reliant le système immunitaire au système nerveux, et on a trouvé entre eux des interactions importantes. Les individus déprimés, par exemple, ou souffrant de stress, présentent des réactions immunitaires diminuées.

Paul MacLean a imaginé que le cerveau antérieur des mammifères résultait de l'évolution de trois principaux «assemblages neuronaux», que l'on peut identifier dans le cerveau actuel des serpents comme dans celui des humains ou des espèces animales intermédiaires. Au fur et à mesure de l'évolution du cerveau, des structures de plus en plus nouvelles – en particulier les structures néocorticales – contrôlèrent et transformèrent petit à petit les fonctions des assemblages plus anciens en terme d'évolution. La partie la plus primitive et la plus profonde du cerveau antérieur organise la «routine générale quotidienne», les comportements quotidiens caractéristiques des espèces, complexes mais plus ou moins automatiques : dormir, manger, éliminer et fouiller à la recherche de nourriture. La même partie du cerveau contrôle également les «sous-routines» (faire la cour, se défendre) suscitées par des stimuli particuliers. Le contrôle neuro-anatomique des routines principales réside dans les noyaux gris centraux (grappes neuronales à la base du cerveau antérieur).

Le système limbique s'est développé, selon la théorie de MacLean, dans le cerveau des anciens mammifères. Ce système est constitué de plusieurs grappes neuronales interconnectées et de plusieurs plis du cortex cérébral situés dans les couches les plus profondes des hémisphères cérébraux. Il fournit une partie de l'étayage des comportements d'attachement entre la mère et l'enfant, dont le maternage, les vocalisations pour maintenir le contact, et le jeu. On a observé que des lésions dans ces circuits interfèrent justement sur le maternage. Les animaux ne possédant pas de néocortex, comme les reptiles, ne montrent pas d'affection maternelle ; quand ils sortent de l'œuf, les petits évitent d'instinct leur mère, pour ne pas être mangés.

Le cerveau émotionnel surimpose un niveau de contrôle et de coordination des réactions du corps, qui se révèle vital pour tous les traitements corticaux supérieurs. Dans sa capacité de médiateur entre le cerveau raisonnant et le corps, le cerveau émotionnel informe et motive le cerveau pensant. Il imprègne la pensée de sentiment, d'une façon telle qu'ils ne peuvent plus être séparés. MacLean croit également que le système limbique contribue à maintenir «la conscience permanente de soi» et «la conviction que nous attachons à nos croyances». Les structures limbiques auraient également un rôle crucial dans la capacité d'un animal à reconnaître un membre de sa propre espèce, ainsi que dans l'affiliation. Bien avant le niveau supérieur du cerveau (le néocortex, pleinement développé) le cerveau émotionnel était déjà en place. Au fur et à mesure que les liens de communication se sont développés entre les centres corticaux anciens et nouveaux, le néocortex a petit à petit facilité, modulé, interprété et régulé la vie émotionnelle.

Au cours de l'évolution des mammifères, le cerveau émotionnel a assumé deux fonctions distinctes, qui servent encore à définir ce qu'est une émotion. La première concerne l'évaluation : est-ce que cette information qui m'arrive est signifiante ? Quelle attention faut-il lui accorder ? Est-elle plaisante ou désagréable ? Quelle émotion est appropriée à cet ensemble de stimuli ? La deuxième fonction du cerveau émotionnel est de préparer le corps à l'action. La racine latine d'«émotion» contient «mouvement». Quand nous sommes «émus», des changements physiques surviennent : des larmes coulent, les yeux s'ouvrent grand de surprise joyeuse, les jambes vacillent.

Chez les autres animaux, les émotions sont presque toujours provoquées directement par une stimulation ou un besoin physiques ; chez les humains, les émotions sont souvent amenées et transformées par les mots. «Les bâtons et les pierres peuvent me briser les os, jamais les mots ne me blesseront», cette ancienne réponse aux railleries des cours de récréation n'a rien à voir avec la réalité. Un ou deux mots au bon moment peuvent déclencher une tempête émotionnelle, provoquer un meurtre, une histoire d'amour ou une panique à Wall Street.

## Les débuts de la découverte de soi

Au XXe siècle, les psychologues élaborèrent des théories diverses et variées expliquant ce qu'était le soi, ce qu'il faisait, où il se situait, comment il devenait conscient de lui-même, et comment il en arrivait à penser à lui-même en bien ou en mal. Ces dernières années, la conscience et la conscience de soi ont commencé à intéresser également les neurobiologistes. Comment le cerveau devient-il un esprit conscient ? Comment et quand l'enfant développe-t-il un sentiment de soi ?

Pour Freud, le moi, l'ego, était «le fantôme dans la machine» qui organise la perception, la mémoire et la pensée. L'ego transmet les demandes contradictoires de la conscience (le surmoi) et des pulsions de l'instinct animal (le ça). Seul le moi est conscient. Le psychologue William James, frère de l'écrivain Henry James, donne lui une définition plus sarcastique du moi en le présentant comme un inventaire : «Le moi d'un homme, écrit-il, est la somme de tout ce qu'il peut appeler sien, non seulement son corps et ses pouvoirs psychiques, mais également ses vêtements et sa maison, sa femme et ses enfants, ses ancêtres et ses amis, sa réputation et son travail, ses terres et ses chevaux, son yacht, son compte en banque.» Il se sent «triomphant» si ses biens prospèrent, et «rabaissé» s'ils «diminuent et disparaissent». James opposait ce soi objectif expérimental, le «moi», au soi subjectif, le «je», qui interprète et évalue.

Erik Erikson développa la notion qu'une identité cohérente «offre à l'individu un sentiment stable de soi et un cadre de référence pour donner un sens à l'expérience». Il pense que «la confusion d'identité» et les menaces de l'identité sont la cause de nombreux problèmes émotionnels de l'enfance et de l'adolescence. Carl Rogers, entre autres, rejoint en partie cette idée, quand il dit que les gens luttent pour développer et conserver un système conceptuel cohérent et stable. Le soi est l'organisation consciente et relativement stable des croyances et des valeurs qu'on développe sur sa propre personne.

Le psychiatre Daniel Stern décrit le processus de l'organisation et la réorganisation bien plus complexe du soi naissant chez le nourrisson et le jeune enfant. «Il y a un sentiment de soi comme corps unique, distinct, entier ; il y a celui qui agit, celui qui ressent, celui qui crée des intentions, celui qui conçoit les plans, celui qui transpose l'expérience en langage, celui qui communique et partage son savoir personnel.» D'autres chercheurs ajouteraient à ces éléments essentiels au soi le sentiment des limites du corps et sa continuité dans le temps, ainsi que la conscience de pouvoir communiquer des sensations et des significations à d'autres soi.

Les parents reconnaissent inconsciemment l'émergence du soi chez l'enfant, et encouragent le processus. Il y a des périodes dans la vie d'un bébé où les changements rapides sont particulièrement évidents : de deux à trois mois, de neuf à douze mois, de quinze à dix-huit mois. Le sourire et le roucoulement d'un nourrisson de trois mois deviennent plus relationnels qu'auparavant, et ses schémas d'actions et d'activités plus réguliers, et mieux coordonnés. Un bébé de dix mois sait déjà qu'il peut partager une expérience avec quelqu'un d'autre ; il regarde sa mère, puis son ballon, et sa mère suit son regard ; il joue à «coucou» avec son père, chacun respectant joyeusement le déroulement du jeu. A un an et demi, le jeune enfant découvre le pouvoir que lui donne la locomotion et le langage ; il peut s'éloigner volontairement de sa mère, et revenir vers elle ; par ce qu'il dit, il peut l'atteindre et influencer son comportement. A chaque âge, les prouesses développementales et la réaction des parents contribuent au sentiment de soi grandissant de l'enfant.

Reprenant les nombreuses recherches qui indiquent que les bébés viennent au monde biologiquement prêts à avoir des comportements sociaux, Robert Emde a tenté de rapprocher ces conclusions d'un angle psychiatrique. Le «noyau affectif» d'un bébé joue le rôle «directeur interne» : il organise le sentiment de cohérence et de stabilité de l'enfant dans son environnement, le contrôle qu'il acquiert sur son corps, et son pouvoir grandissant de gestion sur sa relation avec son entourage, ainsi que la régulation de ses émotions. Le développement ne consiste pas seulement dans l'addition de nouvelles capacités, c'est également un processus continuel de réorganisation. Le soi n'est pas simplement une collection de traits caractéristiques et de tendances, c'est aussi un instrument de prise de conscience, d'intentionnalité, de reconnaissance, de continuité et de changement, en permanence façonné et remodelé par l'expérience.

Un des indicateurs de base de la conscience de soi est la reconnaissance de soi. Un bébé de un an observe son reflet dans le miroir avec intérêt ; il regarde peut-être derrière le miroir pour voir qui est là. Six ou sept mois plus tard, il est toujours fasciné par l'image dans la glace ; si sa maman lui a mis une marque de rouge à lèvres sur le front sans qu'il sans aperçoive, il va fixer longtemps le point rouge que le bébé du miroir a sur le front. Après tout, cela fait plusieurs mois qu'il observe et compare les traits inhabituels d'une image. Mais maintenant, il se frotte le front au lieu de toucher le reflet. Non seulement il se reconnaît dans le miroir, mais en plus, il perçoit le point rouge comme étranger à l'image mentale qu'il a de lui-même.

Pourquoi tout cela arrive-t-il ? Pour l'instant, les neurosciences ne nous offrent que quelques bribes de réponse ; les hypothèses testables ne sont pas encore précisément cadrées. Dans *Affect regulation and the Origin of the Self, (La Régulation de l'affect et l'origine du moi),* Allan Shore examine les recherches neurobiologiques concernant «l'origine du soi», et présente des données intéressantes qui rejoignent la théorie du philosophe et psychologue américain George Herbert Mead : «Le processus à partir duquel le soi émerge, écrit Mead, est un processus social qui implique une interaction d'individus (…) Les soi ne peuvent exister qu'en relation définie à d'autres soi.» «Le soi n'est pas seulement un être social ; c'est une création sociale.»

Dans les premiers mois de la vie, la personne qui prend soin de l'enfant est le chorégraphe du système de communication émotionnel à partir duquel naît la conscience de soi. A ce stade, la principale fonction régulatrice des parents consiste à moduler l'état d'éveil du tout-petit, en le stimulant doucement quand il montre de l'intérêt, et en le calmant quand il paraît surstimulé ou angoissé. Petit à petit, la relation devient plus réciproque, le bébé développe ses objectifs et intentions propres. Le processus s'accélère au début de la deuxième année, quand le bébé commence sa période d'exploration. Normalement, les parents sont alors plus en phase avec le spectre émotionnel de leur enfant, ils sentent venir les tempêtes émotionnelles, ils savent à présent quand la joie exubérante va brusquement se transformer en pleurs. Ils arrivent mieux à anticiper la frustration et à intervenir avant que l'enfant ne perde le contrôle. Cette expérience commune de régulation émotionnelle «prépare le terrain de la régulation de soi ultérieure», dit Alan Sroufe. Mais cette régulation reste un effort commun pendant encore quelques années.

Au départ, le toucher et peut-être l'odorat sont les sens les plus utilisés dans la communication entre le nourrisson et la personne maternante, même si la voix et la vision ont également une place essentielle. Après trois mois environ, l'information visuelle prend encore plus d'importance dans la relation émotionnelle qui se développe entre parents et enfants. Le bébé est maintenant capable de soutenir longtemps son attention visuelle. Il fixe son regard sur le visage de son père et quand celui-ci lui rend son regard, le tout-petit déchiffre les indices émotionnels dans son expression. Il sait également comment détourner le regard. Ses parents adaptent leurs réactions aux expressions de son visage, aux mouvements de son corps et à ses vocalisations. «Plus la mère règle son niveau d'activité sur le tout-petit durant les moments d'engagement relationnel, plus elle lui permet de récupérer tranquillement pendant les périodes de désengagement, et plus leur interaction sera synchronisée», note Allan Schore. L'imitation des expressions faciales comme de la voix, et les ajustements mutuels extrêmement subtils mais inconscients dans les mouvements et le contact sont «fondamentaux pour le futur développement affectif du tout-petit.»

Edward Tronick, spécialiste du développement infantile au Children's Hospital de Boston, définit l'interaction comportementale entre parents et nourrisson – interaction dont dépend les processus de régulation émotionnelle – comme un «système de communication affective». Un bébé de six mois essaie d'attraper un ours en peluche, mais celui-ci est hors d'atteinte ; le nourrisson a soudain un air de colère, et de tristesse, puis il prend son pouce et se calme, attitude que Tronick désigne du nom de «comportement régulateur ramené sur soi». Le bébé essaie encore une fois d'attraper l'ours, n'y arrive pas et redevient triste, mais cette fois, la personne maternante lui parle sur un ton apaisant ; l'enfant encore une fois se calme, puis réessaie et n'arrive toujours pas à son but ; la personne qui est là a compris ce que le bébé voulait, et place l'objet désiré à sa portée. L'enfant l'attrape et l'explore de la bouche et des mains. La personne maternante a réagi aux signaux du bébé, et en l'aidant à se débrouiller à la fois avec l'échec et le succès, elle encourage les efforts qu'il fait, à la fois pour atteindre un but et pour tempérer ses émotions.

Même les parents les plus attentionnés et les plus sensibles passent à côté de certains signaux émotionnels, et cette relativité, présente dans toutes les relations, y compris les toutes premières, fournit au tout-petit des expériences de légère déception et d'auto-régulation utiles. Cela le pousse également à développer ses capacités de communication. Cependant l'expérience répétée de l'échec à se connecter à autrui établit les fondations d'une vie adulte malheureuse. Tronick explique comment cela survient : n'arrivant pas à communiquer avec sa mère, le nourrisson se réfugie en lui-même et se console en suçant son pouce par exemple, ce qui lui permet de diminuer ses sentiments de déception et de tristesse. Confronté à des échecs de communication répétés, il développe ses comportements d'auto-régulation de façon automatique, inflexible et sans discernement. Il cesse d'évaluer chaque situation selon ses propres capacités, et adopte à la place une attitude cohérente de solitude, qui dans certains cas conduit à la dépression ou à d'autre conséquences psychopathologiques. Certains enfants toujours déçus par leur impossibilité à communiquer présentent aussi des accès de rage.

Bien sûr, les mères, les pères et autres personnes de l'entourage du bébé, ont tous des capacités très différentes en ce qui concerne le décodage des signaux émotionnels du bébé et la régulation de leurs propres réactions. Certains ont une intuition presque toujours juste, alors que d'autres tendent à rater ou ignorer presque chaque signe ; ou bien ils répondent de façon lourde, mécanique ou incohérente. L'aptitude à communiquer avec un tout-petit n'est pas plus intuitive que celle à être un bon ami ou un bon amant. La perspicacité et la sensibilité de la personne maternante dépendent de plusieurs facteurs, dont son tempérament, les expériences qu'elle a eues elle-même dans son enfance, sa patience et sa stabilité émotionnelle. Les parents capables de concentrer leur attention sur l'enfant pendant le temps qu'ils passent avec lui, et de repousser les autres sollicitations, sont plus à même de comprendre les signaux du bébé. Certains s'aident de brefs moments de méditation qui les préparent à être pleinement présents pour le jeune enfant. Des programmes d'éducation parentale mis en place dans des quartiers ou des villes aux Etats-Unis et dans d'autres pays, montrent par leur succès qu'on peut enseigner aux parents à mieux prendre conscience des besoins émotionnels de leur enfant et à y réagir de manière plus appropriée.

Pendant les trois premières années de la vie d'un enfant, la régulation émotionnelle passe d'un processus pour une grande part externe – le bébé réagit à des signes et à un contrôle physique des parents – à un processus interne, dans lequel le «soi auto-vigilant», pour reprendre le terme de Louis Sander, joue un rôle de plus en plus grand. Petit à petit, les processus de développement cognitif et émotionnel sont complètement mêlés au soi naissant ; le soi distinct s'épanouit. Dans ce même temps, l'enfant diminue sa dépendance par rapport à sa mère, s'avançant vers plus d'autonomie et d'auto-régulation.

L'importance des relations sociales dans le développement de la conscience de soi et de l'indépendance n'est évidemment pas une idée nouvelle. Au siècle dernier, Kierkegaard avait magnifiquement décrit le rôle de l'interaction émotionnelle dans l'établissement des repères essentiels du développement infantile : «La mère aimante apprend à l'enfant à marcher seul. Elle est assez loin de lui pour ne pas pouvoir le retenir, mais elle tend les bras vers lui. Elle imite ses mouvements, et s'il titube, elle se penche légèrement, comme si elle allait le saisir, de sorte que l'enfant peut croire qu'il ne marche pas tout seul (...) Et elle fait plus encore. Son visage exprime comme une récompense, un encouragement. Ainsi, l'enfant marche seul, les yeux fixés sur le visage de sa mère, et non sur les difficultés de son chemin. Il se retient aux bras qui ne le tiennent pas et lutte constamment pour rejoindre le refuge des bras de sa mère, ne soupçonnant pas que dans le même temps où il accentue son besoin d'elle, il montre qu'il peut se débrouiller sans elle, parce qu'il marche seul.»

## La droite et la gauche des émotions

Comme pour le langage, les hémisphères gauche et droit du cerveau semblent jouer un rôle différent dans l'émotion. Ainsi, certaines lésions dans la région frontale droite laissent le patient apathique et capable d'émotions superficielles, alors que les lésions dans la région gauche sont liées à la tristesse, à la dépression ou au pressentiment des catastrophes. L'observation par électroencéphalographie suggère que la région frontale gauche devient active quand l'individu ressent des émotions qui accompagnent une approche du monde extérieur (joie, intérêt et colère) ; les émotions associées à un recul par rapport à l'environnement (angoisse, tristesse, dégoût) activent le cortex frontal droit. Richard Davidson et Nathan Fox ont trouvé des indices de cette asymétrie cérébrale chez des nouveau-nés. Quand on leur fait goûter une substance qui a un mauvais goût, ces nourrissons plissent tout le visage de dégoût et l'électroencéphalographie enregistre une activité électrique accrue dans leur cortex frontal droit. Les bébés et les enfants qui présentent en permanence une activation relativement plus importante du cortex frontal droit, ont tendance à être plus perturbés lors de situations stressantes.

La cartographie des régions et processus du cerveau qui sont à l'origine de nos diverses émotions est encore à l'état d'esquisse. Les différentes méthodes de recherche donnent des résultats qui ne sont pas faciles à comparer ou à rapprocher ; néanmoins, la connaissance progresse. Mark George, Robert Post et leurs collègues de l'Institut national de la santé, par exemple, ont utilisé la tomographie pour étudier l'activité cérébrale de volontaires adultes «normaux» dans un état de tristesse ou de joie. (Le lecteur se souviendra peut-être que le PET – tomographie par émission de positrons – mesure l'activité métabolique et le flux sanguin ; une augmentation d'activité dans certaines zones correspond à une activité neuronale accrue dans ces mêmes zones.) Les expérimentateurs suscitent les différents états émotionnels en demandant aux volontaires de se souvenir d'un événement personnel triste ou gai, et d'essayer de revivre l'émotion qu'ils avaient ressentie alors. Quand les femmes de l'expérience étaient tristes, cela correspondait à une activité accrue dans les structures limbiques sous-corticale et corticale du côté droit comme du côté gauche. Par contre, pendant un moment de joie, on observa des *réductions* de l'activité cérébrale, en particulier dans l'aire préfrontale droite et les deux zones temporales. Le schéma d'activation chez les hommes s'est avéré assez différent.

A mesure que les résultats des recherches se font plus nombreux, sont mieux compris, et que les interprétations convergent, on a l'espoir de disposer de thérapies plus ciblées qui pourront être appliquées à des patients qui ne sont pas simplement et normalement tristes ou joyeux, mais sont handicapés par la manie ou la dépression. De même, une meilleure compréhension des racines de l'anxiété ou de la colère permettra de découvrir d'autres voies de traitements efficaces.

Les neuropsychiatres pensent que la capacité d'auto-régulation émotionnelle qui se développe chez le tout-petit dépend du rôle inhibiteur tenu par le cortex frontal. A mesure du développement néocortical, certains signes montrent que le bébé est capable d'organiser son comportement et d'entraver ou de retarder sa réaction à un stimulus émotionnel qui, quelques semaines plus tôt, aurait déclenché chez lui une réaction immédiate. A partir de vingt mois, un tout-petit peut parfois réussir à contrôler son comportement impulsif. Déçu que sa mère ne lui consacre pas toute l'attention qu'il voudrait, il est capable de faire une pause et de réfléchir à la situation au lieu d'exploser de colère.

De nombreuses recherches sur le comportement viennent étayer l'hypothèse selon laquelle l'interaction des parents et des bébés a une influence sur la régulation émotionnelle. Cependant, la façon dont cela se reflète dans les schémas en développement des connexions neuronales reste un mystère. Tout au long de ce livre, nous montrons et prouvons que les réactions caractéristiques des parents aux comportements de leur tout-petit modèlent le cours de son développement. On pense actuellement que ces interactions ont une grande part de responsabilité sur le choix des synapses et ensembles neuronaux qui seront renforcés et stabilisés, et de ceux qui seront élagués et disparaîtront pour toujours. (Rappelons que le cerveau contient une surabondance de neurones et de synapses dans les trois premières années de la vie.) Nombre d'entre eux sont ensuite éliminés, un peu comme les éclats de marbre qu'un sculpteur taille pour faire naître un visage du bloc de pierre. La personne maternante peut, par un regard d'encouragement ou une pression de la main, renforcer l'émotion joyeuse d'un bébé, ou bien elle peut décider d'ignorer ce qui se passe et sortir de la pièce ; la façon dont cette personne réagit augmentera ou calmera la colère de l'enfant.

Dans ses interactions quotidiennes avec le nourrisson, la figure de soins contribue, par les messages émotionnels qu'elle envoie ou non, au dessin de la carte corticale. Des études par encéphalogramme de tout-petits dont la mère est en dépression semblent confirmer cette hypothèse. Geraldine Dawson a trouvé que 40 % des bébés ayant une mère dépressive présentaient une activité réduite dans la zone frontale gauche du cerveau ; dans la plupart des cas, quand la dépression de la mère cesse, l'activité cérébrale du bébé redevient «normale». On pense que les zones cérébrales activées de façon chronique pendant des états émotifs négatifs qui durent longtemps seraient excessivement stimulées, alors que d'autres régions qui assurent le traitement d'émotions positives ne le seraient pas assez.

Au fur et à mesure de son développement cognitif, l'enfant est de plus en plus à même d'évoquer des souvenirs d'interactions émotionnelles précédentes et de les interpréter. Grâce à l'amélioration de son habileté motrice, qui lui permet d'aller et venir à sa guise, il acquiert de plus en plus clairement le sentiment d'être un agent indépendant. Avant de partir à l'aventure, il jette encore un coup d'œil à sa maman – enfin, de temps en temps seulement – en quête d'un signe qui lui dira s'il doit ou non poursuivre l'exploration qu'il souhaite accomplir. L'enfant a petit à petit à sa disposition une réserve de plus en plus vaste d'émotions et d'expériences diversifiées, qui lui permettent d'évaluer les événements et d'intérioriser les normes de comportement modelées et conseillées par les personnes de son entourage. Il pratique l'art de l'autorégulation, se préparant ainsi à participer avec compétence aux cercles de plus en plus larges de l'école et du voisinage dans lesquels il entrera plus tard.

Le tout-petit est également de plus en plus conscient du fait que ses buts à lui ne correspondent pas toujours à ceux de ses parents. Sa recherche urgente d'autonomie se heurte forcément aux personnes qu'il aime le plus. C'est une période particulièrement difficile pour les parents, qui doivent gérer leur volonté de donner au comportement de leur enfant des limites acceptables, sans pour autant étouffer son esprit d'aventure. Dans sa recherche d'indépendance, le bébé teste ses relations avec les personnes de son entourage. C'est maintenant à son tour de dire «non». Et après une journée de travail fatigante, les parents trouvent parfois plus facile de diriger l'enfant par la colère, plutôt qu'avec douceur et raison ; ou de le limiter par toutes sortes de règles, ou encore de l'isoler physiquement dans son parc, ou d'allumer la télévision pour le distraire. Assurer sa protection, faire en sorte qu'il soit vigilant, contenir son exubérance tout en encourageant ses jeux et ses explorations relève de l'équilibrisme.

La façon agréable ou désagréable dont l'information est transmise à un bébé joue sur la manière dont il recevra et retiendra tout savoir et expérience.

## Les mots porteurs d'émotion

L'aptitude naissante à exprimer ses sensations avec des mots bouleverse profondément la vie émotionnelle d'un tout-petit. De même que l'entourage utilise les mots pour envoyer un message émotionnel à un nourrisson qui ne peut pas encore comprendre leur signification sémantique, le tout-petit utilise des sons non encore verbaux pour établir des relations chargées d'émotion avec les personnes qui importent dans sa vie. La maîtrise du langage augmentant au cours de la deuxième année, l'enfant devient plus explicite sur ce qu'il ressent. Des équivalents de «ça fait mal» ou de «console-moi» ponctuent alors ses échanges avec sa mère.

Même avant ses deux ans, un enfant va montrer une égratignure minuscule sur son bras, ou dire qu'il est très fatigué, dans l'espoir qu'on l'excuse de ne pas ramasser ses jouets ou de ne pas finir son dîner. Au même âge à peu près, il raconte un mensonge pour ne pas être puni, ou reporte la faute sur son frère ou un camarade de jeu. Des études indiquent que dans leur troisième année, les enfants sont capables de parler des causes des événements et des sensations, mais ils le font principalement pour attirer l'attention de leurs mères sur un besoin, pour exprimer des sentiments de détresse ou pour obtenir un soutien afin d'avoir ou de faire quelque chose comme ils le souhaitent.

Cependant, les enfants ont tout autant besoin d'exprimer la joie, le plaisir et l'amour. Vers deux ans, certains enfants énoncent spontanément des marques verbales de leur affection : «Bisou mamie», «Papa rentrer bientôt». Ils aiment et attendent qu'on les approuve, sont heureux d'apprendre à exprimer l'amour, et ont besoin tout autant de manifester leurs états d'émotion positifs que de consolation dans leur détresse. Mais soutenir les expériences émotionnelles positives des jeunes enfants demande du temps : écouter leurs histoires, reconnaître les succès et les applaudir, encourager l'exploration et nommer et partager des sensations agréables...

A mesure que leur maîtrise du langage se développe, les enfants trouvent d'autres moyens d'utiliser les mots pour enrichir leur vie ou résoudre des problèmes. Vers deux ans, ils les utilisent pour consoler un frère ou un copain . Si les bébés expriment leur empathie par leur comportement même avant de savoir parler, les mots ouvrent un champ de possibilités et de stratégies nouvelles pour consoler quelqu'un d'autre – ou le rendre encore plus malheureux !

La capacité de langage anime le jeu. Des bébés de trois ans savent dire des blagues et s'amusent des histoires drôles sur ce qui se passe dans la famille. Julien rit encore quand il raconte comment sa grand-mère et lui pensaient qu'ils étaient enfermés dehors, alors que la porte était seulement coincée. Le fait de partager une blague crée une complicité et aide l'enfant à se situer dans l'histoire de la famille. Les enfants prennent un plaisir manifeste à faire rire leurs parents ou leurs frères et sœurs. Et un enfant comprendra vite que sa mère ne trouve pas forcément les allusions scatologiques aussi drôles que les trouve son frère ; il prend peu à peu conscience que les mots et le comportement ont des sens différents suivant le contexte.

La provocation verbale aussi est drôle, et un peu risquée, comme dans cette conversation : La mère : «Est-ce que tu aimes ta maman, Edouard ?» ; l'enfant : «Non oui» (Sourires) ; la mère : «Non oui ? Non oui ?» ; l'enfant : «Non oui !». Des capacités linguistiques de plus en plus étendues permettent à l'enfant d'avoir un récit intérieur à propos d'émotions plus riches. Dans le jeu, les enfants mettent au clair leur compréhension des liens entre les individus : «Tu es le bébé et moi je suis la maman, dit un petit garçon de trente-six mois à un camarade du même âge.» Ce n'est que dans leur troisième année, quand ils maîtrisent presque parfaitement le langage, que les enfants jouent à faire semblant d'être dans des états émotionnels différents.

## Un tissu de raison, d'émotion et de mémoire

Dans les philosophies et les religions occidentales, la vie a depuis longtemps été définie comme une lutte incessante entre la raison et la passion : les enfants n'ont pas l'âge de raison ; ce sont des créatures de passion ; l'homme ou la femme adultes, matures, ont appris à soumettre leurs émotions à l'autorité de la raison.

Cependant, les découvertes en neurobiologie concernant le développement émotionnel et la régulation des émotions montrent clairement que les frontières entre la raison et la passion sont beaucoup plus floues que ce qu'en disent psychologues et philosophes. Les circuits cérébraux de la cognition et de l'émotion sont différents mais ils travaillent en tandem. Comme le note Antonio Damasio, professeur de neurologie à l'université de l'Iowa, les systèmes cérébraux dont dépendent l'émotion et la raison sont «entremêlés» et «tressés». Certains des systèmes spécifiques impliqués dans le raisonnement sont également partie prenante des processus des sentiments. «C'est comme si nous étions possédés d'une passion pour la raison, une tendance qui naît au plus profond du cerveau, traverse les autres strates du système nerveux et émerge sous la forme de sentiments ou d'autres manifestations non-conscientes pour guider la prise de décision.»

Damasio avance la théorie que le cerveau note les changements corporels qui accompagnent les expériences émotionnellement chargées, et s'en souvient. Les «marqueurs somatiques» – signaux corporels qui attirent l'attention – persistent dans l'association et le souvenir aux niveaux à la fois sous-cortical et cortical. Quand on se souvient consciemment d'une expérience, ou que son souvenir se déclenche inconsciemment, ou encore que l'individu vit une expérience similaire, cela s'accompagne d'une «réponse des tripes» positive ou négative.

On peut sans doute affirmer que tout l'apprentissage et la socialisation qui ont lieu dans la première enfance affectent la personne par des marqueurs somatiques agréables ou désagréables. Ils préjugent de l'apprentissage, de la prise de décision et les actions. Une pensée ou une image associées à un marqueur agréable – comme un sourire, une diminution des hormones de stress, et un relâchement musculaire – crée un préjugé positif qui influence les actions, les croyances ou les décisions de l'individu, chaque fois qu'une situation similaire se reproduira dans sa vie. Quelques-unes de ces prédispositions sont innées, mais la plupart se forment à partir des rencontres que fait l'enfant (personnes, événements, contextes, conventions sociales et règles).

Damasio suppose que «l'émotion fait partie intégrale de ce que nous appelons cognition ; en cas de grave dommage des émotions, nous ne pouvons pas faire preuve de rationalité». Selon lui, les psychopathes – des individus qui commettent un meurtre de sang froid – présentent une diminution ou une absence pathologiques de sentiment. (Des études révèlent que le seuil d'excitation émotionnelle des psychopathes est souvent anormalement élevé.) Leur conduite est également irrationnelle, puisqu'ils courent le risque d'être emprisonnés pour longtemps ou même d'être exécutés. Le dommage développemental des psychopathes, avance Damasio, pourrait «venir d'un circuit anormal et d'une signalisation chimique anormale, et aurait lieu tôt dans le développement». Les facteurs sociaux et culturels, suggère-t-il, interagissent sans doute avec les facteurs biologiques pour aggraver la psychopathie.

L'amygdale, que nous avons déjà décrite comme le centre clef des émotions, est également la structure maîtresse de production et de stockage des souvenirs émotionnels. Ce type de mémoire est sollicité quand on se souvient d'un moment ou d'une expérience émotionnellement chargés. Le cerveau émotionnel est alors activé par le souvenir ; dans le cas d'un souvenir effrayant, une tempête émotionnelle déclenche toutes les réactions physiques associées à la peur et à la défense. D'autres événements évoquent des sentiments passés teintés d'émotions agréables. Du point de vue physiologique, l'individu revit, dans une certaine mesure, la même expérience. Il en est ainsi par exemple chaque fois que vous passez sur cette route de montagne où vous avez eu un accident qui a coûté la vie à votre ami ; la peur chaque fois surgit, tout aussi vive. Le moment présent suscite des sensations et des réactions physiques associées à l'événement passé.

Des études indiquent que les souvenirs d'événements et de contextes passés ne sont pas fabriqués et emmagasinés de la même façon que les souvenirs émotionnels. Alors que l'amygdale sert d'entrepôt aux souvenirs émotionnels, l'hippocampe – constitué de structures jumelles enfouies chacune dans un lobe temporal et possédant des connexions abondantes avec l'amygdale et le néocortex – est le garde-meubles des souvenirs d'événements et de contextes.

Vous espérez un jour être capable de vous souvenir de votre ami et de sa mort sans que cela provoque cette réaction émotionnelle intense et douloureuse. Quand cela se produira, vos souvenirs viendront alors de l'hippocampe ; vous vous souviendrez parfaitement de ce qui s'est passé à ce tournant de la route, mais cela ne suscitera plus chez vous cette réaction conditionnée de peur et de colère. En général, les deux systèmes de mémoire fonctionnent ensemble, mais chaque base neuronale peut être étudiée séparément lors d'expériences sur les animaux, ainsi que chez les patients qui souffrent d'une atteinte de l'un ou l'autre des systèmes de mémoire.

Dans le cerveau des bébés, l'hippocampe se développe plus lentement que l'amygdale. Cette différence explique peut-être pourquoi les tout-petits ne se souviennent pas de certains moments particuliers, même d'événements traumatisants, mais sont, parfois des années plus tard, troublés par un stimulus qui déclenche un souvenir émotionnel. Ces souvenirs peuvent être entreposés dans l'amygdale sans que l'enfant ait un souvenir de l'événement lui-même, ce qui aurait demandé un hippocampe pleinement développé. «Les souvenirs émotionnels peuvent être revécus sous forme de phobie, de crise de panique, de syndrome de stress post-traumatique ou d'une angoisse diffuse.»

Certains psychologues pensent que la séparation dans l'esprit de l'enfant entre les souvenirs émotionnels et les événements contribue à la création de faux souvenirs ; un adulte par exemple peut garder de la première enfance le souvenir émotionnel d'un traumatisme (des sévices sexuels) sans être capable de se souvenir avec précision de l'identité de son agresseur ou des circonstances exactes de cet acte. En essayant de comprendre ses sensations puissantes, il peut inconsciemment bâtir un récit différent des faits réels et irréversibles, qui n'ont pas été stockés dans sa mémoire. Si cette explication des faux souvenirs s'avère possible à partir de ce qu'on connaît maintenant sur la mémoire, elle ne reçoit pas l'assentiment de tout le monde.

L'une des raisons, d'après LeDoux, pour lesquelles le traumatisme infantile est aussi puissant à l'âge adulte (d'après ce qu'en disent les psychologues) et qu'il est tellement difficile à gérer vient de ce que ces souvenirs émotionnels sont antérieurs au langage. Le bébé n'a pas encore la capacité de donner un sens à ses expériences émotionnellement chargées parce qu'à ce moment-là, il ne dispose pas de mots pour les expliquer. C'est ainsi que des années plus tard, des sentiments chaotiques, bruts, déboulent et déclenchent des émotions exacerbées et un comportement irrationnel.

Les connexions cérébrales qui ont évolué lentement aux cours de ces quelques millions d'années, en réaction à des dangers et des contextes qui ne font plus partie de notre vie actuelle, peuvent être source de problèmes ; un appétit sexuel insatiable ou une réaction agressive immédiate à ce qu'on perçoit comme une menace – réactions de survie cohérente dans les sociétés de chasseurs – deviennent des problèmes dans la société actuelle. Et si les schémas de comportement innés ont été conservés parce qu'ils ont été choisis sur des millions d'années, les modulations, contrôles et diversions – taper dans un punching-ball au lieu de mettre un poing dans la figure de votre collègue – sont devenus tout aussi essentiels pour survivre dans le monde complexe que nous avons bâti.

Une émotion puissante, comme de la colère causée par une déception, mobilise de l'énergie et de l'attention qui, si elles ne sont pas trop intenses et envahissantes, suscitent des efforts pour surmonter l'épreuve. C'est la découverte par l'individu de ses pouvoirs, comme l'exprime si bien le cri de triomphe d'un enfant de trois ans : «Je peux le faire tout seul !» Mais la colère contre un obstacle ou contre l'agent qui place l'obstacle sur votre chemin peut également devenir agressive. Si un enfant est en permanence déçu parce qu'il n'arrive pas à ce qu'il veut, en particulier s'il perçoit qu'on l'embête, qu'on l'humilie, qu'on l'abandonne, cette colère saine se transforme en impuissance, en désespoir et en haine acquises.

## CHAPITRE 7

# Empathie, conscience et développement moral

On demandait à un garçon de treize ans, arrêté pour avoir agressé et blessé une vieille dame aveugle, ce qu'il ressentait ; sa réponse fait froid dans le dos : «Qu'est-ce que ça peut me faire ? Je suis pas elle.» Ce n'est pas seulement l'absence de remords dans sa réponse qui est terrifiant, mais son incapacité à faire le lien avec ce que peut ressentir une autre personne. L'isolement émotionnel de ce garçon le rend inhumain à nos yeux. La capacité de partager les sentiments d'autrui est indispensable pour développer des relations familiales ou des relations sociales plus vastes. Nous allons maintenant aborder les recherches qui ont été menées sur la façon dont l'empathie se développe chez les tout-petits et le rôle qu'elle joue dans le jugement moral et le comportement moral. Nous traiterons également des recherches récentes sur l'intériorisation des principes moraux chez les enfants.

### PREMIERS SIGNES D'EMPATHIE

David Hume pensait que les sentiments empathiques – la prédisposition des êtres humains à partager les soucis d'autrui, à lui vouloir du bien ou à être accablé quand il souffre ou a été blessé – constituent «la source principale des distinctions morales». Les récentes recherches en développement fournissent des preuves qui confirment la perception de Hume. Très jeunes, les enfants reconnaissent la joie ou la détresse de leurs parents et réagissent aux signes émotionnels, qu'il s'agisse de sourires ou d'expressions de tristesse. On sait également qu'à leur naissance les bébés sont prêts à fabriquer des relations émotionnelles avec les autres, en dehors de la mère. Les nouveau-nés pleurent quand ils entendent d'autres enfants pleurer ; des expériences ont montré que leur détresse est plus grande quand ils entendent les pleurs d'un autre petit bébé que quand ils se trouvent exposés à des sons qui imitent les pleurs ou à tout autre bruit violent.

Martin Hoffman, professeur de psychologie à l'université de New York, appelle ce comportement de pleurs réflexif «l'éveil empathique», et le considère comme précurseur de l'empathie proprement dite. Des comportements analogues sont également présents chez les adultes (bâillements contagieux, émotion déclenchée par l'excitation d'une foule enthousiaste). Les neurobiologistes pensent que les zones sous-corticales dans le cerveau permettent l'éveil empathique ; selon l'expression d'une équipe de recherche de l'Institut national de santé mentale, le comportement est «une réponse innée, intégrée, qui nous relie aux épreuves émotionnelles d'autrui».

Cependant, certains émettent des doutes sur la pertinence à qualifier l'imitation primaire «d'empathie». Saisir l'humeur de quelqu'un d'autre, disent-ils, ne correspond pas à ce dont parlait Hume, et n'est avant tout qu'un comportement partagé avec les autres animaux, et qui s'est révélé adaptatif. Une antilope captera la peur d'une de ses congénères, et cette «contagion d'humeur» peut faire fuir tout un troupeau. Les loups hurlent en chœur, et le chien gémit en voyant son maître triste. La contagion d'humeur et l'imitation physique ne sont donc pas de l'empathie au sens que nous donnons à ce terme, mais constituent deux comportements au service de l'émotion complexe et singulière qui mérite le nom d'empathie. La reconfiguration d'un schéma de comportement réflexif en un comportement plus complexe à un stade de développement ultérieur est un phénomène courant en biologie. Chez les humains, il existe d'autres exemples de précurseurs sous-corticaux d'une fonction cérébrale supérieure, notamment le réflexe de marche : un nouveau-né qu'on tient debout les deux pieds posés sur une surface plane effectue des mouvements de marche, alors même que les circuits de contrôle cortical du comportement moteur nécessaires à la marche ne seront pas en place avant un an.

Pour développer la capacité d'éprouver de l'empathie au sens de Hume – c'est-à-dire ressentir les sentiments d'autrui – l'enfant doit avoir quelque peu conscience que les pleurs qui l'inquiètent ne proviennent pas de lui-même mais d'un autre bébé. Partager les sentiments d'un autre demande également une certaine capacité de réaction à un événement, qu'il soit joyeux ou douloureux, à partir de la vision d'autrui. Ces capacités à la base du comportement empathique semblent faire partie de notre héritage génétique ; elles apparaissent au cours de la maturation, en réponse à des expériences sociales normales. Les comparaisons effectuées sur des couples de jumeaux indiquent que les vrais jumeaux possèdent des sentiments empathiques plus similaires que ceux des faux jumeaux. Les scientifiques rassemblent petit à petit les preuves neurobiologiques et les observations comportementales qui permettront un jour d'expliquer pourquoi Catherine accède à ce que Marie ressent, alors que Marie n'a pas la moindre idée de l'état émotionnel dans lequel se trouve Catherine.

Le mot «empathie», qui vient du grec «ce qu'on éprouve en dedans», a été forgé par un psychologue du début du XX^e^ siècle. Cette notion implique de se représenter la situation d'une autre personne, et d'avoir une réaction qui nous fait ressentir – du moins dans une certaine mesure – l'émotion de cette personne. La sympathie, elle, est l'inquiétude ou le souci pour le bien d'autrui qui découle parfois de l'empathie. En fait, les inspecteurs qui mènent des interrogatoires ou les experts du lavage de cerveau se servent de leur capacité d'empathie pour créer un lien émotionnel avec leur sujet, afin d'obtenir la coopération de celui-ci. L'empathie peut également être source d'angoisse pour celui qui la ressent, puisqu'il partage alors la souffrance d'un autre. Cette détresse personnelle peut parfois le conduire à se détourner de l'autre, ou à l'aider simplement pour diminuer son propre mal-être. Le comportement altruiste, comme on le qualifie généralement, est uniquement motivé par des considérations désintéressées ; cependant bien souvent, les différentes motivations ne peuvent pas être démêlées.

On a observé de nombreux cas d'enfants répondant de manière empathique à la souffrance ou au malaise d'un autre enfant. A quatorze mois déjà, un enfant essaiera de consoler sa mère s'il la voit triste ou pleurer ; ou plus souvent il demandera à être lui-même consolé. Il peut se sentir aussi tellement perdu de voir sa mère pleurer, qu'il la tapera pour qu'elle arrête. Ce comportement irrationnel centré sur soi-même est compréhensible de la part d'un petit de deux ans. Hélas, le même phénomène existe chez des parents qui maltraitent leur enfant et le battent avec cette excuse : «Je n'en pouvais plus, il n'arrêtait pas de pleurer.»

## Les stades de l'empathie

Le comportement de réciprocité est nécessaire pour la conversation, le jeu à plusieurs, la formation d'un quatuor à cordes ou pour toute autre activité sociale qui peut venir à l'esprit. Déjà chez des enfants de quelques mois à peine, on observe des activités rythmées qui sont liées à la notion d'attendre son tour : attendre, observer, écouter, imiter et réagir en synchronie. Même les tout-petits sont capables de prendre leur tour.

De nombreuses données confirment la préparation biologique des jeunes enfants aux interactions sociales amicales : sourire, prendre dans les bras, partager les jouets ou la nourriture, communiquer sa fascination pour un objet en le montrant du doigt à sa maman, donner à manger aux poupées ou au chien et en prendre soin, aider dans la maison. Une mère raconte que son fils de neuf mois rampait pour «l'aider» à faire le lit tous les matins ; à dix-huit mois il l'aidait à passer la serpillière et à dépoussiérer les meubles. Dans ce cas, l'enfant imite le comportement de ses parents ou de ses frères et sœurs, mais ce genre de jeu suggère également qu'il a appris à distinguer ce qui fait plaisir, et ce qui est approuvé.

Dans les premières semaines et les premiers mois de la vie, les représentations mentales rudimentaires se forment à mesure que l'information sensorielle se déverse dans le cerveau de l'enfant ; une coloration émotionnelle vient s'ajouter, les souvenirs sont classés et consultés, l'information est analysée et intériorisée ; l'enfant s'entraîne au langage préverbal de la communication empathique et élabore des plans d'action. Les connexions dans le cerveau d'un bébé se forment, se renforcent ou cassent avec une grande rapidité. On pense actuellement que toute cette activité crée une série de circuits spécifiques qui vont petit à petit amener l'enfant à être de plus en plus conscient de ses propres émotions, à être capable d'interpréter les émotions d'autrui, et à prendre conscience du fait que ses émotions agissent sur celles d'autrui et vice-versa. Ces aptitudes cognitives et affectives grandissantes ne sont pas acquises de façon consciente, ni mémorisées consciemment, cependant, elles se font plus adroites à mesure que le bébé les met en jeu dans des situations sociales variées. Comme pour d'autres types d'apprentissage, les connexions neuronales qui sous-tendent les schémas du comportement social sont renforcées et affinées à travers leur utilisation répétée.

Selon Martin Hoffman, qui a étudié le développement de l'empathie pendant plusieurs années, l'enfant passe par quatre stades de développement empathique. Dans le premier, qui correspond en gros à la première année, l'enfant s'affole quand il entend crier un autre nourrisson, car «les signaux de détresse venant de l'autre qui n'est que vaguement perçu, sont confondus avec les sensations désagréables qui surgissent de manière empathique en soi-même». Une petite fille de onze mois voit un autre enfant qui tombe et qui pleure ; elle ressent elle-même le besoin de pleurer, «mais elle met son pouce dans la bouche et se cache la tête dans les jupes de sa mère, comme elle fait quand elle se fait mal». Son inquiétude, bien que déclenchée par ce qui est arrivé à un autre enfant, est centrée sur elle-même. Un autre bébé se mettra vite les doigts dans la bouche en voyant un de ses pairs se faire mal à la main.

Entre deux et trois ans, l'enfant commence à comprendre que la détresse des autres, bien qu'elle les fasse souffrir eux, n'est pas la sienne ; cependant les frontières entre le soi et les autres ne sont pas encore très nettes. Hoffman qualifie ce deuxième stade «d'empathie égocentrique». Un tout-petit imite parfois la détresse de l'autre, par exemple en tombant et pleurnichant après avoir vu un autre enfant tomber et éclater en larmes. Par cette imitation, l'enfant est peut-être en train de créer des signaux internes qui l'aident à vivre par procuration l'expérience émotionnelle de l'autre enfant. On a vu des enfants de quatorze mois ou plus emmener un de leurs camarades en pleurs vers leur mère à eux, et non vers sa mère à lui, pourtant elle aussi présente.

Le récit d'Emilie et José est typique du comportement empathique du stade trois : Emilie, vingt-neuf mois, est enthousiasmée par la visite de José, qui est un peu plus jeune qu'elle ; en revanche, elle n'apprécie pas qu'il se mette à hurler en donnant des coups de poings par terre. La mère d' Emilie assied le petit garçon dans une chaise haute et essaie de le calmer en lui donnant des biscuits, qu'il jette par terre. Emilie, qui d'habitude mange les biscuits des autres et n'est pas vraiment connue pour partager les siens, ramasse les gâteaux, les replace sur la table devant la chaise haute ; puis elle grimpe sur la table et se met à caresser les cheveux de José. Visiblement, si Emilie est perturbée par la crise de colère de José, elle sait également avec certitude que ce mécontentement n'appartient qu'à lui, et elle essaie par divers moyens appropriés de le consoler. Elle est à l'âge où l'enfant développe des capacités de fonctionnement plus souples, qui lui permettent d'organiser, d'intérioriser et de réguler ses propres émotions. Elle a maintenant une plus grande compétence dans l'utilisation de son éveil empathique au service d'une aide efficace.

Des études indiquent que les enfant qui tendent à devenir très agités en présence de la détresse d'un autre enfant sont moins à même d'aider ce dernier, comme s'ils étaient trop submergés par leurs propres sentiments pour pouvoir agir pour le compte de quelqu'un d'autre. Les enfants de deux à trois ans qui développent une capacité de plus en plus grande à organiser leurs perceptions et leurs relations vis-à-vis d'autrui, se mettent à exprimer un champ plus large d'émotions quand il perçoivent la détresse d'un autre – pas seulement de l'inquiétude, mais aussi de la peur, de la surprise, de la tristesse, du recul, de la colère, de l'indifférence ou même de la joie. (L'exemple qui vient à l'esprit de tous les parents est le plaisir un peu trop visible qu'un enfant prend à voir son frère ou sa sœur se faire gronder.)

Entre trois et cinq ans, l'enfant met au point des stratégies qui lui permettent d'ajuster ce qu'il ressent et sa façon de réagir à une situation donnée. Dale F. Hay, spécialiste du développement infantile à l'université de Cambridge, appelle cela «la gestion de l'empathie». L'enfant commence à apprendre également comment équilibrer son intérêt propre avec celui d'un autre ou même de tout un groupe. Il déforme parfois la vérité, soit par tact, soit pour éviter d'être grondé. Il apprend les conventions sociales qui entourent les manifestations émotionnelles, découvrant petit à petit les conditions où l'aide et la manifestation d'inquiétude sont considérées comme «appropriées». Dans cette même période, les enfants commencent à gérer leur sentiment de culpabilité, de honte, de fierté et de vantardise.

«C'est aussi facile que de prendre un bonbon à un bébé», dit un proverbe américain. Et effectivement, avant quinze mois environ, les bébés partagent volontiers la nourriture, les jouets ou tout ce qu'ils ont dans la main. Un peu plus tard, ils sont moins désireux de partager. Des chercheurs en développement ont remarqué aussi que vers cinq ans, les jeunes enfants aident rarement les autres en comparaison avec des enfants plus jeunes. Hay corrobore ce résultat et propose plusieurs raisons à cette tendance, avançant qu'à trois ans, les enfants ont perçu des signes exprimant que «les actions sociables ne sont pas toujours socialement appropriées» : un parent marche avec son jeune enfant, il refuse d'un geste d'aumône à un mendiant, et tire l'enfant pour qu'il ne s'arrête pas. Le message est clair : on partage avec sa famille, ses amis, pas avec des inconnus.

Les prédispositions des enfants à la compassion sont sujettes à toutes sortes d'influences développementales, culturelles et tempéramentales. A trois ans, l'enfant a non seulement développé un sentiment de soi, mais également un sens de la culpabilité, qu'on perçoit dans son désir accru de consoler et d'aider les autres s'il leur a fait de la peine. Cependant, à cet âge l'enfant ne fait pas encore forcément bien la différence entre une détresse qu'il observe et une détresse qu'il a causée, et peut se sentir responsable dans les deux cas. A l'inverse, certains enfants «normaux», qui viennent de faire mal à quelqu'un, s'en montrent parfois moins touchés ; ils adoptent une attitude plus agressive vis-à-vis de leur victime, ou même tirent un plaisir évident de la détresse qu'ils ont causée.

Les enfants plus âgés sont moins touchés émotionnellement par la détresse d'autrui. Ils sont plus capables de décider sur la base d'une évaluation cognitive s'il faut réagir ou non. L'évaluation inclura par exemple une estimation de responsabilité (C'est le boulot du professeur, pas le mien.») ; de réciprocité - («Est-ce qu'elle m'a aidé quand j'avais des problèmes ?») ; ou d'intérêt personnel («Est-ce que je risque d'être blessé si je l'aide ?»). A cet âge, les enfants déploient un répertoire d'aptitudes sociales qui leur permet d'obtenir ce qu'ils veulent sans forcément agir de façon conciliante. Ils sont de plus en plus doués pour négocier et manipuler. Ils ont affiné des techniques, utilisées dans la rivalité entre frères et sœurs, qui remplacent la lutte physique – ou se combinent à elle ! Les bébés de trois ans sont experts dans l'art de pousser à bout, d'accuser, de monter une personne contre une autre ou de se répandre en flatteries afin d'obtenir le soutien d'un des parents. Comme dit Hay, ils apprennent à ne pas être gentils.

Le quatrième stade du développement empathique, toujours selon Hoffman, se situe plus tard dans l'enfance, vers huit ans, âge auquel l'enfant est davantage capable d'évaluer rationnellement des situations diverses et d'avoir des jugements basés sur le cadre moral qu'il se crée. L'enfant est plus apte à imaginer le plaisir ou la souffrance d'une autre personne, grâce à sa propre expérience plus vaste et à son plus grand contrôle du langage, qui permettent des représentations mentales plus subtiles et une meilleure compréhension des concepts abstraits. L'enfant a déjà conscience de la situation personnelle d'une personne donnée, et sa réaction empathique sera donc influencée par ce qu'il sait de la santé, des succès ou des déceptions de la personne en question. Une petite fille de dix ans par exemple, qui voit son frère tomber, sera beaucoup plus inquiète si elle sait qu'il a souffert d'une crise d'épilepsie un mois auparavant. A ce stade, l'enfant ressent parfois de l'empathie pour un groupe ou une catégorie de gens, comme les sans-abri. Sa réponse empathique peut être influencée par ce qu'il pense que l'autre devrait ressentir : Mathilde vient juste d'apprendre que la mère de son amie Charlotte a eu un accident ; elle regarde Charlotte qui continue à jouer et à rire sans se douter de rien. A quatre ans, Mathilde aurait été incapable d'associer ce qu'elle voit avec ce qu'elle sait. Mais à huit ans, elle ne partage pas la joie de Charlotte parce qu'elle anticipe sur la détresse que son amie va bientôt ressentir.

## L'ÉDUCATION PARENTALE PRÉCOCE ET LE DÉVELOPPEMENT EMPATHIQUE

Les pratiques d'éducation des parents ne sont pas sans influences sur le développement empathique. On a soumis à des tests psychologiques un groupe d'adultes (hommes et femmes) de trente et un ans, dont les familles avaient fait l'objet d'une étude vingt-six ans auparavant. Les mères avaient alors été interrogées sur la façon dont elles et leur mari élevaient leurs enfants. Elles avaient été classées d'après des mesures d'enthousiasme, de rigueur et de tolérance aux «comportements de dépendance» de leur enfant qui reflétaient du moins le pensait-on à l'époque la qualité des soins et de l'attention prodigués par la mère, sa réceptivité et le temps qu'elle passait en interaction avec l'enfant ; les pères étaient classés selon leur degré d'implication vis-à-vis de l'enfant. Les instituteurs de maternelle avaient eux aussi établi un classement des enfants selon certains comportements, comme le niveau d'activité, la capacité à aller de l'avant, et l'agressivité.

Les enfants, une fois adultes, furent soumis à plusieurs tests de personnalité standard, incluant des mesures de l'empathie ; les résultats furent ensuite rapprochés des pratiques éducatives des parents, ainsi que de l'évaluation de l'instituteur. Cette évaluation s'est d'ailleurs révélée sans aucun rapport avec ce que l'enfant est devenu – des pirates de la cour de récréation pouvaient devenir aussi sensibles que des garçons et des filles qui se tenaient bien. Cependant, les chercheurs trouvèrent une étroite correspondance entre certains schémas d'éducation parentale et l'empathie des enfants devenus adultes : les adultes empathiques avaient eu le plus souvent une mère qui décourageait l'agression chez leur enfant, et deux parents qui s'impliquaient beaucoup et joyeusement dans leur rôle parental. Ils en conclurent, en confrontant cette idée aux résultats d'autres études, que l'empathie est fabriquée par un type d'éducation parentale où les parents attendent des enfants qu'ils soient réceptifs à leur exigences, mais où réciproquement les parents se veulent réceptifs aux demandes raisonnables de leurs enfants. Les analyses indiquent que l'engagement actif du père envers l'enfant constitue un facteur important de l'empathie adulte – de quoi faire réfléchir devant tant de familles dont le père est absent.

Ce que les parents transmettent par leur propre comportement et leur enseignement influence les réponses empathiques de leurs enfants et leur empressement à aider. Plusieurs études confirment que les parents affectionnés et compréhensifs, ceux qui expliquent clairement l'importance de la bonté et insistent sur le respect des droits d'autrui, ceux qui essaient d'inhiber la conduite agressive de leur enfant, ces parents-là ont des enfants qui deviennent attentionnés et secourables. Comme on peut s'y attendre, les parents violents donnent des enfants qui développent eux aussi des relations perturbées. Les enfants maltraités aident moins souvent un enfant en détresse, et deviennent plus souvent des adultes agressifs, ou du moins détachés.

## INFLUENCE CULTURELLE ET DÉVELOPPEMENT EMPATHIQUE

«Cette chose qu'on appelle bébé n'existe pas.» L'illustre psychiatre anglais D.W. Winnicott a énoncé cette affirmation provocante pour signifier simplement qu'aucun être humain, jeune ou vieux, ne peut être compris en dehors de son environnement social. Dès sa naissance, chaque individu est mêlé à – et formé par – un réseau de connexions émotionnelles en perpétuelle formation et organisation. La façon dont l'empathie se développe chez un enfant vient non seulement de l'interaction avec les personnes qui s'occupent de lui, mais également de la culture dans laquelle baigne la famille. Les interactions parents-enfant, sont, comme l'exprime le spécialiste du développement infantile A. J. Sameroff, «un mélange de codes sociaux et biologiques». Dans les comportements parentaux intuitifs (parler bébé ou aller chercher l'enfant quand il pleure) la dimension biologique domine, alors que les pratiques et croyances concernant l'apprentissage du pot, la nourriture et le comportement social approprié sont plus conditionnées culturellement. A mesure que l'enfant grandit, les influences sociales et culturelles s'élargissent au voisinage, à l'école, à la communauté religieuse et aux camarades de jeu.

La manière dont les parents et l'entourage traitent l'enfant dépend beaucoup des attitudes culturelles les plus répandues touchant précisément les enfants. Voyons par exemple tout ce qui découle de deux visions radicalement différentes de l'éducation des enfants. Platon compare le processus d'instillation de la vertu chez l'enfant à l'action de courber un morceau de bois. Winnicott considère que le bébé n'est rien d'autre que le résultat d'un réseau d'interactions humaines. Chacun de ces exercices d'exagération pédagogique est basé sur une proposition sous-jacente très différente. L'idée de Platon présuppose que les parents et les éducateurs savent comment plier les enfants sans les casser ; la vision de Winnicott oublie le noyau d'obstination avec lequel naît chaque enfant. Mais ces deux métaphores expriment des attitudes culturelles qui ont encore cours de nos jours. Quand l'enfant grandit, il assimile des instructions sur le comportement personnel à tenir, qui proviennent de l'histoire de son peuple, de ses coutumes et de sa religion. Dans certaines sociétés par exemple, l'hospitalité est une obligation sacrée, et cette conviction conditionne la relation des enfants, même des plus jeunes, avec les invités.

La perception que les parents ont de la nature humaine, et qui leur a été transmise par leur culture, contribue à donner forme au développement empathique de leur enfant. Il y a une grande différence entre penser que les êtres humains sont avant tout égocentriques et croire qu'ils sont naturellement disposés à partager les sentiments des autres et à aider les gens dans la peine et le besoin. Ces croyances se retrouvent dans les anciennes traditions philosophiques de nombreuses cultures. Au IV$^{e}$ siècle av. J.-C., le philosophe chinois Mencius énonçait : «(C'est) un sentiment commun à toute l'humanité que de ne pas supporter de voir les autres souffrir.» De même, en 1909, le sociologue américain Charles Horton Cooley, rejetant l'idée courante en philosophie et sciences sociales selon laquelle l'homme est intrinsèquement égoïste, déclarait que «L'amélioration de la société ne nécessite pas de changement essentiel dans la nature humaine, mais simplement une application plus large et plus haute de ses pulsions habituelles.»

Cependant, depuis longtemps, d'autres philosophes et théologiens soutiennent que l'égocentrisme et l'égoïsme jouent un tel rôle dans le développement du caractère humain, qu'ils écrasent toutes les pulsions altruistes que nous possédons de naissance ou qui nous ont été enseignées. Depuis des siècles, l'évaluation de la nature humaine qui pèse le plus dans la vision de l'Occident judéo-chrétien pourrait se résumer à cette phrase de Jérémie : «Le cœur est trompeur par-dessus tout, et désespérément mauvais.» Au XXe siècle, les théoriciens du darwinisme comme les économistes favorables au libéralisme économique ont porté en exergue les conséquences positives de cet égoïsme inné ; dans la lutte sans fin de l'existence, seuls les égoïstes sont adaptés, et seuls les mieux adaptés survivent. Quand on pousse ce point de vue à l'extrême, même une action apparemment altruiste paraît motivée par un besoin de reconnaissance, d'approbation, de pouvoir ou d'une faveur en retour.

Pourtant, Darwin lui-même dans *La Descendance de l'homme* déclare que notre espèce est dotée d'un «instinct de sympathie», forme développée des «instincts sociaux» qui constituent le comportement adaptatif de nombreuses espèces animales. La base biologique de l'empathie serait apparue chez l'être humain comme contrepoids adaptatif aux pulsions agressives. On peut penser que si l'empathie n'avait pas fait l'objet de la sélection naturelle chez les humains, les arrangements complexes que l'homme a inventés et dont il dépend n'auraient pas survécu aux catastrophes, aux guerres et à la désorganisation sociale qui n'ont cessé de ponctuer le voyage de l'humanité.

Voici un scénario plausible de sélection naturelle du caractère empathique chez les humains : la mortalité a toujours été extrêmement élevée ; les démographes estiment que durant la plus grande partie de notre histoire, la moitié des enfants mouraient avant d'avoir atteint l'âge de la reproduction. Etant donné le peu de temps et d'énergie disponibles pour prendre soin des enfants, on peut supposer que les mères s'investissaient plus dans les bébés robustes et disposés par leur tempérament à établir des relations émotionnelles étroites avec leurs parents. Ces bébés attirants – «mignons» comme on dit – auraient suscité un traitement préférentiel, ce qui leur aurait donné plus de chances de survie. De même, les mères accessibles aux signaux émotionnels de leur enfant étaient capables de bâtir une relation très efficace. Ces mères plus sensibles avaient donc plus de chances de faire passer à leurs enfants les rigueurs de l'enfance ; on peut imaginer que ces enfants survivants héritaient donc de cette prédisposition pour l'empathie et la transmettaient à leur tour.

Il n'est pas étonnant qu'au XX^e^ siècle, sans doute le siècle le plus violent de notre histoire, l'altruisme ne soit pas vraiment considéré comme un facteur important du comportement humain. L'idéologie capitaliste, adoptée maintenant dans le monde entier, est basée sur le postulat que le comportement d'auto-promotion de millions d'individus, qui tous poursuivent leurs intérêts propres, alimente les moteurs du progrès économique et social tout en préservant la liberté individuelle. Les thèses contemporaines courantes sur la théorie de l'évolution glorifient «le gène égoïste» qui favorise de manière agressive sa propre survie.

Pourtant, s'il n'existait pas de comportement altruiste, la race humaine n'aurait sans doute pas survécu longtemps. Par la dépendance complète dans laquelle il se trouve, par son besoin de quelqu'un qui s'occupe de lui pendant sa longue période de développement – souvent plusieurs personnes qui n'ont pas les mêmes gènes que lui –, l'enfant exige des sacrifices extraordinaires de la part d'autrui, en temps comme en énergie, en intérêts et en loisirs. Plonger dans une rivière glacée pour sauver un inconnu de la noyade n'offre aucun avantage génétique évident, bien que pour expliquer de tels actes, on évoque souvent la notion d'altruisme réciproque : je t'aide cette fois-ci, tu m'aideras une autre fois. Pourtant chaque jour, des individus sauvent leurs semblables par des actes de courage, ou offrent à des inconnus un moment de bonté, et considèrent cela comme un comportement normal.

En 1985, un tremblement de terre ravagea la ville de Mexico, tuant et blessant des milliers de gens, et laissant une bonne partie de la ville en ruines et dépourvue des services essentiels pendant plusieurs semaines. Notre fille Julie vivait alors dans un des quartiers de la ville qui avaient été sérieusement endommagés. Outre la reconnaissance qu'elle éprouvait d'être encore en vie, sa plus forte impression fut de voir le comportement étonnant d'un gang d'adolescents. Depuis longtemps ils semaient le désordre dans ce quartier ouvrier (bagarres, vols, états d'ébriétés), mais quand la catastrophe se produisit, ils devinrent des héros locaux, extirpant les victimes des tas de gravats, aidant à construire des abris. En prenant beaucoup de risques, ils dégagèrent des canalisations d'eau profondément enfouies et organisèrent une brigade pour ramener l'eau à la surface avec des seaux. Dans cette situation extrême, ces jeunes en marge de la société se révélèrent capables de s'investir dans des activités à haut risque et furent du coup reconnus et applaudis par la communauté.

Pendant la Seconde Guerre mondiale, dans l'Europe occupée par les nazis, quelques milliers de personnes prirent le risque de cacher des juifs, et ce sans aucune autre raison apparente que leur compassion et leur humanité. Dans une étude de ces «gentils» qui risquèrent leur vie pour sauver des juifs, on constate que ces sauveurs venaient de familles et de communautés où l'on enseignait aux enfants à avoir un comportement généreux. De plus, à l'instar des adolescents mexicains dont nous venons de parler, ces personnes présentaient une tendance à prendre des risques et à être plutôt non-conformistes.

Chaque société est confrontée à des conflits entre l'intérêt individuel et l'intérêt de la communauté. En se socialisant, l'individu apprend l'intuition ou l'intimidation (par exemple), qu'il y a certains avantages à bien traiter les autres (du moins certains autres). La préoccupation première d'un individu reste sa propre survie et son bien-être, mais même un enfant arrive à percevoir que ceux-ci sont liés de diverses façons au bien-être de la famille et de la communauté environnante. Dans sa *Theory of Moral Sentiments*, Adam Smith lui-même, un des plus grands défenseurs de la notion de comportement égoïste comme force soutenant la richesse et le progrès, écrit que la capacité à vivre le plaisir et la peine d'autrui fait partie de la nature humaine. Les êtres humains sont incapables d'être totalement égoïstes, parce qu'ils ne peuvent pas s'empêcher de partager les sentiments des autres. Mieux encore, malgré la souffrance, la culpabilité et la confusion que cela peut créer, les gens sont heureux de cette relation émotionnelle qui les attire dans la vie d'autrui, parce que l'attitude opposée – une vie d'isolement personnel, de solitude et de peur de son voisin – serait bien pire.

Notre capacité innée à l'empathie nous laisse supposer que les autres pensent et ressentent les choses d'une façon assez proche de la nôtre. Cette théorie inconsciente, acceptée semble-t-il par la majeure partie des gens, nous permet de croire que les autres évaluent équitablement notre comportement. Dans sa réflexion sur les normes morales, le sociologue C. Jencks, de Harvard, précise : «Nous développons donc des modèles de ce que les autres *devraient* penser de notre conduite. Pour cela, nous essayons de voir notre comportement objectivement, c'est-à-dire comme autrui le verrait. Ce qui signifie essayer d'évaluer notre comportement selon une perspective où nos intérêts égocentriques ne pèsent pas plus que les intérêts d'autrui. Ces normes morales sont, en principe, indépendantes de tout jugement individuel et particulier.»

## Les bases neuronales de l'empathie

Sous certaines conditions expérimentales, on apprend à un singe rhésus qu'un son donné est suivi d'un électrochoc ; puis le singe découvre qu'il peut supprimer le choc en poussant un levier juste après le signal sonore. On montre ensuite au singe, au moyen d'un circuit fermé de télévision (sans le son), un deuxième singe dans une pièce éloignée, qui a lui aussi appris à associer le signal sonore à l'électrochoc, mais n'a, lui, aucun moyen d'éviter celui-ci. Le premier singe pousse le levier pour supprimer le choc que le deuxième singe va recevoir ; le singe n°1 n'a pas entendu le signal et n'a donc aucune raison de penser qu'il est lui-même en danger. Comment sait-il que le choc est imminent pour le deuxième singe ? Par l'air de détresse qu'il lit sur son visage.

Leslie Brothers est une psychiatre qui étudie la façon dont le cerveau décode des signaux sociaux complexes. Elle a observé la neurophysiologie des réactions suscitées par différentes expressions faciales chez les animaux. Dans ses expériences, elle insère des appareils d'enregistrement à divers endroits – dont les lobes temporaux et l'amygdale (centre de contrôle des émotions) – dans le cerveau des singes. On montre aux animaux un grand nombre de cassettes vidéo ou de photos montrant d'autres singes dans diverses activités sociales. Les comportements représentés, ainsi que les expressions faciales inhérentes à ces comportements, déclenchent la réaction de différentes cellules nerveuses dans le cerveau du singe qui observe. Les réponses électriques qui en résultent sont enregistrées par les électrodes. (Par un système de caméras, l'expérimentateur voit exactement ce que le singe regarde.)

Chez le singe qui observe, les neurones spécialisés du cortex visuel se déclenchent seulement en réaction à certains gestes ou à des expressions faciales spécifiques ; les expériences montrent que les neurones du singe observateur réagissent fortement à certains visages et moins à d'autres. Certaines cellules cérébrales réagissent plus à la bouche, d'autres aux yeux ou au pelage ; d'autres encore répondent aux expressions plutôt qu'aux traits du visage, ou bien sont sensibles à la position du visage et enregistrent si le singe filmé regarde dans la direction du singe observateur ou ailleurs ; certains neurones réagissent aux expressions menaçantes, d'autres à la vue d'un animal en posture ramassée. Ces neurones sensibles au comportement social sont surtout présents dans la région temporale supérieure et dans l'amygdale.

Brothers et Allman ont écrit un article dans le magazine *Nature* sur le cas de deux patients, D.R. et S.M., qui présentaient des lésions de l'amygdale et n'étaient de ce fait pas capables de lire correctement les expressions faciales chez les autres. Selon ces deux chercheurs, il est «de plus en plus évident que l'amygdale joue un rôle central dans la communication sociale». Cependant, ils notent que les patients présentant des anomalies dans d'autres zones cérébrales, ou bien des perturbations qui ne sont pas encore bien comprises – comme l'autisme – ont aussi des déficiences de «cognition sociale». Les autistes sont incapables d'établir un contact émotionnel normal avec autrui, bien qu'aucune lésion de l'amygdale n'ait été constatée ; ils restent également inattentifs aux expressions faciales. Les patients atteints d'un état de délire paranoïaque interprètent les signaux sociaux de façon complètement erronée, et eux non plus ne présentent pas de lésion nette de l'amygdale.

Certains chercheurs émettent l'hypothèse d'un système neuronal comprenant l'amygdale, les pôles temporaux et le cortex orbito-frontal et qui constituerait la base des liens sociaux. On sait depuis longtemps qu'une lésion dans les zones temporales, frontales ou limbiques, est parfois la cause d'anomalies dans l'aptitude à réaliser des liens sociaux. La détérioration peut être assez délimitée ; une lésion du lobe temporo-pariétal droit rend parfois le patient incapable d'exprimer verbalement ses propres sentiments ; ou de juger, à partir d'un ton de voix ou d'un regard, ce que l'autre ressent. Une lésion différente, toujours dans l'hémisphère droit, empêche le patient d'exprimer ses émotions – que ce soit par un langage corporel approprié ou par l'intonation de sa voix – alors qu'il reste capable de ressentir ces mêmes émotions. Si nous savons que les régions du cortex atteintes sont étroitement reliées au système limbique, et à l'amygdale en particulier, nous ne comprenons pas encore complètement l'anatomie ou la physiologie qui sous-tendent ces problèmes. Brothers pense que les données nous orientent vers l'existence de groupes et de circuits de cellules nerveuses spécifiquement attachés aux cognitions sociales dont dépendent les réponses empathiques. Cependant personne n'a encore réussi à identifier un tel système neuronal ou un neurotransmetteur de l'empathie.

## Disposition biologique, sentiments partagés et codes moraux

L'empathie ne conduit pas nécessairement à l'altruisme. Et une personne empathique n'est pas forcément morale. Les gens semblent prédisposés à faire preuve d'empathie vis-à-vis de personnes qui leur ressemblent, viennent du même milieu, ont des situations sociales et économiques comparables.

Malgré la mondialisation rapide et l'ouverture offerte par le nombre croissant de voyages internationaux et les facilités techniques de communication, la capacité à ressentir de l'empathie pour les gens d'une race, d'une culture ou d'une religion différentes reste très limitée. Ceci pose un problème, étant donné les relations à travers le monde que nous impose la réalité actuelle. Dans notre époque historiquement instable et dynamique naissent de nouvelles formes de collaboration et de conflit par-delà les frontières culturelles, raciales et géographiques, formes relationnelles qui exigent une redéfinition du sens même de l'intérêt individuel. On peut seulement espérer que les capacités du cerveau humain permettront une adaptation réussie aux nouvelles conditions dans lesquelles nous vivons.

Bien que sa présence ne constitue pas l'assurance d'un comportement moral, la sensibilité émotionnelle est une des pierres de fondation sur lesquelles les codes moraux sont bâtis. Par leurs parents, les enfants apprennent très tôt dans leur vie les notions de bien et de mal. A l'âge de trois ans, selon Robert Emde, «le soi de l'enfant est un soi moral», grâce avant tout à la relation enfant-parents. Avant que le tout-petit développe une capacité à la conscience de soi ou au jugement moral – en fait avant même de savoir ce que c'est qu'une «règle» – il commence à intérioriser des règles de comportement qui «sont acquises peu à peu par le biais des interactions régulières avec les personnes de l'entourage». Le bébé ne sait évidemment pas que cet échange de signaux sociaux modèle déjà son comportement moral. Emde affirme que la capacité de très jeunes enfants à des comportements réciproques est un précurseur de la moralité, puisque tous les systèmes moraux sont centrés sur une variante de la règle d'or suivante : «Fais aux autres ce que tu aurais voulu qu'ils te fassent.»

Jusqu'au XVIIIe siècle, la plupart des philosophes et théologiens de tradition judéo-chrétienne soutenaient que pour agir moralement on doit écouter la raison et maîtriser ses passions.

Connaître la différence entre le bien et le mal était accessible à tous ceux qui suivaient la bible et les principes moraux universels dérivés de la loi naturelle. Mais David Hume, reflétant ce faisant le désir croissant d'expression individuelle et de liberté personnelle de son époque, plaide pour une définition subjective de la morale : tout ce qui fait que quelqu'un se sent bien est bien, et tout ce qui produit des sensations désagréables est par définition mauvais.

L'idée d'un code moral basé sur les émotions d'un individu pose autant de problèmes que les définitions du comportement moral fondées sur la notion de loi naturelle. Dans notre monde de diversité culturelle, ce qui est jugé bon dans une société ou parmi un groupe ou une catégorie de gens peut être considéré comme mauvais par d'autres. De nos jours encore, la torture et l'esclavage sont considérés comme moraux d'après certains codes. Décider ce qui doit être inclus dans l'univers moral est, comme nous l'avons déjà suggéré, un problème fondamental. Faire coïncider la moralité avec les principes dominants enseignés par les parents et les éducateurs est tentant, mais cette simplification ne nous dit pas comment agir moralement dans une société immorale. Il suffit de prendre l'exemple du programme d'éducation prôné par Hitler pour endoctriner la jeunesse allemande, lui apprendre la haine raciale et la loyauté aveugle envers un leader génocide, pour comprendre que les règles prescrites par une société donnée n'ont rien à voir avec la morale !

Il est vrai également que les sentiments que ressent un individu au moment de prendre une décision ne sont pas forcément des signes fiables sur lesquels baser un comportement moral. Dans les sociétés totalitaires, les enfants qui dénonçaient leurs parents avaient été endoctrinés à se sentir fiers et patriotiques d'un tel acte. Dans notre propre société, suivre ses impulsions à blesser l'autre, l'exploiter ou le voler, est parfois considéré comme plus bénéfique pour l'individu – suivant son caractère et sa maturité émotionnelle – que de résister à sa pulsion.

L'empathie n'est qu'un élément de l'assemblage à partir duquel le comportement moral se développe. Les décisions morales impliquent une évaluation et un jugement. Cependant, les théoriciens du XX^e^ siècle se sont pour la plupart plus intéressés aux dimensions cognitives de la morale qu'à ses bases émotionnelles. Dans *Le Jugement moral chez l'enfant,* le psychologue suisse Jean Piaget, après avoir passé des heures à jouer, aux billes entre autres, avec des filles et des garçons, développe une théorie importante sur le jugement moral, et détaille les différentes étapes ponctuant l'apprentissage de la droiture – comme on le voit dans ce qu'il appelle la jurisprudence des billes. Il arrive à la conclusion que ce n'est qu'à l'âge de sept ou huit ans que l'enfant commence à comprendre les règles. Comme Freud, il pense que les nourrissons et les jeunes enfants sont trop absorbés par eux-mêmes et trop dépendants pour être capables d'empathie ou de jugement moral. Pourtant, ces vingt dernières années, de nombreuses études d'observation établissent que le développement moral commence bien avant l'école primaire. Dès l'âge de trois ans, des enfants montrent par leur conduite que pour distinguer ce qui est bien de ce qui est mal, ils utilisent à la fois les normes conventionnelles – s'appuyant sur l'autorité des parents et les usages qu'on leur a appris – et des normes de principe.

Reprenant le travail de Piaget, Lawrence Kohlberg développe une théorie de l'évolution par étapes de la raison morale. Au départ, la morale est basée sur ce qui semble bien, puis sur ce qui coïncide avec ce que les parents attendent et ce que d'autres figures d'autorité ont enseigné ; enfin, le développement moral parvient à la compréhension et l'acceptation de «principes objectifs» de la morale. L'enfant commence à percevoir que «ce qui est correct et honnête se définit en termes de normes universellement applicables», comme la justice, les droits naturels et le respect d'autrui.

Ces théories cognitives sont controversées. Les désaccords portent sur le moment où les enfants apprennent les principes moraux, la manière dont ils les intègrent, ainsi que sur l'existence de normes effectivement généralisables. Le débat porte également sur l'âge auquel les enfants font des distinctions entre les conventions – pratiques et habitudes de leur culture comme manger ou non du porc ou du bœuf, la façon polie de s'adresser à leurs parents ou à l'instituteur – et les normes universelles – c'est mal de faire mal, comme quand on tire les cheveux d'un enfant ou qu'on tape un bébé ; c'est bien de partager ce qu'on a, la nourriture ou les jouets ; c'est mal de détruire ce qui appartient à quelqu'un d'autre. Des théoriciens se demandent même si les enfants font vraiment la distinction, et dans ce cas, comment ?

Certains psychologues partent de la supposition que les humains naissent avec «une disposition biologique» à comprendre et adopter les normes. Comme la capacité linguistique, que l'enfant atteint naturellement en grandissant dans un environnement normal, la compétence morale – c'est-à-dire la sensibilité à ce qui est bien et ce qui est mal – se développe au fur et à mesure que les aptitudes cognitives en cause mûrissent. Dès sa seconde année, un tout-petit est assez mature pour posséder un modèle interne. Il est dérangé, ou même inquiet quand un objet familier ne se trouve pas là où il devrait être ou que quelque chose est différent par rapport à d'habitude. Cette capacité à évaluer les objets et les comportements par rapport à une norme montre à l'évidence que le bébé est capable de s'interroger sur la signification de ce qu'il expérimente.

Entre deux et trois ans, l'enfant intériorise les règles quotidiennes de ce qu'il faut faire, le moment de le faire, et comment faire plaisir. Il aime «comprendre comment faire». Il examine la pièce dans laquelle il se trouve, en attendant un signe des adultes lui disant que c'est bien, qu'il est un bon garçon. Suivant le message qu'il reçoit, il se sent fier ou honteux. Parfois, les enfants jugent leurs actes plus sévèrement que ne le font leurs parents. Alors qu'on la félicitait avec enthousiasme pour son dessin, notre fille Julie, quatre ans, répliqua tranquillement : «Ouais, c'est pas mal pour quatre ans.» A mesure que cette évaluation de soi-même se développe, l'enfant devient capable de qualifier des actes de bons ou mauvais, et dans sa troisième année, il se qualifie parfois lui-même de «méchant». Les garçons agressifs, en particulier, se jugent souvent sévèrement, et témoignent de cette faible opinion d'eux-mêmes en exprimant directement qu'ils s'aiment peu ou en exigeant des déclarations d'amour répétées de leurs parents.

Pourquoi, à trente mois environ, les jeunes enfants remarquent-ils les jouets cassés, les poupées défigurées et les habits déchirés, alors que des bébés de dix-neuf mois qui jouent dans la même salle de jeu expérimentale n'y prêtent pas attention ? Une des hypothèses émises est que l'enfant plus âgé comprend mieux les signaux émotionnels de ses parents indiquant que quelque chose ne va pas. Les parents ont l'air ennuyés, ou suggèrent à l'enfant qu'il est lui-même triste ; peut-être même ont-ils donné une tape à l'enfant ou à l'un de ses frères et sœurs pour avoir cassé le jouet ou sali ses vêtements. Petit à petit, une norme se dégage, basée en grande partie sur le désir d'éviter les réactions parentales désagréables.

Il est prouvé que les jeunes enfants sont capables de se former une représentation mentale de ce qui est correct, harmonieux et convenable, et que cette image normative est indépendante des remontrances et remarques parentales. Dans l'une des expériences, des bébés de deux ans des Etats-Unis et d'un village maya du Yucatán, montraient le même intérêt accru pour un visage déformé, l'observant plus longtemps qu'un visage normal. Certains se sentaient inquiets, exprimant par gestes ou par mots qu'ils avaient peur que le nez soit écrasé parce qu'on avait tapé dessus. Quand Julien, notre petit-fils de vingt et un mois, grimpait à quatre pattes le vieil escalier en bois de notre maison du Vermont, il s'arrêtait toujours à une marche qui présentait un nœud troué au beau milieu ; quelquefois, il essayait de regarder dans ce trou noir. Quelque chose le dérangeait : normalement, il n'y a pas de trou dans les escaliers.

Dans sa troisième année, note Kagan, un enfant exprimera son inquiétude en montrant un objet du doigt, ou en disant «Réparer !», mais seulement si la distorsion semble être due à un incident que l'enfant considère comme mauvais. Les enfants de deux ans comprennent et utilisent un langage d'évaluation. Dessiner au crayon sur le canapé ou donner un coup de pied au chien, c'est mal. Attraper la balle ou ranger ses jouets, c'est bien. Cependant, les évaluations d'un enfant de deux ou trois ans peuvent être sévèrement limitées par son immaturité cognitive, son manque d'expérience et son égocentrisme. Un enfant de cet âge peut se reprocher la cave inondée aujourd'hui, parce que la semaine dernière son père l'a grondé pour avoir tripoté le robinet ; et presque tous les enfants s'accusent du divorce de leurs parents.

## LE JUGEMENT MORAL

Les bébés de deux ans montrent qu'ils ont intégré les règles parentales. Dans leur apprentissage des règles de leur culture, «fais-le parce que je te le dis» devient «fais-le parce que c'est ce qu'il faut faire». Cependant, les parents sont souvent ambigus ou incohérents dans leurs signaux. Avant d'intervenir, ils attendent de voir ce qui va se passer, et se montrent parfois fiers de l'adresse motrice de leur enfant, ou de son esprit d'aventure. Mais très vite, ces mêmes parents expriment leur désapprobation légère, et prononcent soudain un «non» péremptoire juste au moment où la petite main va renverser le vase. A travers la communication émotionnelle, l'enfant développe et teste alors ce que Emde appelle des «stratégies de négociation». Au cours de ce premier apprentissage ludique, les parents comme les enfants ajustent leurs attentes, et l'enfant accroît sa compréhension à la fois des règles et des différentes façons dont elles peuvent être interprétées. Dans une situation donnée, le père, la mère ou le grand frère ne permettent pas forcément la même chose ; l'enfant apprend à évaluer jusqu'où il peut aller avec l'un ou l'autre. Par contre, l'imprévisibilité permanente des réactions parentales peut mener l'enfant à une confusion morale et des problèmes de comportement.

A trois ans, les enfants sont conscients de ce qu'on peut faire et ne pas faire. Ils parlent de leurs dilemmes moraux, cherchent une solution et trouvent des réponses. Ils perçoivent la notion que certains principes moraux peuvent être opposés à d'autres : Madeleine sait qu'elle n'a pas le droit d'ouvrir l'armoire à pharmacie, mais son amie s'est écorché le genou et aurait besoin d'un pansement. Madeleine doit-elle aller le chercher ? A ce moment-là, tandis qu'elle se débat intérieurement pour trouver la solution, la petite fille ressent la présence de sa mère, même si celle-ci n'est pas là.

De nombreux résultats d'expériences montrent qu'à l'évidence les enfants de plus de trois ans font la différence entre les convenances et les normes morales. Dans la plupart des familles, ne pas se tenir bien à table de temps en temps ou faire des histoires pour ses habits est une chose, mentir ou taper en est une autre. Un enfant de trois ans élevé dans une société occidentale qualifiera de «mal» les deux dernières propositions seulement, et ressentira sans doute une réaction émotionnelle forte et désagréable de honte, de culpabilité, ou les deux. Chez les enfants de plus de trois ans, imiter le comportement des adultes reste important, mais les relations avec les autres enfants prennent de plus en plus de place dans le développement des sentiments de «réciprocité morale, de bonté, de coopération et de justice».[7]

L'honnêteté, en paroles ou en faits, apparaît comme l'une des premières vertus «universelles» dans la liste : «la vérité te rendra libre», «être honnête envers soi-même», «l'honnêteté est la meilleure des politiques». En règle générale, les enfants apprennent de leurs parents que mentir c'est «mal». Mais la définition exacte de ce qui constitue un mensonge reste conditionnée par la culture. Les parents délivrent souvent sur l'importance de dire la vérité un message verbal intransigeant, mais ils l'affaiblissent eux-mêmes par leurs paroles et leurs actes. Ce qu'on lui apprend de la politesse, de la bonté ou des gentillesses sociales renforce chez l'enfant la notion que tous les mensonges ne sont pas interdits. Au Japon, on enseigne aux enfants que tout dépend de la personne à qui l'on ment, et de la raison du mensonge ; on considère moral de camoufler la vérité ou de la contourner, «pour maintenir l'harmonie sociale», à condition de ne pas mentir «à un membre de son propre groupe».[8]

Dans le cours de l'histoire, la conception de la rectitude morale et l'application des codes moraux se sont modifiés au fil des situations sociales. Les valeurs familiales sont encore à l'honneur, mais il y a de plus en plus d'incohérence et de désaccord sur ce qu'est une famille, sur le rôle qu'elle est censée jouer dans notre vie, et les obligations qu'elle implique.

Le comportement moral d'un individu dépend de sa capacité à formuler un jugement moral, ce qui exige à la fois une aptitude à peser les valeurs relatives inhérentes aux choix en présence, et une certaine appréciation des normes de conduite. Les neurobiologistes sont en train d'identifier les zones spécifiques du cerveau qui, quand elles sont endommagées, compromettent le jugement moral. Dans son ouvrage *Descartes' Error*, le neurologue A. Damasio décrit son patient Elliot chez lequel l'ablation d'une tumeur importante qui comprimait les lobes frontaux a nécessité de retirer une petite partie du tissu du lobe frontal qui avait été atteint. Il se trouve que cette partie contenait des structures neuronales essentielles à la prise de décisions sociales.

Avant sa maladie, Elliot était un homme intelligent, cultivé, bon père et bon mari, estimé dans son travail. Après son opération, il pouvait toujours discuter intelligemment, et ses résultats au test de QI étaient honorables ; sa mémoire était excellente, et sa réponse à des questions du genre «Si vous aviez besoin d'argent, est-ce que vous en voleriez, sachant que vous ne seriez jamais découvert ?» montraient qu'il comprenait les principes et les dilemmes éthiques. Mais, dans la vie de tous les jours, il avait beaucoup de problèmes : il ne pouvait pas travailler parce qu'il était incapable de se définir des priorités personnelles, de prendre des décisions, de choisir parmi des options ou de s'appliquer à une tâche pour arriver à un but qu'il s'était pourtant fixé – même quand il s'agissait d'une tâche simple comme se lever le matin à une heure donnée. Sa personnalité était complètement transformée. Il était devenu émotionnellement neutre et détaché, ne se sentait jamais excité ni bouleversé par quelque chose. Il ne pouvait pas saisir – et encore moins suivre – les normes de conduite qui avaient auparavant guidé sa vie.

Damasio pense que l'absence d'émotion dans le raisonnement d'Elliot l'empêche d'évaluer la signification morale des diverses options. Des études par imagerie du cerveau effectuées sur le patient montrent une lésion du cortex frontal droit, et dans une moindre mesure du cortex frontal gauche, ainsi que la destruction de la substance blanche sous-tendant le cortex frontal droit. ( La substance blanche est constituée de fibres nerveuses myélinisées qui relient normalement des zones distinctes du cerveau.) A cause de la perte de certaines connexions, une grande partie du cerveau frontal d'Elliot ne fonctionnait plus.

Damasio a comparé deux groupes de patients présentant des lésions du cerveau préfrontal. Les membres du premier groupe réagissent comme Elliot ; leurs lésions cérébrales sont assez similaires aux siennes. Comme lui, leur capacité à faire des choix rationnels concernant leurs affaires personnelles et à émettre des jugements moraux dans des situations sociales, est diminuée ; par contre, ils opèrent assez bien dans le monde impersonnel de la pensée abstraite, du langage et de la logique. Le deuxième groupe de patients, atteints de lésions qui ne concernent pas les mêmes régions du cerveau, restent aussi responsables, moralement et socialement parlant, qu'avant leur accident cérébral ; ils montrent cependant d'autres dégradations de l'intelligence, de la mémoire ou du langage, suivant la localisation de leurs lésions.

Ces dix ou vingt dernières années, la recherche a établi le rôle crucial de la zone préfrontale (située immédiatement derrière le front) dans l'organisation des processus cognitifs complexes nécessaires au jugement moral. Certaines études réalisées sur des cerveaux de primates, les observations de patients présentant des lésions du cerveau et les études d'imagerie fonctionnelle utilisant le PET et l'IRM fonctionnelle, ont révélé des connexions fonctionnelles du cortex préfrontal avec de nombreuses autres régions corticales importantes dans le traitement de l'information au plus haut niveau. Ces études montrent également les liens existant entre ce même cortex préfrontal et d'autres régions du cerveau essentielles dans les traitements de l'émotion et de la mémoire, comme l'amygdale, l'hippocampe et l'hypothalamus. Mais aucune connexion n'a été trouvée entre le cortex préfrontal et les zones cérébrales dans lesquelles l'information sensorielle est initialement reçue, comme le cortex auditif et visuel primaire ; en fait, l'information arrive au cortex préfrontal seulement après avoir été déjà traitée et intégrée – c'est-à-dire une fois qu'elle est combinée à d'autres informations qui donnent sens aux données sensorielles.

Le cortex préfrontal est un organisateur de l'expérience, un régulateur des systèmes de traitement variés qui contrôlent la mémoire, l'attention et d'autres fonctions cérébrales supérieures. C'est également le seul endroit dans le néocortex où l'information traitée par les circuits limbiques est intégrée. Certains neurobiologistes soutiennent que le cortex préfrontal est l'unique site cervical où s'effectue l'interaction entre l'intellect et les sentiments.

## Comment la conscience se développe

La voix intérieure que nous appelons conscience nous rappelle la différence entre le bien et le mal et encourage ou inhibe le comportement moralement approprié. Personne n'a localisé cette voix dans le cerveau, ni décrit, en enregistrant les réactions physiologiques provoquées, comment elle fonctionne. Cependant tout le monde entend le murmure de la conscience – même, je crois, à un moment de sa jeune vie, l'agresseur de treize ans dont nous avons parlé au début de ce chapitre. D'où viennent ces dépêches ? Et qu'est-ce qui fait qu'on les écoute ?

Quand un enfant est prêt à aller à l'école, il a acquis par les interactions avec les personnes qui prennent soin de lui, une éducation morale, quelle qu'elle soit, qui façonnera toute sa vie. Les humains naissent avec l'intuition d'une dimension spirituelle de la vie, et un immense désir de sens. Certains chercheurs pensent qu'il n'a jamais existé de société dépourvue de croyances religieuses. Les premiers à transmettre les valeurs spirituelles sont les parents, croyants ou non ; leur code moral et leur conduite constituent l'influence la plus importante que reçoit l'enfant pour le développement de sa compréhension morale et du comportement en découlant. Notre éducation morale se déroule sur toute notre vie. Nos figures d'autorité intérieures nous parlent à différents moments, à travers les enseignements de la poésie, de la philosophie ou de la religion ; nous entendons les échos des conseils donnés par un ami ou un maître, nous vivons avec l'exemple qu'ils nous ont légué.

On évoque la conscience pour décrire le processus par lequel les normes extérieures deviennent partie intégrante du caractère propre d'un enfant. L'enfant adapte lui-même son comportement, même en l'absence de ses parents, se retenant de commettre des actes qui auraient sans doute suscité leur désapprobation. Dans une des expériences menées en laboratoire, une marionnette parlante proposait à de jeunes enfants de jouer avec des jouets interdits ; il n'y avait aucun adulte dans la pièce, mais une bonne partie des enfants ont répondu à la marionnette, en utilisant tous à peu près les mêmes mots : «Tu n'as pas entendu ce qu'a dit ma maman ? On ne peut pas jouer avec ces jouets.»

Vers deux ans et demi, l'enfant commence à prendre en compte l'intentionnalité d'un acte, mais de façon encore imparfaite ; alors qu'un enfant plus jeune pense que casser une douzaine de tasses en porcelaine de maman est plus grave qu'en casser une seule, un enfant plus âgé jugera de la gravité d'une «bêtise» en se demandant si elle a été commise exprès ou non.

Les messages parentaux de mécontentement sont nécessaires au développement de la conscience infantile ; par ailleurs, les enfants prompts à saisir la colère ou l'agressivité contenues dans les mots, les gestes ou le comportement d'un adulte, sont souvent prédisposés à devenir colériques et agressifs, et auront des difficultés à intégrer les codes moraux. La colère ou le manque d'inhibition d'un enfant peuvent freiner l'évolution de sa conscience. Une des études indique que les enfants présentant des troubles relativement importants de la conduite et peu de trace de conscience semblent étonnamment dénués de peur et d'angoisse. Confrontés à une situation suscitant la frayeur, ces enfants ne réagissent pas avec un rythme cardiaque plus rapide, une conductance de la peau plus élevée ou avec les autres indicateurs d'excitation autonome.

Pour mieux comprendre la façon dont un enfant intériorise les normes et les préceptes moraux, les psychologues étudient le développement comportemental des tout-petits et leurs interactions avec leurs parents. Grazyna Kochanska et ses collaborateurs de l'université de l'Iowa ont étudié le style de discipline d'un groupe de mères. Ils ont noté que les enfants de cinq ans ayant une mère «qui a autorité» avaient moins de problèmes comportementaux et obéissaient plus facilement aux règles que ceux dont la mère était «autoritariste». La mère qui fait autorité influence le comportement de l'enfant en lui donnant des instructions claires sur la façon de se comporter, de partager avec les autres et d'aider dans les tâches ménagères. Elle communique à l'enfant ses attentes élevées, et met l'accent sur les instructions positives plutôt que sur les interdictions. Les mères autoritaristes, par contre, sont plus directives, et négatives dans leurs interactions avec l'enfant. On s'aperçoit que la capacité d'un enfant à tempérer son comportement se développe plus en douceur quand le style d'éducation parentale s'appuie sur l'incitation morale et le raisonnement, plutôt que sur des expressions de pouvoir. Dans l'étude longitudinale sur les sources familiales du comportement empathique, la distinction entre les deux styles d'éducation parentale – qui fait autorité ou autoritariste – avait également été considérée comme une valeur prédictive : les adultes empathiques avaient le plus souvent fait l'expérience d'une éducation «qui fait autorité» plus positive.

Ces vingt dernières années, dans le courant d'intérêt grandissant pour les explications génétiques du comportement, les chercheurs on essayé de comprendre comment les traits innés agissaient sur le développement de la conscience. Les différences tempéramentales individuelles – degrés d'angoisse ou de timidité, seuil élevé ou bas de déclenchement des sentiments de colère ou d'empathie – interviennent sur la façon dont l'enfant gère les messages moraux. Si l'injonction parentale n'éveille pas une réponse émotionnelle suffisante, l'enfant peut simplement l'ignorer ; si elle en éveille une trop forte, la mémoire peut rappeler non pas le comportement qui a entraîné le message, mais la figure parentale menaçante qui a gâché la journée. Kochanska a remarqué que plus l'enfant se focalise sur les sentiments négatifs suscités chez lui par le pouvoir parental, sur la peur ou la honte d'être vu, ou sur la punition et la crainte d'une punition future, moins il est à même d'intérioriser le message, même s'il obéit ponctuellement. Quand les parents énoncent des normes morales d'une façon qui suscite une résonance modérée, le contenu de l'affirmation peut être dissocié du contexte – c'est-à-dire qu'il sera intériorisé par l'enfant comme guide moral propre à lui.

Les enfants peureux ressentent une gêne intérieure profonde au moindre signe de contrariété parentale. Dans une de ses expériences, Kochanska a étudié la force de conscience chez des enfants de sept à neuf ans, qui avaient déjà fait l'objet d'une observation dans leur petite enfance. Il en ressort que la peur d'un tout-petit n'indique pas en elle-même une force de conscience ; par contre, les bébés peureux dont les parents dédramatisent l'usage du pouvoir dans leur éducation, possèdent une conscience forte à l'âge où ils entrent à l'école.

Les parents emploient de nombreuses stratégies pour obtenir l'obéissance : de la punition physique aux menaces plus subtiles génératrices d'angoisse, comme un mouvement de recul, un air déçu ou dégoûté, ou tout autre signe indiquant que le comportement de l'enfant peut éprouver la relation parents-enfant. On utilise souvent des fables, des récits de prudence ou l'éducation religieuse pour faire passer les messages moraux.

Provoquer la honte de l'enfant est une méthode largement utilisée pour inculquer les valeurs sociales et enseigner les connaissances nécessaires dans la société. Si le sentiment de honte est essentiel dans le développement de la conscience, c'est aussi une émotion particulièrement douloureuse, car elle est vécue comme une attaque de soi, qui est souvent accompagnée d'une envie de rétrécir, de se cacher, de disparaître ou même de mourir. Charles Darwin avait remarqué qu'un enfant n'exprime pas de honte – ni des émotions voisines telles que la timidité, l'embarras et la culpabilité - avant d'avoir atteint un certain niveau de conscience de soi. Ces émotions sont accompagnées d'un signal révélateur : rougir. Selon Darwin, nous rougissons parce que nous avons fait – ou avons laissé inachevé – quelque chose qui nous rend peu sûrs de notre réputation. Nous rougissons, écrit-il, quand «nous pensons aux autres en train de penser à nous».

La société occidentale de cette fin de siècle ne peut pas être qualifiée de culture de la honte, mais comme partout ailleurs, les parents et les enseignants humilient parfois les enfants et les poussent à avoir honte. Certains psychiatres pour enfants pensent que cette méthode ne devrait jamais être utilisée délibérément ; ils croient en effet qu'en ressentant de la honte de manière répétée, l'enfant risque d'inhiber non seulement le comportement interdit, mais aussi ses propres sentiments de bonheur et de confiance en soi. Les parents font suffisamment honte à leurs enfants sans le vouloir.

Pour un enfant en train de développer les normes selon lesquelles il vivra, intérioriser les jugements de ceux qu'il aime peut s'avérer un processus douloureux. Voyez l'échange suivant : une petite fille est ravie, elle vient d'attraper un crapaud dans le jardin ; pressée de partager son enthousiasme, elle l'apporte à sa mère… qui hurle de dégoût ; l'enfant se rend compte soudain que son jugement à elle est tout à fait décalé. Son sentiment de fierté s'effondre devant le contraste inattendu, et cette dissonance lui restera en mémoire. Il est fort probable qu'au même âge, son frère aurait été traité tout différemment, car les garçons ont généralement plus de latitude pour explorer le monde et se salir les mains. Cumulées, ces différences d'expérience interviennent dans la formation des différences comportementales – mais également des normes à partir desquelles on juge du comportement – des deux sexes.

# CHAPITRE 8

# La colère des enfants et la violence adulte

Quand la colère émerge chez le tout-petit, comment les parents aident-ils l'enfant à canaliser ce sentiment, ainsi que ses pulsions agressives ? Pourquoi certains enfants ne parviennent-ils pas à franchir cette étape cruciale de leur développement, s'engageant alors sur la voie de la délinquance et du crime ? Le très grave taux de violence aux Etats-Unis suscite de nombreuses études sur les causes du comportement criminel. Un matériel de recherche substantiel indique que la combinaison de facteurs économiques et sociaux défavorables (très grande pauvreté, maltraitance ou négligence de l'enfant, environnement violent) et de vulnérabilités individuelles (impulsivité, déficit de l'attention) prédispose l'enfant à la délinquance. Nous examinerons également certaines recherches sur les causes du comportement agressif et sur l'efficacité des programmes de prévention de la délinquance.

## LA COLÈRE DES BÉBÉS

Les signes manifestes de colère apparaissent généralement chez l'enfant entre quatre et six mois. Avant cet âge, quand le bébé subit une expérience désagréable (un vaccin par exemple) son expression faciale montre d'abord la surprise, puis la détresse. Il gigote et se met à pleurer ; son rythme cardiaque et son taux de cortisol (une hormone du stress) augmentent. Quand le bébé a un an, sa colère devient bien plus qu'un simple comportement face à la douleur ou à l'impuissance ; elle est maintenant dirigée vers la personne que le bébé croit responsable (le médecin, ou même sa mère qui ne fait rien). A la maison, le tout-petit lance un regard indigné à son grand frère qui veut lui enlever son biscuit de la bouche.

Quand sa mère sort de la pièce, le bébé d'un an peut avoir l'air triste, mais il peut également organiser ce que John Bowlby appelle «une réaction forte à la séparation». Au chapitre 5, nous avons abordé la réaction du jeune enfant quand il est séparé de ses parents pour longtemps et confronté à un environnement étranger (hôpital ou orphelinat). Dans ces conditions, et suivant les sensibilités individuelles, les enfants se replient sur eux-mêmes, et dépriment après avoir manifesté de la colère. Les observateurs commencent à percevoir les liens entre douleur, peur, colère, tristesse et dépression, même chez de tout jeunes enfants.

Un petit de deux ans peut passer de la déception à une rage folle ; ni lui, qui n'est pas encore doté de capacités d'autorégulation émotionnelle assez matures, ni l'intervention des parents ne pourront empêcher cette spirale dans laquelle il perd le contrôle de soi. Heureusement, les bébés ne restent pas longtemps dans un état de grande excitabilité. Chez un bébé une crise de colère dure en moyenne 4,7 minutes, et quand elle est finie, c'est pour de bon, le bébé n'alimentera pas sa rancœur. Il existe cependant des enfants de deux ans parfaitement normaux capables de se débattre et de hurler pendant une heure, et bien sûr ce sont ces scènes dont les parents se souviennent.

A mesure que les systèmes du cerveau deviennent plus matures et que l'enfant accumule des expériences, les émotions primitives subissent une réorganisation par étapes. Les zones frontales du cortex, où sont situées les capacités de jugement et de choix, exercent un contrôle inhibiteur sur le système limbique, et la colère se fait de plus en plus nuancée par rapport à l'état émotionnel plus indéfini qu'on observait auparavant. A mesure que sa capacité d'imagination et de pensée représentative grandit, l'enfant attache des significations et des souvenirs à l'expérience, et sa colère se déclenche et se modèle à partir des interprétations de ce qui lui arrive. Son pouvoir accru sur les mots agit sur la façon dont il vit la colère et dont il l'exprime ; des expériences précédentes d'impuissance, de colère ou de tristesse déteignent sur la perception et l'expression des expériences suivantes. L'accumulation des expériences jointe aux facteurs de tempérament l'amène à développer un style spécifique de réaction.

En 1931, Florence Goodenough rassembla ses observations sur la colère des jeunes enfants. A la maison, 40% des crises de colère viennent d'une opposition aux tâches quotidiennes (s'habiller, se laver les mains et le visage, être forcé de manger ou rester dans sa chaise haute pendant les repas) ; 40% sont dues à des frustrations pendant les moments de jeu. Les frères et sœurs procurent de nombreuses occasions de se mettre en colère, de tester sa capacité à canaliser cette colère. Par exemple, Edouard, âgé de deux ans, furieux de voir sa mère allaiter sa toute petite sœur, essaie de s'insérer entre elles, et s'énerve en voyant qu'il n'y arrive pas ; sa mère tente de le calmer, mais son père le repousse. Les parents estiment la colère désagréable ou même dangereuse ; très tôt, ils font des efforts pour supprimer ou socialiser ces manifestations. Edouard a compris qu'il doit trouver une façon socialement acceptable d'exprimer sa frustration. Quelques semaines plus tard, il vient se blottir contre sa maman et boit son biberon pendant que sa mère lui lit une histoire tout en donnant le sein à la petite sœur ; il n'est pas tout à fait résigné. De temps à autre, il a l'air triste et furieux, et parfois, il tire les cheveux de sa mère, ou la pince, alors qu'il sait parfaitement que ce comportement n'est pas toléré.

Les parents gèrent souvent la colère de leur tout-petit en employant des stratégies (gronder, faire diversion, afficher une tolérance affectionnée, ignorer la crise ou retenir physiquement l'enfant) pour l'aider à gérer ses sentiments. Mais quand l'enfant grandit, mère et père deviennent moins permissifs ; on voit alors apparaître des différences de réaction à la colère d'une fille ou d'un garçon, du moins dans les foyers de la classe moyenne occidentale : on ignore plus souvent la colère d'une petite fille, ou bien on lui dit de cesser ; les garçons reçoivent plus d'attention, on les cajole, on les menace, on les isole ou on leur donne une fessée.

Il existe d'une famille à l'autre, et dans la même famille d'un enfant à l'autre, des différences énormes dans les façons de considérer la colère et de la gérer. Dans certains foyers, la colère est tout le temps présente, les membres de la famille crient et frappent ; dans d'autres, la mère exprime sa désapprobation par un regard glacial, ou bien elle paraît triste, déçue, ou même dégoûtée. Ces expressions suscitent la honte, bon moyen de freiner efficacement l'attitude de l'enfant ; mais, comme nous l'avons vu dans le chapitre précédent, la honte quand elle est exagérée peut conduire à un sentiment d'humiliation chronique et donner lieu à des troubles de la personnalité. D'autres recherches suggèrent que la mère qui répond habituellement à son bébé avec colère l'oblige à se cantonner à son tour dans un comportement de colère et de désobéissance qui continuera après la petite enfance. Ces enfants sont également moins enclins à réagir avec empathie à la détresse d'autrui. A la maternelle, l'enfant qui canalise mal sa colère deviendra vraisemblablement turbulent et agressif, s'il est d'un tempérament expansif ; s'il est timide et inhibé, l'enfant deviendra angoissé et méfiant.

Même quand ils n'en sont pas eux-mêmes la cible, ils sont touchés par les explosions de colère et les actes agressifs dont ils sont témoins. Un bébé d'un an est visiblement perturbé par les attaques verbales entre sa mère et son père. Dans le même cas, les nourrissons pleurnichent ou se figent ; les enfants un peu plus âgés se bouchent parfois les oreilles, ou quittent la pièce. Certains, après avoir vu des adultes exprimer de la colère l'un envers l'autre, deviennent agressifs avec leurs camarades. Après avoir été témoins d'un conflit entre deux adultes simulé en laboratoire, les enfants considérés comme plus enclins à l'agressivité se lançaient dans des disputes plus intenses et prolongées avec leurs camarades que les enfants à tendance agressive modérée.

On observe souvent des enfants de trois ou quatre ans se battre pour le même jouet, même quand il existe en plusieurs exemplaires, ou pour occuper un même coin par terre, alors qu'il y a de la place partout ; le motif de la dispute est simplement : «Je veux ce que tu as». En grandissant, les enfants apprennent d'autres moyens que la lutte physique pour arriver à leurs fins. Julien, cinq ans, qui veut le camion avec lequel Quentin, trois ans, est en train de jouer, lui propose un autre camion en lui disant : «celui-ci est plus joli» ; ou bien il essaie de négocier : «c'était ton tour, maintenant c'est le mien» ; ou encore, il tente de distraire le plus petit de l'objet convoité en faisant des «broom… broom» très prometteurs avec le camion qu'il veut que Quentin convoite.

Si aucune de ces manœuvres ne réussit, un enfant plus âgé essayera peut-être – si personne ne regarde – d'obtenir le camion de force ; ou au contraire il décidera que de toute façon il ne veut pas vraiment de ce vieux camion à moitié cassé ; ou encore, sous le regard attentif d'un adulte, il deviendra magnanime : «Je lui laisse, c'est qu'un bébé.» Il peut aussi passer complètement à une autre activité, abandonnant son but, s'il estime que le prix à payer est trop élevé ou si quelque chose d'autre a attiré son attention. A cinq ans, l'enfant accorde ses manifestations de colère à la situation sociale dans laquelle il se trouve. N'étant plus à la merci de ses impulsions, il est capable de recadrer les situations et d'utiliser sa maturité cognitive grandissante pour les percevoir sous un jour plus positif. Il a développé des versions infantiles de stratégies qu'il continuera à employer toute sa vie.

Quand un enfant entre à l'école maternelle, puis à l'école primaire, les autres enfants jouent un rôle très important dans la socialisation des expressions de la colère. Un comportement provocateur dans la cour de récréation amène vite une bagarre, bien que certains enfants préfèrent se replier plutôt que d'entrer en conflit. Céder devant l'attaquant est un bon moyen de terminer la dispute, mais il augmente aussi les chances de voir l'attaquant recommencer. Cependant, même si son comportement de colère ou d'agressivité donne à l'enfant un avantage à court terme, il peut être finalement rejeté par les autres enfants de son groupe. Malheureusement, les enfants rejetés à cause de leur comportement agressif tendent à perpétuer à la fois leur comportement et leur statut ; ils perçoivent des intentions hostiles dans les actions de leurs camarades, et cette menace supposée les rend plus prompts à réagir de façon agressive. Du coup, plus personne ne veut jouer avec eux.

A quatre ans environ, l'enfant possède une notion rudimentaire de ce qui est juste. Il ne se sent pas seulement frustré parce qu'il n'a pas eu le jouet qu'il voulait par dessus tout ; il pense aussi qu'on lui fait du tort. Pourquoi est-ce que sa maman ne le lui donne pas ? «Tu avais promis !» gronde-t-il au bord des larmes. Ou encore, il hurle au copain avec lequel il joue à un jeu de société : «Tu as triché !» A ce moment-là, l'enfant a à sa dispositions plusieurs possibilités : envoyer valser le plateau de jeu, les pions, se bagarrer, ou encore inventer une solution pour continuer quand même le jeu. Les enfants qui s'entendent raisonnablement bien avec les autres, dans leur famille comme dans d'autres groupes sociaux, apprennent à défendre leurs intérêts sans perturber les relations. Appréciés par les autres et classés parmi les «socialement compétents» par leur instituteur, ils se trouvent moins souvent impliqués dans des conflits. Et quand ils le sont, ils tendent à répondre aux provocations d'une manière directe mais non agressive qui préserve la relation. Si le jeune enfant n'est jamais soutenu par ses parents ou ses enseignants dans ses efforts pour tempérer sa colère, s'il est physiquement ou verbalement maltraité, ou régulièrement exposé à un comportement agressif, il risque d'être qualifié «d'enfant à problèmes» dès la maternelle, et d'être enfermé dans un cercle vicieux qui le conduira à un comportement délinquant à l'adolescence.

Quels sont les facteurs qui rendent certains enfants plus enclins à la violence que d'autres ? De nombreuses recherches montrent que les tendances agressives qui se manifestent dans la petite enfance persistent à l'âge adulte ; et ceci est particulièrement vrai chez les garçons. Si les petits tyrans incorrigibles des cours de récréation, qui font de la provocation et sèchent l'école, deviennent le plus souvent des adultes équilibrés, il ne faut pas oublier qu'un tiers de ces enfants continuent, une fois adultes, à être violents dans leurs relations personnelles, sont incapables de garder un travail à cause de leur comportement agressif, ou deviennent des criminels.

A partir de l'analyse d'un grand nombre d'études, Rolf Loeber et ses collègues sont arrivés à la conclusion que les enfants adoptant un comportement antisocial ont le plus souvent ressenti les effets des comportements parentaux suivants : discipline sévère et incohérente, surveillance insuffisante, manque d'engagement, voire rejet. Des études portant sur les expériences précoces vécues par des criminels violents ont montré des schémas de comportement parental récurrents : les parents maltraitent les enfants ou sont violents entre eux ; ils explosent de rage en réaction à l'enfant, ou la plupart du temps l'ignorent ; ils ne le surveillent pas, ou même ne savent pas ce qui lui arrive ; ils n'expliquent jamais à l'enfant pourquoi son comportement est inacceptable, et ne lui parlent jamais de ce qu'il est en train de faire ; ils ne discutent jamais, et ne proposent pas de solution non violente pour résoudre les conflits ; ils parlent rarement à l'enfant, le touchent rarement, sauf pour le battre. Ils transmettent le message que la colère est une arme, que la force fait loi, que la violence est synonyme de pouvoir, et que la volonté malfaisante offre un statut et force le respect. Peut-on exposer à l'enfant un modèle de relations humaines plus antisocial ?

Les théoriciens du développement sont actuellement nombreux à penser que des influences réciproques – des parents à l'enfant et de l'enfant aux parents – agissent continuellement. Confronté à un enfant exigeant ou provocateur, par exemple, un père ou une mère peu sûr(e) de lui ou d'elle, qui ne sait pas être ferme, va hésiter entre exiger l'obéissance et céder. Son échec à obtenir l'obéissance augmente la difficulté lors des confrontations ultérieures ; par désespoir ou lassitude, il ou elle finit par donner une claque à l'enfant.

Dans la même situation, des parents plus sûrs d'eux seront plus fermes. De la même façon, un enfant accommodant, de bonne humeur, aura plus de chance de sortir indemne de confrontations avec des parents tendus, déprimés ou en colère. Les risques de problèmes comportementaux et émotionnels diminuent également quand l'enfant possède d'autres ressources : un grand-père ou une grand-mère compréhensifs, un talent spécifique pour la musique ou le sport, ou une bonne école. Les parents, eux aussi, auront plus de facilité à désamorcer les conflits avec l'enfant s'ils ont des amis et d'autres centres d'intérêt, et s'il pensent à se faire aider.

Les enfants, en particulier les enfants difficiles, ont besoin d'occasions et de motivation pour entreprendre des activités satisfaisantes, utiles, louables. Ils ont également besoin d'adultes pour remarquer et applaudir leurs signes de progrès dans le développement des aptitudes sociales. «C'est vraiment très gentil de partager ton biscuit avec Louis.» «Cette chambre est vraiment belle, avec tous les jouets rangés.» «Oui, tu étais très en colère il y a quelques instants, et je l'étais aussi ; mais nous nous sommes réconciliés (et ce sera toujours le cas), parce que je t'aime et que tu m'aimes.»

Les recherches suggèrent que l'attachement infantile peut induire des troubles ultérieurs de la conduite. Une étude à long terme indique que parmi des garçons de sept ans, ceux qui avaient été classés comme nourrissons à attachement insécurisé étaient moins obéissants et plus agressifs que ceux qui avaient été notés à attachement sécurisé. L'un des premiers articles de Bowlby relatait l'histoire de quarante-quatre jeunes voleurs. Des expériences s'avéraient communes à toutes ces jeunes vies, notamment la séparation d'avec leur mère, ou la perte de celle-ci. La perte – perçue d'après Bolwby, comme un abandon – déclenche des sentiments de mépris et de dégoût de soi-même, de colère et d'humiliation. («Elle est partie parce que je ne vaux rien. Elle est mauvaise.») L'un des moyens de défense contre ces sentiments, toujours d'après Bowlby, consiste pour l'enfant à refuser l'amour et l'affection. Ces enfants sont imperméables à toute demande et ne s'émeuvent pas des punitions. Superficiellement, certains semblent d'un contact facile et désireux de plaire, mais derrière ce masque d'amabilité et d'indifférence, il y a, écrit Bowlby, «une misère sans fond, et derrière la rudesse apparente, du désespoir». La faim d'amour et la rage provoquée par cette carence se manifestent par des actes antisociaux et délinquants.

Une autre étude montre que les enfants risquent plus d'être agressifs si leur mère a été placée en orphelinat ou en institution pendant son enfance, ou si elle vit une mauvaise relation maritale. Peut-être la mère est-elle incapable de prodiguer des soins affectueux à son enfant parce que ses propres besoins émotionnels n'ont pas été assouvis dans son enfance, et ne le sont toujours pas. Rien d'étonnant à ce que de nombreuses études confirment que les enfants de parents jeunes, défavorisés, non-mariés, et socialement isolés, vivant loin du reste de leur famille et dans des quartiers difficiles, développent plus fréquemment un attachement insécurisé et ultérieurs des troubles émotionnels.

Hypothèse différente et intéressante, qui ne contredit pas celle de Bowlby, mais suggère une autre cause de délinquance : le comportement exigeant et turbulent d'un enfant de moins de cinq ans prend racines dans la mauvaise communication chronique entre lui et sa mère. Des parents inexpérimentés ou inattentifs, par exemple, qui ne tiennent pas compte des demandes discrètes d'attention, et réagissent seulement quand l'enfant surenchérit, renforceront sans le vouloir les pleurs d'énervement et les crises de colère. Alors l'enfant, en colère, frustré, et se sentant en situation d'insécurité parce qu'il ne reçoit pas l'aide adulte dont il aurait besoin pour gérer ses émotions, aggrave la situation parce qu'il exprime ses sentiments, s'attirant du coup la colère de l'adulte ou son désengagement. Leur relation en arrive à se définir uniquement par un cercle vicieux de comportements coercitifs.

Heureusement, la plupart des enfants ont un père et une mère qui les guident sur la voie de l'autorégulation émotionnelle. Le taux de crises de colère tombe brusquement vers le milieu de la troisième année. A cet âge, le tout-petit est plus attaché à son père, et la présence paternelle offre un soutien à la recherche d'autonomie de l'enfant, qui résout ces sentiments ambivalents vis-à-vis de sa mère. Dans la plupart des familles occidentales, la mère est la figure d'attachement primaire de l'enfant pendant les premiers mois ; un peu plus tard, elle est souvent aussi celle qui donne les premières règles et impose un comportement acceptable. Cet âge est parfois un cap de transition difficile pour les parents, car les enfants s'opposent avec vigueur à leur entourage en essayant de suivre leur propre programme. La colère de l'enfant, quand elle n'est pas trop intense, renforce le processus du développement émotionnel ; elle mobilise et concentre en effet l'énergie vers l'affirmation de soi, l'auto-protection et la maîtrise des obstacles. La colère prolongée, excessive, doit être prise comme un signal d'alarme.

## Colère, impulsivité et agressivité

Les causes et les conséquences de l'incapacité de l'enfant à contrôler sa colère, sont en grande partie connues grâce aux études épidémiologiques et cliniques effectuées sur des enfants présentant un comportement antisocial inquiétant : se bagarrer fréquemment sans raison, être cruel envers les animaux, mettre le feu ou détruire le bien d'autrui sans motif. Ce n'est généralement pas avant l'adolescence qu'on observe un comportement antisocial assez grave pour relever de la délinquance ; mais dans 3 à 5 % des cas de délinquance, ce comportement agressif commence plus tôt dans l'enfance.

Avant l'âge de cinq ans, un enfant au comportement irritable, provocateur, turbulent et imprudent, dont les manifestations augmentent en fréquence et en intensité, peut justifier une demande de diagnostic psychiatrique afin de détecter un trouble de la conduite. Ce trouble de la conduite, qui inclut une multitude de comportements inquiétants (mentir, voler, sécher l'école et se battre) et dure plusieurs mois, est le problème rencontré le plus couramment dans les cliniques psychiatriques pour enfants aux Etats-Unis. Cependant, chez les psychiatres, les travailleurs sociaux et les criminologues, les critères définissant le trouble de conduite varient énormément. De nombreux chercheurs et praticiens opèrent une distinction entre les enfants qui fuguent, sèchent l'école et enfreignent les règles, et ceux qui sont agressifs et violents. Ceux du deuxième groupe risquent plus de présenter un comportement violent par la suite. La plupart des élèves évitent les enfants tyranniques, agressifs ou hostiles. Mais ce rejet conforte les enfants à problème dans leur idée que le monde est un lieu hostile, et ils deviennent solitaires ou recherchent des compagnons partageant leur vision sombre et leurs pulsions antisociales. A la puberté, ces enfants font parfois partie d'un gang, et ils ont déjà commis des agressions, des vols, voire pire.

Les délinquants juvéniles dont le comportement agressif commence avant l'adolescence ne constituent qu'une toute petite partie de la population, mais ils sont responsables, pense-t-on, de la moitié des crimes commis par des enfants ou des adolescents. Parce qu'ils sont nettement plus agressifs que les jeunes qui expriment un comportement antisocial à l'adolescence seulement, ils sont responsables d'un taux plus élevé encore de délits violents. Certains de ces enfants font l'expérience d'un comportement délinquant puis sont capables de s'arrêter, mais plus ils commencent tôt, plus leur comportement est agressif et constant, moins il est probable qu'ils s'arrêteront volontairement. Les enfants présentant un trouble de la conduite ont de graves prédispositions en ce qui concerne l'alcool et la drogue ; ils sont plus nombreux à pouvoir se procurer facilement des armes à feux que dans les générations précédentes.

Si un enfant irritable, impulsif et têtu se montre en plus hyperactif ou présente des difficultés d'apprentissage, un déficit de l'attention, le risque d'un comportement délinquant augmente. Plus de 40% des enfants atteints de troubles de l'attention ont des problèmes de comportement. Qu'ils les développent dépend de l'impact de leur famille. «Les familles qui procurent un environnement de soutien, cohérent, avec des limites clairement définies, permettent sans doute [aux enfants présentant une déficience d'attention] de développer des capacités sociales suffisantes pour fonctionner raisonnablement bien à l'école et avec leurs semblables».[9]

Les enfants chroniquement incapables de contrôler leur besoin d'obtenir tout de suite ce qu'ils veulent, sont souvent en colère. On sait maintenant que l'aptitude d'un enfant de maternelle à tolérer une frustration fournit d'importants repères sur sa personnalité et son comportement ultérieurs, en particulier à l'adolescence. Walter Mischel et ses collègues de l'université de Stanford ont mené une expérience au cours de laquelle ils testaient des enfants de quatre ans sur leur aptitude à retarder la récompense ; ces enfants ont à nouveau été observés et testés des années plus tard, quand ils étaient au lycée. On a expliqué aux enfants de quatre ans qu'il auraient deux bonbons s'ils attendaient que l'expérimentateur revienne d'une course ; un des bonbons était placé sur la table devant chaque enfant ; l'expérimentateur disait aux enfants que s'ils ne pouvaient pas attendre, ils avaient le droit de manger ce premier bonbon avant son retour, mais que dans ce cas, ils n'auraient pas le deuxième.

Les enfants possédant assez de maîtrise de soi pour attendre la plus grosse récompense (environ les deux tiers du groupe) imaginaient toutes sortes de stratégies pour résister à la tentation : ils se chantaient des chansons à eux-mêmes, inventaient des jeux, ou se cachaient les yeux. Les autres sautaient sur le bonbon, le plus souvent dès que l'expérimentateur était sorti de la pièce. Lors d'une seconde étude menée quatorze ans plus tard, on a remarqué que les adolescents ayant, à quatre ans, résisté à leur impulsion, étaient bien plus à même de gérer la frustration ; ils étaient moins impulsifs, plus confiants, plus assurés et réussissaient à établir des relations saines avec autrui. Ceux qui avaient tout de suite mangé le bonbon, par contre, avaient tendance à être plus «têtus, indécis, méfiants, envieux, raisonneurs et bagarreurs».

Cette incapacité à retarder une gratification dans la perspective d'un but plus éloigné, est un sérieux handicap. La société actuelle récompense ceux qui assurent un contrôle sans faille de leurs impulsions. Ce faible contrôle de soi dans l'enfance annonce un penchant pour la délinquance. Attention, il faut rappeler ici que la plupart des enfants impulsifs ne deviennent pas délinquants. Cependant, le succès scolaire d'un élève dépend de son aptitude à s'arracher au programme télé pour apprendre des conjugaisons ou des équations du second degré. Et effectivement, quand on compare les enfants qui ont résisté à leur envie de saisir le bonbon à ceux qui n'ont pas pu attendre, les premiers ont, quatorze ans plus tard, des résultats bien meilleurs aux tests d'aptitude scolaire.

La publicité dépense chaque année des millions de dollars afin d'ébranler ce contrôle de l'impulsion, et la plupart de ces messages qui incitent à acheter maintenant et tout de suite sont destinés aux enfants. Il est difficile de leur demander d'ignorer ce matraquage – d'autant que les parents eux-mêmes n'y sont pas indifférents – mais on peut les aider à contrôler leurs désirs ; il faut les habituer à comprendre les «attends une seconde», «arrête ça», «calme le jeu», «compte jusqu'à dix», et leur apprendre à agir d'une manière qui augmentera leurs chances de bonheur. Les enfants peuvent acquérir cet élément essentiel de «l'alphabétisation émotionnelle» comme l'appelle Daniel Goleman, à condition que les parents et les enseignants soient patients et cohérents dans leur encouragement. Le succès des enfants à modérer leur impulsions dépend des milliers de petites interactions de tous les jours, les plus importantes ayant lieu avec les parents.

## Les raisons de la violence

Les perspectives développementales des garçons qui présentent un comportement antisocial précoce ont été largement étudiées, celles des filles nettement moins. Ceci ne signifie pas que les filles ne soient pas impliquées dans des comportements inacceptables ou perturbateurs – en fait certaines études suggèrent qu'à l'adolescence il n'y a pas une grande différence entre les deux sexes dans le nombre de cas de troubles de la conduite – mais comparé à celui des garçons, le comportement des jeunes filles est beaucoup moins agressif, et attire donc moins l'attention de la police. Ceci est dû en partie à la nature des délits qu'elles commettent : les filles préfèrent piquer dans les magasins plutôt que menacer quelqu'un avec une arme.

John Richters, chercheur à l'Institut national de la santé mentale, nous rappelle qu'il existe plusieurs raisons conduisant un enfant à cette attitude. Un individu peut commencer sa vie avec un tempérament impulsif ou irritable dû à une vulnérabilité génétique ; un autre enfant a peut-être souffert d'une lésion cérébrale ou d'une exposition à un agent neurotoxique comme l'alcool ou le plomb ; le respect de soi d'un enfant peut être très bas, parce qu'il est toujours ignoré ou rejeté à l'école comme à la maison ; il se fait des camarades chez des enfants rejetés comme lui et ils passent leur temps à renforcer leur colère et leur hostilité. Un autre enfant encore vit dans une famille violente et acquiert des valeurs fausses ; ou bien il apprend que l'agressivité est nécessaire à la survie dans un quartier dangereux ; il peut être forcé de se joindre à un gang, sans lequel il serait sans défense et à travers lequel il trouvera la famille qu'il n'a pas, c'est-à-dire le respect, l'attention, et des personnes qui le guident ; enfin pour être quelqu'un parmi les autres adolescents, il commettra les actes d'imprudence ou de violence qu'on exigera de lui. De nombreuses études confirment que le risque de délinquance est augmenté par la pauvreté et le manque d'influences bénéfiques (un père aimant, de bons voisins, une communauté religieuse ou des enseignants prêts à aider l'enfant en difficulté).

Beaucoup d'enfants et d'adolescents agressifs présentent un taux de sérotonine – neurotransmetteur impliqué dans de nombreux processus neurobiologiques qui agissent sur les états émotionnels – beaucoup plus bas que la normale ; chez certains de ces sujets, on remarque également une réactivité moindre du système nerveux autonome ; ce qui signifie que leur seuil d'angoisse et d'inhibition est plus élevé que la normale. Dans plusieurs études, on a constaté que le cortisol – hormone du stress – est moins élevé chez les garçons agressifs que chez les non-agressifs. La testostérone est l'hormone le plus souvent mise en relation avec l'agressivité chez les humains, mais les effets constatés sont extrêmement complexes, et les taux peuvent varier sous l'influence d'une quantité de facteurs liés entre eux et qu'on ne comprend pas encore très bien. Aucune de ces différences physiologiques n'est causalement déterminante ou ne prédit invariablement un certain schéma de comportement. Les fonctions autonomes et neurorégulatrices chez des individus dont les schémas de réaction ont été appris et renforcés par l'expérience sont indiscernables de celles qui proviennent en majeure partie d'un agent toxique ou d'une prédisposition innée. Petit à petit, on progresse pourtant dans la connaissance des diverses hormones et de leur action à des moments critiques sur le développement du cerveau et sur la fonction des systèmes cérébraux provoquant un comportement agressif.

Si les prédispositions génétiques ou l'historique des expériences (maltraitance, rejet, ou lésion cérébrale) jouent un rôle dans certains cas de délinquance, ces facteurs ne sont en eux-mêmes pas suffisants pour expliquer le comportement réel d'un individu. Le seuil d'excitabilité dans un circuit neuronal, par exemple, peut être tempéré par un gène, mais celui-ci est activé ou non par des influences épigénétiques – c'est-à-dire environnementales, acquises. Un adolescent peut avoir une tendance innée à l'impulsivité, mais il ne commettra pas de délit à moins d'un enchaînement particulier de circonstances : une voiture sur laquelle on a laissé les clefs, un ami qui provoque («T'es pas capable de la voler»), un incident au lycée qui l'a rendu furieux. Les différents souvenirs, expériences, relations, transformations physiologiques et dispositions de tempérament qui renforcent le comportement antisocial, font qu'il est pratiquement impossible de déterminer avec certitude les combinaisons d'influences et de circonstances amenant l'individu à commettre un acte grave. Cependant, la recherche sur les individus et les groupes à haut risque élargit notre compréhension de la violence : comment elle se déclenche, et à quel niveau les interventions peuvent être bénéfiques.

Les analyses et statistiques associant des expériences de la vie à un comportement criminel dans une population donnée ne prédisent en aucun cas comment un individu de ce groupe se comportera dans le temps. Des études concernant des enfants maltraités montrent que 10 à 25 % d'entre eux en viendront à commettre des délits violents – ce qui signifie que 75 à 90 % d'entre eux n'arrivent pas à ces extrémités. Une étude portant sur des garçons d'un quartier à haute criminalité à Eugene, dans l'Oregon, confirme l'hypothèse intuitive que plus l'enfant commet un délit tôt dans sa vie, plus il risque de continuer dans la voie du crime. Les chercheurs ont remarqué que les garçons qui ont déjà été arrêtés avant l'âge de quatorze ans, sont dix-huit fois plus exposés à devenir des malfaiteurs chroniques que les jeunes arrêtés plus tard dans leur vie, ou jamais arrêtés. Mais aller jusqu'à en conclure qu'une arrestation précoce révèle de façon absolue la destinée d'un individu, serait une grave erreur. Quand quelqu'un prédit qu'un garçon arrêté avant ses quatorze ans va devenir un criminel, il se trompe à 65%.

Les enfants maltraités peuvent devenir eux-mêmes des parents qui maltraitent leurs enfants. Cela est probablement dû, dans la plupart des cas, aux cicatrices émotionnelles. Certains individus présentent un comportement violent parce qu'ils ont souffert de lésions cérébrales graves. A tout âge de la vie, les lésions cérébrales affectent les processus de contrôle des émotions, mais elles sont particulièrement dévastatrices chez les enfants. Une altération précoce du lobe frontal cause parfois une incapacité d'apprentissage de la perspicacité, de la prévoyance, de l'évaluation sociale, de l'empathie et de l'aptitude au raisonnement abstrait. Bruce Price, Marcel Mesulam et leurs collègues décrivent deux patients adultes présentant un casier judiciaire bien rempli et un historique compliqué dû à un comportement imprévisible, désordonné, impulsif et agressif. Dans la conversation et lors de tests plus formels, les patients se révèlent extrêmement immatures dans leurs jugements moraux et sociaux, bien que leur QI soit dans la moyenne basse, et que les examens neurophysiologiques n'aient révélé aucune anomalie frappante. Tous deux avaient cependant été victimes d'un traumatisme du cerveau frontal dans leur enfance ; et l'IRM effectuée à l'âge adulte montrait des zones de lésions frontales relativement importantes.

On sait maintenant que le cerveau frontal joue un rôle important dans la régulation du comportement social et de l'inhibition de l'agressivité. Dans un groupe de 279 vétérans de la Guerre du Vietnam présentant de graves blessures au cerveau, ceux qui avaient des lésions dans le lobe frontal étaient d'après les examens deux à six fois plus violents et agressifs que ceux qui avaient été atteints dans une autre région du cerveau. L'étude de quinze condamnés à mort accusés chacun d'un ou de plusieurs meurtres montrait qu'ils avaient au total souffert de quarante-huit atteintes graves au cerveau, parmi lesquelles un bon nombre provenaient de corrections violentes administrées par les parents. Le scanner du cerveau d'enfants qui ont souffert de négligence sévère présente des zones cortico-frontale et limbico-sous-corticale moins développées que la moyenne – environ 20 à 30 % plus petites.

En 1995, on comptait aux Etats-Unis plus de trois millions d'enfants négligés ou maltraités ; un peu moins d'un million des cas firent l'objet d'une enquête et furent confirmés. Les nouvelles recherches attestent ce que pensent de nombreux policiers et professionnels de la santé : les chiffres officiels, qui ont augmenté de 61% entre 1985 et 1995 restent cependant très en dessous de la réalité. Certains enfants maltraités reproduiront plus tard avec leur partenaire et leurs enfants ce qu'ils ont subi eux-mêmes. Selon une étude, les parents battus dans leur enfance ont cinq fois plus tendance à infliger des corrections sévères à leurs enfants que les parents jamais maltraités. De plus, les adultes, en particulier de sexe masculin, qui ont été maltraités quand ils étaient petits, risquent plus que les autres de s'impliquer dans des actes de violences en dehors du foyer.

La criminologue Cathy Widom et ses collègues ont remarqué que les taux d'arrestation pour crimes violents étaient presque aussi élevés chez les adultes qui avaient été négligés étant enfants, que chez ceux qui avaient été maltraités : en effet, 16% des adultes maltraités dans leur enfance avaient été arrêtés pour des crimes violents, et le pourcentage s'élève à 13% pour les adultes négligés dans leur enfance. Widom cite d'autres études avançant l'hypothèse que «la négligence peut s'avérer potentiellement plus nocive au développement de l'enfant que la maltraitance (...) en particulier dans les zones de développement du langage, du développement psychologique et de la réactivité empathique.»

Les enfants des classes moyenne ou élevée ne sont absolument pas à l'abri de ces deux problèmes. L'une des raisons en est qu'aux Etats-Unis de nombreux parents souffrent de dépression, maladie qui n'épargne pas les gens influents, puissants ou qui ont mené leur vie avec succès. Les études indiquent que 12% des mères de jeunes enfants sont cliniquement dépressives et que 52% souffrent de symptômes dépressifs. Les mères dépressives ont souvent du mal à communiquer avec leurs petits enfants, à comprendre leurs signaux, et à leur assurer une présence chaleureuse et réconfortante. Elles manquent parfois de patience pour résoudre les conflits avec eux d'une façon calme et cohérente, font marche arrière et abandonnent, ou deviennent sévères, voire violentes.

Pendant quinze ans, David Ols et ses collègues d'Elmira, dans l'état de New York, ont suivi un groupe de 400 enfants nés dans une situation à haut risque : la mère était le plus souvent adolescente, pas mariée, et défavorisée. Environ la moitié (216) des mères reçurent des visites d'une infirmière à domicile pendant leur grossesse ; un peu plus de la moitié de ces mères (116) continuèrent à être suivies pendant deux ans après la naissance du bébé. Les infirmières cherchaient à agir sur la qualité des soins parentaux, en donnant des conseils, en montrant comment interagir de façon appropriée avec l'enfant, en offrant un soutien moral, et en aidant les mères à gérer des questions comme le planning familial, l'éducation et l'emploi. Le taux d'enfants maltraités ou négligés dans ces familles suivies était de 46% inférieur à celui qui a été constaté dans les familles ne recevant pas cette aide. Les mères de ce groupe avaient moins de grossesses rapprochées, restaient moins longtemps au chômage et il y avait 69% d'arrestations en moins que dans le groupe de contrôle. Des résultats aussi prometteurs sont attendus d'un programme similaire lancé à Memphis, et impliquant les enfants de 1 139 femmes à haut risque. Comme les mères de l'état de New York, celles du Tennesse qui sont suivies à domicile montrent une réduction du nombre d'enfants maltraités.

## NÉS POUR TUER ?

Les Américains qui ont peur de sortir dans la rue après le coucher du soleil, les policiers et les politiciens qui veulent donner un réponse aux électeurs anxieux, sont évidemment attirés par l'idée d'un signal d'alarme précoce de la criminalité, qui serait caché dans le criminel lui-même, présent dans son ADN. Si l'on identifie dès l'enfance les criminels en herbe par leurs marqueurs génétiques, on peut ensuite les éduquer, leur donner des médicaments, les isoler, les incarcérer, enfin faire n'importe quoi qui les empêchera d'accomplir leur destin génétique.

L'approche génétique de la prévention du crime a connu un certain succès. Pourtant la plupart des adolescents (87% d'après une enquête nationale) impliqués dans une forme ou une autre de comportement antisocial (vols simples, vandalisme, conduite en état d'ivresse) avant l'âge de vingt et un ans ne deviennent jamais des criminels. En fait, en criminologie on arrive à la conclusion étayée que seul un tout petit pourcentage de la population est responsable d'une grande partie des crimes de violence. Une étude portant sur 13 150 hommes nés à Philadelphie en 1958 a montré que 7,5% des hommes étaient responsables de 61% des homicides et de 75% des viols commis par tout le groupe dans son ensemble. Il n'y a donc plus qu'à identifier ces 7,5 % avant qu'ils ne débutent leur triste carrière, et la joyeuse perspective d'éliminer ainsi les deux tiers des crimes de violence est presque atteinte !

## MAIS LA NATURE N'EST PAS AUSSI COMPLAISANTE

Si l'idée que les gènes ont une influence sur le comportement est maintenant largement acceptée, on comprend moins l'interaction permanente entre l'information génétique et celle de l'expérience. Ces deux facteurs structurent notre comportement. Comme l'écrit le neurobiologiste T. Wiesel, «Les gènes qui contrôlent le développement embryonnaire forment la structure du cerveau du nourrisson ; l'expérience du nourrisson dans le monde règle alors le schéma des connexions neuronales qui soutiennent la fonction cérébrale. Un tel réglage du tissu des connexions qui constituent le cerveau se poursuit certainement à l'âge adulte.» Les gènes s'expriment quand ils sont contactés par une information spécifique pour laquelle ils sont biologiquement préparés ; il ne faut pas espérer pouvoir un jour identifier les gènes qui prédisent de manière sûre et certaine les schémas de comportements futurs.

Le danger existe néanmoins de voir les marqueurs génétiques considérés comme des pronostics certains, telle une marque au fer rouge apposée dès la naissance et définissant l'individu dans les dossiers médicaux, de la police, et des assurances. Les enfants étiquetés comme potiellement violents pourraient alors bien être traités selon des méthodes qui augmenteraient le risque. Le fait d'être montré du doigt et mis à l'écart n'a jamais rendu personne plus doux. Les prévisions génétiques basées sur des données incertaines, alliées à une théorie plus faible encore, s'autoconfortent, et rien de plus ; pourtant des chercheurs persistent à détecter ces signes génétiques infaillibles de la violence. Comme le déclare l'un d'eux, cette recherche pourrait bien faire qu'un jour, en examinant un jeune garçon, «on affirmera à 80% d'exactitude que votre fils deviendra gravement violent». Le psychiatre Stuart Yudovsky promet que «grâce aux progrès espérés, nous serons capables de diagnostiquer de nombreux individus biologiquement enclins à la violence.»

«Les gens veulent des explications simples aux problèmes de fonds», remarque Anne Fausto-Sterling, généticienne à l'université Brown. «S'il existait un médicament antitestostérone qu'on pourrait inoculer pour rendre les jeunes garçons gentils, ce serait plus facile et bien moins cher que d'essayer de transformer l'école, ou la société, ou ce qui est au cœur du problème.» Le neurobiologiste Evan S. Balaban, de Harvard, est lui aussi sceptique : «Moi, je dirais n'attendez pas de miracle si vous croyez que la recherche des gènes va vous aider à comprendre la violence. Je miserais plutôt sur des manipulations environnementales intelligentes, parce qu'en fin de compte c'est à ça qu'on va en arriver de toutes façons.»

Pourtant, la criminalité se transmet dans les familles. Des chercheurs bénéficiant du soutien du ministère de la Justice américain ont rassemblé des données sur la population de nombreuses institutions pénales locales ou fédérales, et ont noté que plus de la moitié des délinquants juvéniles incarcérés dans les prisons d'Etat, et plus d'un tiers des criminels adultes des prisons locales et fédérales, ont un membre de leur famille restreinte qui a déjà fait l'objet d'un emprisonnement. Mais parler lituanien, envoyer ses enfants dans une école privée ou prendre des leçons de piano sont également des choses qui se transmettent dans une famille donnée. Est-ce que les jeunes délinquants héritent d'un «gène criminel», ou est-ce qu'ils apprennent leur comportement antisocial des autres membres de la famille ? Est-ce qu'ils ont été maltraités, négligés, et rejetés par leurs parents ? Ont-ils subi de mauvais exemples ? L'explication, avance Marvin Wolfgang, professeur de criminologie et de droit à l'université de Pennsylvanie, pourrait venir d'un environnement partagé dans lequel le crime est courant : «milieux socio-économiquement faibles et quartiers désavantagés dans lesquels une grande proportion de gens seront envoyés en prison, qu'ils fassent partie ou non de la même famille».

Les études de jumeaux indiquent que l'hérédité joue effectivement un grand rôle dans la criminalité, mais la réponse n'est pas si simple :

«En 1982, une étude suédoise portant sur l'adoption a indiqué un taux de criminalité chez les enfants adoptés de 2,9% quand ni les parents biologiques ni les parents adoptifs n'avaient commis de délit ; ce pourcentage atteignait les 6,7% si les parents adoptifs étaient des criminels, et 12,1% si les parents biologiques étaient des criminels. Cela semble constituer une démonstration limpide du poids relatif de l'environnement et de la génétique dans la détermination du comportement antisocial. Si les deux couples de parents étaient des criminels, les chances que l'enfant le devienne aussi étaient de 40%. Combinés, les gènes et l'environnement sont visiblement plusieurs fois plus puissants qu'un seul de ces deux facteurs.»

Après avoir analysé de nombreuses études de jumeaux, Michael et Marjorie Butter confirment que les résultats montrent «une composante génétique limitée». Ils insistent par contre sur l'importance des influences environnementales dans la délinquance : «mésentente familiale, faible surveillance des enfants, pauvreté des relations parents-enfant, désavantage social, famille nombreuse».

## Les gènes et l'agressivité

Attaquer est une des réponses possibles à une menace ; une autre étant de fuir ; l'immobilité, la réaction de sidération du rat attendant le choc qu'il ne peut éviter en est une autre. Chez le même individu, ainsi que dans une population normale, humaine ou non, il existe des différences énormes de réponse comportementale au stress. La propension à réagir d'une façon ou d'une autre dépend non seulement de la situation déclenchante, mais également des caractéristiques de l'individu. Le fait que les animaux de laboratoires présentant une ou plusieurs réponses caractéristiques puissent être reproduits par sélection confirme que les séquences neurophysiologiques et comportementales observables possèdent une base génétique.

Quand j'étais étudiante au laboratoire Jackson de Bar Harbor (Maine), centre de recherche connu pour ses centaines de lignées de souris génétiquement homogènes, j'ai assisté à une expérience dans laquelle on donnait une seule boulette de nourriture à deux souris mâles affamées. Les souris provenant d'une des lignées reproduites génétiquement partageaient toujours la boulette, grignotant toutes en même temps jusqu'à ce qu'elle soit finie ; les souris d'une autre lignée se battaient tout le temps pour avoir la boulette, et le gagnant protégeait jalousement son trophée pendant qu'il le mangeait. Si l'on met ensemble deux souris provenant chacune de ces deux lignées génétiques différentes, la souris combattante saisit la boulette et attaque l'autre qui essaie de grignoter ; après plusieurs provocations cependant, la souris non-agressive finit par se battre, et comme elle est issue d'une race d'animaux plus gros, elle a presque toujours le dessus. En fait, elle en arrive parfois à tuer son agresseur si on ne les sépare pas à temps.

Des études plus récentes sont effectuées sur des souris de laboratoire reproduites pour réagir à la menace par un comportement spécifique ; on les utilise pour étudier les différences dans les neurotransmetteurs, les réponses hormonales, les séquences physiologiques ou même les mécanismes génétiques sous-jacents aux particularités comportementales. Dans une des séries d'expériences, des souris ayant fait l'objet de manipulations génétiques pour être agressives, présentent une grande activité de leur système nerveux sympathique, ainsi qu'un niveau bas d'hormones du stress corticostéroïdes quand elles sont les vainqueurs dans un affrontement ; les autres animaux, produits pour demeurer plus passifs quand ils sont soumis à des conditions menaçantes, ont une activité parasympathique élevée, et s'ils sont vaincus présentent également des taux élevés d'hormones du stress. La testostérone est généralement basse chez les animaux les plus passifs. Les chercheurs ont trouvé que les animaux agressifs et non agressifs diffèrent dans le nombre et la distribution de récepteurs de sérotonine du système limbique.

Grâce à de nouvelles méthodes, il est maintenant possible de dresser la carte des gènes d'un animal – c'est-à-dire de trouver où ils sont situés sur un chromosome particulier – puis d'en cloner un ou plusieurs, de les transformer, de les remettre en place ou de les insérer chez un autre animal, de substituer un gène à un autre ou d'en éliminer. Les animaux ainsi manipulés sont croisés pour créer des lignées d'animaux génétiquement identiques. Ces lignées génétiques fournissent un support efficace pour étudier comment un gène contribue au développement et au comportement. On met au point actuellement de nouvelles méthodes qui vont permettre de rendre inopérants des gènes (ou une protéine du gène) chez les animaux adultes et dans des zones spécifiques.

Plusieurs groupes de recherche étudient l'agression chez les souris en utilisant diverses techniques d'ablation des gènes. Les chercheurs éliminent un seul gène bien précis et observent ce qui arrive à la progéniture mutante de l'animal génétiquement modifié. Dans une des séries d'expériences, on élimine le gène de l'un des récepteurs synaptiques de la sérotonine, puis on produit une lignée de souris auxquelles il manque ce gène ; ces souris mutantes, les femelles comme les mâles, se révèlent beaucoup plus agressives que des animaux qui n'ont pas subi cette manipulation. Si les mâles et les femelles ont un comportement semblable une fois qu'ils ont commencé à se battre, ils deviennent agressifs à partir de conditions expérimentales différentes : les mâles, mutants ou non, réagissent agressivement quand on introduit une souris inconnue dans leur cage ; mais les mutants sont plus agressifs que les autres.

Les souris femelles ne sont pas perturbées par un intrus, sauf quand elles viennent d'avoir des petits, auquel cas elles répondent en attaquant agressivement. Les mères mutantes sont beaucoup plus agressives que les autres. On observe également que leurs attaques diminuent en intensité et en fréquence quand l'heure de la tétée approche. Les chercheurs en ont conclu que l'agression chez les mâles et les femelles, bien que provoquée par des situations de déclenchement différentes, est gouvernée par une voie neuronale similaire dans les deux sexes. Ils en concluent également que le récepteur de sérotonine modifié par l'ablation du gène est un régulateur crucial dans le circuit dont dépend le comportement agressif.

Dans d'autres recherches prometteuses, les scientifiques cherchent à éliminer un gène récepteur de sérotonine sur des animaux adultes – plutôt que de créer des animaux déficients en transférant le gène mutant à la lignée germinale de la souris, puis de procéder à la reproduction pour obtenir la mutation. Si ces essais réussissent, les chercheurs pourront comparer les effets d'une variation génétique précise chez l'animal adulte avec ceux qui se produisent chez l'animal qui a toujours vécu avec le gène modifié, et qui a peut-être trouvé, d'une façon ou d'une autre, une compensation au cours de son développement.

On commence à utiliser ce genre d'expériences pour identifier les gènes impliqués dans le comportement, et également pour comprendre les facteurs physiologiques et environnementaux essentiels qui activent le gène ou l'inhibent. Pour donner un aperçu de la formidable complexité de cette tâche, précisons qu'à ce jour quatorze types de récepteurs de sérotonine de mammifères ont été clonés, qui agissent sur diverses voies du système nerveux central et ont des effets variés. L'exemple bien connu est l'effet de la sérotonine sur l'humeur – plusieurs études ont en effet démontré que des agents pharmacologiques comme la fluoxetine (Prozac) qui augmentent le taux de sérotonine, inhibent le comportement agressif dans certaines conditions.

La sérotonine n'étant qu'un des multiples neuromédiateurs qui agissent sur le comportement agressif, il faudra encore de nombreuses recherches pour démêler les systèmes physiologiques, complexes et interdépendants, qui participent à l'agression. La testostérone, la dopamine, la noradrénaline, la corticotrophine, la vasopressine et la prolactine jouent toutes un rôle. L'alcool et la drogue, comme la cocaïne, ainsi que d'autres agents pharmacologiques, transforment l'équilibre des systèmes neurotransmetteurs ; les études de ces facteurs sur des animaux de laboratoire permettront d'avancer dans la connaissance neurophysiologique et neuropharmacologique de l'agressivité mais également dans la compréhension de la surconsommation de ces substances.

## Des rongeurs soignés de leur personne

Les expériences sur les élevages de souris démontrent à l'évidence que le comportement agressif contient un composant génétique. Cependant, les chercheurs dont nous venons de décrire le travail ajoutent : «Une autre direction de recherche tend de plus en plus à confirmer le rôle décisif de l'expérience précoce dans la programmation des circuits qui sont à la base des séquences de réponses au stress dans la vie adulte.»[10] Les recherches sur des bébés souris et rats, ainsi que sur d'autres bébés mammifères, dont des singes, ont montré que le comportement maternel agit sur le développement physiologique du petit, ainsi que sur ses réponses comportementales au stress. Les actes de lécher, nettoyer, allaiter, garder le contact physique – qui sont tous des comportements maternels normaux – stabilisent semble-t-il la spécialisation, alors en plein développement, des neurones limbiques et corticaux chez le jeune mammifère ; à leur tour ceux-ci gouvernent la comportementalité autonome et les hormones du stress à la fois chez la mère et chez son petit. Le psychologue Myron Hoffer dénomme ces processus interactifs, les «régulateurs cachés».

Les chercheurs ont trouvé que les soins apportés à un bébé animal agissent sur l'expression des gènes impliqués dans les voies cérébrales traitant le stress. Quand un bébé rat de laboratoire, par exemple, est doucement stimulé par sa mère qui le lèche et le nettoie, l'expression du gène récepteur du glucocorticostéroïde (cortisol) augmente. Si le petit rat est séparé de sa mère, le gène devient moins actif.

Le maternage diminue les réponses au stress hypothalamo-hypophyso-surrénalien, par des mécanismes de feedback complexes : la grande activité des gènes récepteurs dans ces localisations du cerveau antérieur inhibe la production d'hormones du stress. La séparation d'avec la mère, ou un trauma physique, provoquent presque exactement l'inverse : le niveau des hormones de stress du petit et donc sa réactivité au stress augmentent, parce que le mécanisme génétique qui inhibe la libération des hormones du stress est moins actif. Ces résultats apportent les preuves que des temps de maternage plus ou moins importants à une période sensible du développement suscitent des différences individuelles dans les programmes neuronaux gouvernant le stress.

Plus important encore : on a compris également que les effets persistent à de nombreux niveaux tout au long de la vie de l'animal. Adultes, les animaux ayant bénéficié de léchages et de toilettages maternels fréquents témoignent davantage de conduites d'exploration (ce qui indique une anxiété moindre) et leur cerveau contient plus de récepteurs d'agents pharmacologiques réducteurs d'anxiété (ce qui signale aussi une moins grande sensibilité à l'anxiété). Quand, devenus adultes, les petits «bien propres» sont exposés au stress, ils présentent une sécrétion moins importante d'hormones du stress, et les gènes de l'hippocampe et de l'hypothalamus montrent une activité liée au stress moindre. Ces expériences confirment que les animaux gardent durant leur vie le même comportement face aux situations stressantes, comportement qui diffère selon l'expérience précoce qu'ils ont eue.

Les souris de laboratoire que j'ai observées à Bar Harbor possédaient un ou des gènes «pour» l'agression, mais elles ne se battaient pas quand elles avaient suffisamment à manger et quand elles ne trouvaient pas d'intrus provocateurs dans leur cage. En outre, comme nous venons de le voir, les expériences précoces peuvent définitivement orienter les tendances vers un type de comportement ou un autre. Cependant, même les animaux présentant une prédisposition génétique particulière et un assortiment d'expériences précoces particulier peuvent être amenés à changer leurs façons de faire à n'importe quel âge, du moins jusqu'à un certain point. Souvenez-vous des effets bénéfiques que les mères adoptives maternantes ont sur les taux d'hormones du stress et le comportement des jeunes singes rhésus hyper-réactifs et sans mère, dont nous avons parlé au chapitre 5. Des données convergentes suggèrent non seulement que les hormones agissent sur le comportement, mais aussi que le comportement agit sur les hormones. De même, non seulement les gènes agissent sur le comportement, mais le comportement agit sur l'expression des gènes.

## Colère incontrôlée et colère positive

La colère est une émotion qui peut vous sauver la vie ou y mettre fin en un éclair. La façon dont nous gérons nos sentiments de colère influence toutes nos relations sociales, non seulement en famille, mais aussi au travail, à l'école, en voiture.

La colère n'est pas la seule émotion pouvant déclencher un comportement de violence. Une peur soudaine conduit parfois le corps à réagir violemment, préventivement ; «il allait me frapper, alors je lui ai rendu son coup en premier», explique une jeune femme qui a agressé son compagnon. Un adolescent qui vient de commettre un cambriolage se met à paniquer à l'idée que la victime pourra l'identifier, et la tue d'une balle dans la tête – alors qu'un criminel endurci est capable de décider et de commettre un acte de violence sans colère. Certains commettent des actes de violence pour pimenter une vie ennuyeuse. Les psychopathes se servent de la violence pour exercer un contrôle sur autrui, renforcer une expérience sexuelle, trouver le respect de soi, donner un sens à leur vie ; en bref, pour satisfaire toutes sortes de besoins émotionnels non assouvis.

La colère possède également des côtés positifs. Elle pousse l'enfant à maîtriser une tâche difficile ; plus tard, cette même émotion l'incitera à combattre la corruption et l'injustice. La colère aide à mettre les choses au clair entre amis, afin de poursuivre la relation. Un regard de colère de la part des parents peut arrêter net le début d'une bagarre entre deux enfants. Et dans certaines circonstances, lorsqu'on est témoin d'un acte de cruauté par exemple, ne pas être en colère est une faiblesse morale. Cependant, la colère devient de plus en plus ce que le psychologue Paul Ekman qualifie de «la plus dangereuse» et la «moins adaptative» des émotions humaines, parce qu'elle pousse un trop grand nombre d'entre nous à attaquer avec des armes qui tuent plus vite que nous ne le pensons.

## ÊTRE TÉMOIN DE LA VIOLENCE

Le degré d'agressivité qu'atteint un enfant, et la violence avec laquelle il exprime ses pulsions agressives, ne sont pas seulement dus à l'image qu'il a de lui-même, mais également à la vision de son entourage qu'il s'est bâti à partir de ce qu'il ressent, observe et apprend – ce que le psychologue James Garbarino appelle sa «carte d'exploration sociale». Dès son très jeune âge, l'enfant apprend ce qui est socialement acceptable, par ce que ses figures maternantes disent ou font, mais également par les messages culturels venant de l'extérieur de la famille. Les films, la télévision, la musique de rap célèbrent la violence, et l'un des messages sous-jacents aux discours politiques est que la violence fonctionne : la force de dissuasion assure la sécurité de la nation ; la peine de mort empêche le crime ; un revolver dans le tiroir du bureau protège la famille.

Quand on voit les best-sellers et les films grand public, il est manifeste qu'un grand nombre d'individus sont fascinés et divertis par le crime violent. La télévision est l'instrument de transmission des signes culturels le plus insistant, et dans certains foyers, elle reste allumée toute la journée. Les psychologues ont mené des milliers d'études concernant l'impact de la violence télévisuelle sur les enfants. Le nombre d'actes de violence simulés qu'un enfant a vus à la fin de l'école élémentaire est tout à fait effrayant. Un rapport de l'Association américaine de psychologie reprenant trois milles études sur les effets de la télévision sur les enfants conclut qu'il «n'y a absolument aucun doute, les taux élevés de violence à la télévision sont à mettre en corrélation avec l'acceptation accrue des attitudes agressives et l'augmentation des comportements d'agressivité». Plusieurs études prouvent que l'arrivée de la télévision dans une communauté donnée provoque une augmentation du comportement agressif chez les enfants. Une étude longitudinale de jeunes garçons montre une relation significative entre l'exposition à la violence télévisuelle à l'âge de huit ans et les actes antisociaux (dont des crimes graves et la maltraitance sur le conjoint) vingt-deux ans plus tard.

L'abus de télévision ne vient pas tout seul. L'accroissement de la violence à la télévision coïncide avec un accroissement de la négligence parentale, une augmentation des foyers sans père, une diminution de la surveillance et une baisse dans le temps que les parents consacrent à jouer avec leurs enfants, à les aider pour leurs devoirs, ou tout simplement à être disponibles pour eux. Il n'y a souvent personne avec l'enfant pour vérifier ce qui passe à l'écran ou discuter de ce qu'il voit et entend.

Un groupe d'éducateurs qui travaillent avec des délinquants juvéniles en période de probation à Brooklyn sont convaincus que «les arrestations réelles qu'on peut voir régulièrement à la télévision, montrant typiquement des jeunes noirs et des hispaniques» perpétuent davantage la violence que les films de fiction, car ces images confirment la vision du monde qui émerge chez ces adolescents perturbés. S'ils ne voient que ça (les arrestations de gens comme eux) pendant quelque temps, ils pensent bien sûr que «c'est tout ce que je peux devenir».

C'est seulement depuis quelques années que des études ont été entreprises pour déterminer de quelle violence réelle les enfants sont véritablement témoins. En 1993, John Richters et Pedro Martinez, de l'Institut national de la santé mentale, publièrent une étude portant sur 165 enfants, âgés de six à dix ans, vivant dans ce qui est décrit comme «un quartier à revenus bas, modérément violent» dans le sud-est de Washington D.C. Plus d'un tiers des plus grands reportent qu'ils ont déjà assisté à des fusillades, des agressions, des arrestations, des gangs attaquant ou chassant des gens, ou vu quelqu'un portant, montrant ou utilisant une arme. Presque 30% avaient déjà vu quelqu'un blessé, 22% quelqu'un qu'on menaçait physiquement, et 23% des cadavres dans la rue ; 9% racontent qu'ils ont assisté à un meurtre. Une enquête similaire menée dans un quartier violent de la Nouvelle-Orléans fournit des données encore plus effrayantes : plus de 90% des enfants avaient été témoins d'actes de violence, plus de la moitié avaient été victimes de violences sous une forme ou une autre, et 26% avaient déjà assisté à un meurtre. Dans cette étude sur la Nouvelle-Orléans, les mères rapportent qu'elles apprennent à leurs enfants à garder la tête au-dessous du niveau des fenêtres quand ils regardent la télévision, pour éviter les balles perdues.

Pour les enfants, quelles peuvent être les conséquences émotionnelles d'une vie dans des quartiers où les actes de violence sont quotidiens ? Certains deviennent timides et développent des phobies. Les cauchemars sont fréquents. Les jeux de «Pan-pan, tu es mort», un classique pour beaucoup de petits garçons, sont plus réalistes, et parfois – à cause de la disponibilité de vraies armes à feu – beaucoup plus dangereux. Très jeunes, les enfants doivent faire face à la perte d'un ami ou d'un parent ; dans ce cas-là, ils sont souvent seuls pour démêler leurs sentiments complexes. Certains recherchent la «protection» d'un gang.

S'il existe peu de recherches sur les effets de la violence quotidienne vécue par les très jeunes enfants, les déductions qu'on peut tirer de la théorie développementale sont pour le moins dérangeantes. Le psychiatre Robert Emde s'inquiète de la qualité du maternage dans un environnement de violence permanente. Dans des situations normales, un petit enfant prend l'habitude d'attendre de la personne qui prend soin de lui des réactions qui instruisent et rassurent. Dans un environnement violent, la vigilance que la mère doit garder face au danger, sa méfiance, ou sa dépression, restreignent les occasions d'interactions positives capables d'encourager l'évolution de l'enfant. Son sens de la sécurité est alors sapé, et les processus normaux qui renforcent le développent moral précoce sont interrompus. Selon Emde, «les possibilités d'expérimenter l'empathie (...) et les manifestations positives du sens du partage» sont réduites. Le sentiment de confiance sur laquelle se bâtit une vision optimiste de la vie n'a pas grande chance de se développer, quand le message qui revient le plus souvent est «Baisse la tête» !

L'exposition à la violence et l'hostilité de la vie réelle subies par des enfants qui ont des difficultés à contrôler leur colère les confortent dans l'idée qu'ils ont du monde : endroit dangereux et inhospitalier. Une expérience portant sur deux groupes de jeunes garçons, l'un avec un historique de comportement agressif et le second composé de garçons non-agressifs, illustre comment les enfants émotionnellement vulnérables sont atteints par ce qu'ils entendent et ce qu'ils voient. On demande aux deux groupes de regarder des vidéos de scénettes décrivant une interaction entre enfants du même âge qu'eux ; certaines montrent des comportements provocateurs ou agressifs. Chacun doit s'imaginer dans la scène, puis interpréter les intentions des personnages de la vidéo comme hostiles ou inoffensives. Dans des circonstances paisibles, les garçons agressifs jugent les situations aussi correctement que les autres.

Puis dans le laboratoire, on met en scène un événement perturbateur : l'expérimentateur demande une pause pour amener un nouveau garçon qui attendait dans la pièce d'à côté, mais à travers la cloison, on entend ce garçon crier sur un ton agressif qu'il va casser la gueule à tous les autres dès qu'il les verra. Tous les sujets sont plus ou moins inquiets, mais le comportement des garçons agressifs change nettement : ils voient maintenant beaucoup plus les situations des scénettes vidéos comme hostiles et prêtent aux enfants filmés des motifs plus menaçants. Un bouleversement émotionnel intense a transformé leur façon de traiter l'information et a perturbé leur jugement. Dans les quartiers violents, les enfants émotionnellement fragiles n'ont pas besoin d'une incitation artificielle pour percevoir l'hostilité qui les entoure.

## Comment briser le cercle vicieux ?

Par leur manière d'agir, les parents enseignent très tôt à l'enfant comment réagir en cas de conflit. Examinons un exemple fréquent d'affrontement de deux volontés entre un jeune enfant et ses parents : l'enfant crie une fois qu'il est couché. Le père ou la mère va voir si quelque chose ne va pas ; le bébé se calme un moment puis recommence. Un enfant au tempérament irritable est tout à fait capable de garder ce comportement pendant des heures et des heures ; comme peut le faire également un bébé qui a passé le seuil supportable de fatigue.

Bien que les parents soient les partenaires responsables dans cette négociation, il n'est pas toujours facile pour eux de se comporter de manière responsable. Difficile de résister aux cris d'un enfant. Et comme dans beaucoup de scènes de la vie quotidienne, la «bonne solution» n'existe pas... Dans le rituel du coucher, l'acquisition de la propreté, ou d'autres interactions quotidiennes, les parents se trouvent parfois en conflit avec leur enfant. La façon dont ils résolvent ces crises est une expérience d'enseignement pour l'enfant.

Les parents apprennent aux enfants à résoudre les conflits par bien d'autres moyens encore : si l'un des parents maltraite ou injurie l'autre, les mots et les gestes envoient des messages perturbants. A l'inverse, quand l'enfant voit ses parents régler un différend calmement malgré leurs divergences, il a plus de chances d'apprendre à connaître et à maîtriser ses propres émotions. A cinq ans déjà, les enfants sentent que leurs parents ont réglé un désaccord paisiblement, même s'ils n'étaient pas là quand la paix est revenue.

Les parents ont tendance à négocier avec leurs enfants pour qu'ils obéissent. L'étude de 92 mères en interaction avec leur enfant dans la salle de jeux d'un laboratoire quand c'est l'heure de partir, révèle différentes stratégies. Certaines mères utilisent le jeu pour encourager l'enfant à ranger les jouets : «Si tu conduisais la voiture dans le garage...» ; d'autres tiennent absolument à expliquer la raison de leur demande : «Il faut qu'on range pour le petit garçon ou la petite fille qui va venir après.» Une demande claire combinée à une explication, ou une récompense, s'avère plus efficace pour obtenir l'obéissance de l'enfant qu'affirmer simplement son pouvoir ou se baser uniquement sur la persuasion. Dans le processus, la mère présente à l'enfant des stratégies de résolution des conflits qui s'appuient sur la négociation plutôt que sur l'intransigeance, sur un défi verbal plutôt que physique, et sur un respect mutuel plutôt que sur la contrainte et le pouvoir intransigeant.

Dans la mesure où l'éducation parentale sévère est maintenant connue pour être un facteur de risque de la délinquance juvénile, un certain nombre de programmes d'intervention ont été lancés aux Etats-Unis, destinés à expliquer aux parents comment employer des stratégies non-coercitives dans l'exercice de leur autorité. Un bilan portant sur quarante de ces programmes montre que les efforts pédagogiques pour améliorer les aptitudes linguistiques et cognitives de l'enfant, combinés à une éducation des parents et à d'autres services d'assistance à la famille «avaient des effets modérés à importants sur le comportement antisocial et la délinquance».

Selon une étude datant de 1997 sur la prévention du crime juvénile et la rééducation des jeunes délinquants (étude commissionnée par le Congrès et effectuée par des criminologues de l'université du Maryland), la plupart des programmes de prévention du crime – y compris les camps d'entraînement à la dure et les cours sur la drogue à l'école – commencent trop tard et sont loin d'atteindre leur but. Selon ces chercheurs, les interventions à long terme sont beaucoup plus efficaces, parce qu'elles visent à modifier la façon de penser et le comportement des jeunes perturbés, ou à améliorer les conditions dans lesquelles ils vivent. On note ainsi des résultats favorables à la suite de programmes comportant des visites régulières d'infirmières et de conseillers dans la famille des nourrissons et des jeunes enfants, et qui attaquent les problèmes avant que ceux-ci ne deviennent un mode de vie.

Les recherches suggèrent que pour réduire la violence, il faut intervenir très tôt dans la vie des enfants à risque. Ces interventions peuvent et doivent concerner à la fois les enfants, leur famille et leur quartier. Tout cela fournit une aide, mais sans de considérables progrès dans l'amélioration de l'éducation et des conditions de vie, sans l'efficacité de la police, sans services de base, et sans possibilités d'emploi, la violence et ses conséquences perverses resteront un problème majeur dans les cités défavorisées.

## CHAPITRE 9

# Envers et contre tout

Tous les parents espèrent que la vie sera clémente pour leur nouveau-né, et font en eux-mêmes le vœu de le chérir et de le protéger. Mais de nombreux parents sont inquiets à l'idée qu'ils ne pourront pas éviter à leur enfant tous les hasards malheureux et les accidents. Nous allons voir ici comment les expériences qui accroissent le risque pour l'enfant, et celles qui lui permettent de surmonter l'adversité s'entrecroisent et interagissent au cours du développement. Nous décrirons également quelques programmes destinés à diminuer les risques, à minimiser leurs effets ou à en venir à bout.

### RISQUES ET RÉSILIENCES

En 1955, Emma Werner commença l'étude de 837 enfants nés la même année sur l'île de Kauai, qui fait partie de l'archipel de Hawaii. Son but était d'observer l'impact des risques sur la vie des personnes d'un groupe particulier, dans un temps et un espace donnés. Les participants de cette remarquable étude étaient pour la plupart les enfants ou petits-enfants de travailleurs des plantations peu éduqués, natifs d'Hawaii ou immigrants du Japon ou des Philippines.

Les enfants grandirent avec certains avantages que n'avaient pas leurs camarades vivant sur le continent américain. La qualité et la disponibilité du service médical, la santé publique, les services sociaux et pédagogiques, soutenaient plutôt bien la comparaison avec les communautés de même taille sur le continent. Le système scolaire faisait des efforts particuliers pour les exclus, et seulement 3% du groupe ne réussit pas à finir sa scolarité secondaire. (Le pourcentage d'abandon au niveau national dépassait à l'époque les 11%.) Avant l'âge scolaire (5 ans), les enfants bénéficièrent d'un cadre naturel de vie magnifique et d'un environnement social relativement calme. Ni guerre ni catastrophe naturelle ne vinrent bouleverser leur vie. Cependant, dans les années soixante, l'afflux des touristes, de la drogue, de cultes divers et d'autres perturbations culturelles vinrent apporter de nouvelles occasions de stress et de défi dans la vie des enfants de Kauai qui approchaient alors de l'adolescence.

Werner et ses collègues ont suivi ces enfants pendant la moitié d'une génération, et l'étude longitudinale de Kauai présente un kaléidoscope des interactions multiples entre les facteurs de risque et les éléments protecteurs qui influencent le développement, de l'enfance à l'âge adulte. Le chercheur a régulièrement fait des comptes-rendus sur la façon dont la vie des enfants se déroulait ; elle enregistrait et analysait les effets des risques biologiques et sociaux, des expériences stressantes, et des facteurs protecteurs sur la vie des participants, et sur la manière dont ces facteurs transformaient leur aptitude à gérer les circonstances défavorables.

Environ deux tiers des enfants du groupe menèrent une vie enfantine relativement calme et vécurent avec succès leur passage à l'âge adulte. La naissance de ces enfants s'était passée sans complications, ils étaient soutenus par leur environnement familial, et ne rencontraient généralement pas d'événements stressants. Ils se débrouillaient comme il faut à l'école, au travail et dans leurs relations personnelles. Néanmoins, un petit nombre de ces enfants à risque minime (10% environ) devinrent des adultes perturbés. Selon Werner «perturbés» signifie qu'is présentent au moins deux des cas suivants : un mariage cassé, un casier judiciaire, ou une altération chronique de la santé mentale.

Un tiers des enfants du groupe vécurent de sérieuses difficutés dans leur première enfance ; à deux ans, ces enfants avaient déjà rencontré des risques comme des complications médicales pré- et postnatales, une pauvreté permanente, des parents faiblement éduqués, la maladie mentale ou l'alcoolisme d'un des parents, un divorce, un abandon ou un environnement familial chaotique. Douze enfants (1,4% de l'ensemble) moururent avant deux ans, presque tous d'une anomalie congénitale ou d'un problème dû à leur faible poids à la naissance. (Lors de la trente-deuxième année de l'étude, dix-sept autres enfants étaient morts également, la plupart à l'adolescence.)

Un tiers de ces enfants à haut risque n'eurent pas de grandes difficultés à grandir. Les deux tiers restant présentèrent de «graves problèmes d'éducation et/ou de comportement avant dix ans, ou eurent des problèmes de délinquance, de maladie mentale ou de grossesse avant dix-huit ans». Cependant, un tiers environ de ces adolescents en danger réussirent à opérer un revirement dans leur vie, et devinrent de jeunes adultes «compétents, confiants et attentionnés». Même parmi ceux qui avaient eu de nombreux problèmes dans leur enfance, leur adolescence ou au début de leur vie d'adulte, la moitié avaient, à trente-deux ans, une vie stable. Au même âge, les enfants à haut risque qui n'avaient pas réussi à changer le cours de leur vie (environ 18% de tout le groupe) présentaient des problèmes chroniques de santé mentale, un casier judiciaire, ou d'autres obstacles graves à une vie heureuse et réussie.

Qu'est-ce qui a protégé ces enfants qui ont échappé aux effets à long terme de l'adversité ? Qu'est-ce qui a permis à ces enfants à risque, et non aux autres, de «s'extraire» de leur propension à être dans des situations difficiles ? Les chercheurs ont tenté d'identifier les facteurs ayant permis à ces soixante douze individus de réussir leurs relations d'amitié, leur mariage, et leur travail – étant donné que les autres enfants exposés aux mêmes circonstances défavorables à la naissance ou dans leur enfance avaient pris une voie toute différente, les conduisant à des vies bien plus perturbées.

Werner qualifie de «résilients» les enfants qui ont eu de la chance. Le mot suggère la capacité de l'enfant à se protéger des événements stressants ou à s'adapter aux circonstances difficiles. Il y a quelques années, on aurait appelé ces enfants «invulnérables», mais fort heureusement, on a laissé tomber ce terme excessif : l'enfant le plus solide peut être blessé par une accumulation d'expériences négatives, même si les expérimentateurs n'en retrouvent pas tout de suite les cicatrices. La résilience – être capable de rebondir et de continuer – n'est pas, comme nous allons le voir, un attribut ou un état, c'est l'expression d'un phénomène qui dépend du genre de défis auxquels l'enfant est confronté, ainsi que des qualités de son tempérament et de son stade de développement. On a souvent observé, par exemple, que des enfants présentant un faible poids à la naissance et des anomalies neurologiques légères dans la première année de leur vie, s'en sortaient bien à l'âge de leur entrée à l'école et n'avaient pas de difficultés, à condition d'être nés dans des familles stimulantes et offrant un soutien. Au contraire, quand ils venaient d'un environnement perturbé et carencé, les enfants avaient du mal et ne s'en sortaient pas.

Les enfants à haut risque mais résilients de l'étude de Kauai possédaient des qualités personnelles qui poussaient les membres de la famille à les aimer et à bien les traiter. Ces enfants étaient «faciles», «affectueux», «calins». A l'âge de deux ans, ils étaient vifs, curieux de tout, indépendants et «plus en avance en communication, locomotion et autonomie que des enfants qui rencontrèrent plus tard de graves problèmes d'éducation et de comportement. A l'école élémentaire, ils se faisaient facilement des amis, lisaient mieux, et étaient plus aptes au raisonnement que les enfants à haut risque, qui eux réussissaient mal à l'école. Ils avaient des passions et des intérêts autres que scolaires, et partageaient les responsabilités de la maison. A la fin de leur scolarité secondaire, tous montraient une saine estime d'eux-mêmes et de ce qu'ils avaient accompli. Les résultats des tests psychologiques montraient qu'ils étaient «plus attentionnés aux autres, responsables, et plus concernés par le désir de réussir» que leurs camarades à haut risque, qui au même âge avaient déjà rencontré de nombreux problèmes. Les jeunes filles résilientes étaient plus «assurées et indépendantes» que les autres.

L'étude de Kauai montre que les expériences ayant protégé les enfants à haut risque comprennent presque toujours le soutien émotionnel d'un adulte «qui acceptait (les enfants) sans condition, sans se soucier de leurs idiosyncrasies tempéramentales, de leur attrait physique ou de leur intelligence». La plupart des enfants résilients sont restés avec leur mère pendant des mois d'affilée la première année ; les parents sont toujours ensemble, le père n'est pas parti de la maison. Nourrissons, tous les enfants résilients avaient établi un contact étroit avec une ou plusieurs personnes. Les garçons premiers nés dans une famille, qui n'ont pas à partager l'attention des parents avec des petits frères ou sœurs, sont bien représentés dans ce groupe privilégié. (La naissance d'un autre bébé avant que l'aîné ait deux ans s'avère un élément particulièrement stressant.)

Au fur et à mesure qu'ils grandissent, les enfants «résilients» prennent leurs grands-parents, les enseignants et les voisins comme modèles et confidents. Quand leurs parents sont encore ensemble au moment de leur adolescence, les enfants présentant un comportement délinquant ne deviennent pas malfaiteurs ; par contre, comme le rapporte Werner et ses collègues, «cinq sur six des délinquants qui ont continué à commettre des délits graves une fois adultes, venaient de familles où l'un des parents était absent pendant de longues périodes quand les enfants avaient dix ans et plus». Les chercheurs de Kauai indiquent que les garçons tendent à être plus vulnérables aux expériences défavorables dans les dix premières années de leur vie, alors que les filles ont plus de mal à surmonter les situations stressantes à partir de la préadolescence. D'autres études effectuées en Europe révélèrent les mêmes résultats.

A l'âge de trente-deux ans, tous les enfants à haut risque mais résilients avaient atteints un niveau d'éducation et un succès professionnel égaux à ceux des enfants à moindre risque. 76% des femmes et 70% des hommes avaient fait un bon mariage.

La plupart avaient des enfants et étaient considérés comme des «parents attentionnés qui respectaient l'individualité et encourageaient l'autonomie de leur progéniture». Beaucoup attribuaient leur capacité à surmonter les difficultés cumulées au début de leur vie d'adulte à leur foi religieuse qui leur donnait une vision de la vie pleine d'espoir.

Les auteurs de l'étude de Kauai conclurent que trois types de facteurs protecteurs sont spécialement importants dans la meilleure adaptation des enfants à risque :

1. la compétence personnelle de l'individu, c'est-à-dire une intelligence au moins moyenne, une aptitude de langue et de communication, de la sociabilité et un contrôle de soi ;

2. un soutien émotionnel au sein de la famille dans les périodes de stress ;

3. «un système de soutien externe, à l'école, au travail, ou encore à l'église, qui récompense les compétences et la détermination individuelles et offre un système de croyance selon lequel vivre.» Les individus résilients de l'étude présentaient «la certitude que les aléas de la vie pouvaient être surmontés». Cette confiance en soi est d'une aide fondamentale pour vaincre l'adversité. Werner s'est penchée sur d'autres études concernant les enfants à haut risque élevés à des époques différentes et dans des cultures différentes – études réalisées à Berkeley, Oakland, Baltimore, Boston, en Suède, Angleterre et Danemark – et elle en a conclu que des facteurs protecteurs similaires jouaient également leur rôle dans ces groupes.

Tout comme un mauvais choix de départ restreint les choix futurs – quitter l'école rend la recherche d'un travail plus difficile – les réactions positives en retour peuvent déclencher un enchaînement de circonstances favorables. Des signes de progrès à l'école, la réussite dans un travail, se faire de bons amis, ou recevoir l'aide d'un plus âgé augmente la confiance en soi, encourage à réfléchir davantage et à faire des plans pour le futur, ouvre enfin des possibilités qu'on n'osait pas évoquer auparavant.

La mesure de la résilience se base généralement sur les réussites visibles, les faits tangibles : de bons résultats scolaires, des commentaires favorables des parents et des enseignants, et un comportement acceptable, à la fois à la maison et à l'école, malgré des circonstances défavorables ou des risques biologiques ou sociaux multiples. Cependant, comme le montrent certaines études, les battants qui font mentir les prévisions en réussissant envers et contre tout, se sentent plus vulnérables qu'il n'y paraît. Werner a remarqué que certains des enfants à haut risque de Kauai qui, une fois adultes, assumaient avec succès leurs responsabilités, n'avaient pas une vie satisfaisante. Les hommes en particulier, trouvaient difficile de s'impliquer dans des relations proches. Certaines études indiquent que les enfants apparemment résilients, qui remplissent en général les espérances sociales et réussissent à l'école, souffrent parfois de détresse émotionnelle. Les problèmes se révèlent dans le bureau du psychiatre, dans les réponses lors d'entretiens ou de tests concernant l'assurance dans la vie, la sociabilité et le sentiment de bien-être. Une étude effectuée en Israël, portant sur des enfants maltraités, montre que ceux qui s'en sortent – c'est-à-dire qui une fois adultes ne sont ni agressifs, ni désespérés ni eux-mêmes maltraitants – ont souvent du mal à exprimer leurs émotions, semblent isolés et éprouvent des difficultés à établir des relations satisfaisantes.

Nous en avons eu nous-mêmes l'expérience en élevant un enfant confronté à des risques sérieux. Denis est venu habiter chez nous au milieu des années soixante, pendant six ans. Nous avons fêté son anniversaire de onze ans : ce fut sa première fête d'anniversaire. Il avait vécu jusque-là à Junior Village, un orphelinat digne des Misérables ou de Dickens, à Washington D.C. – institution qui fut plus tard fermée sous les pressions publiques. Un de nos amis, qui s'était intéressé à Denis, voulut l'inscrire à l'école que nous venions de créer. L'administration était d'accord pour que le jeune garçon quitte l'institution, à condition que nous le prenions chez nous.

Nous savions plusieurs choses sur cet enfant. Sa mère était alcoolique et vivait d'une petite pension d'invalidité, son père était mort avant sa naissance. Il avait vécu dans un quartier difficile, jusqu'à ce que l'administration le retire à sa mère, parce qu'il passait la journée dans la rue, ses nuits à dormir dans des voitures pas fermées, et n'allait à l'école que quand il ne pouvait pas faire autrement. Nous avons rencontré sa mère plusieurs fois : elle exprimait son amour pour Denis tout en sentant qu'elle ne pouvait pas s'occuper de lui. A ce moment-là, elle était perpétuellement malade.

Denis était un bel enfant. Ayant vécu selon son bon vouloir la majeure partie de son enfance, il savait manipuler les adultes, mais était foncièrement bon et exprimait sa tendresse aux membres de notre famille. Il était en retard pour son âge : il avait peur du noir, mouillait son lit, et aimait qu'on lui lise des histoires pour les petits. Lui-même, à onze ans, ne savait pas lire du tout. Après l'avoir observé chez nous pendant quelque temps, nous avons mesuré l'ampleur de ses difficultés à apprendre et nous pensons qu'elles provenaient sans doute de son exposition prénatale à l'alcool.

Denis devint un membre à part entière de notre famille. Au début de l'adolescence, ses problèmes de comportement devinrent plus graves. Il fut pris plusieurs fois en train de voler. Il disparaissait pendant des jours pour se réfugier dans ses vieux repaires. Il était prompt à la colère, en particulier quand il pensait qu'une injustice était commise, envers lui ou quelqu'un d'autre, mais à notre connaissance, il n'a jamais blessé personne. Cependant, il fut renvoyé d'une école spéciale pour adolescents ayant des difficultés d'apprentissage, parce que dans un accès de colère il avait donné des coups de pied dans un mur. «Je suis né perdant, et je mourrai perdant», commenta-t-il amèrement.

A douze ans, il goûta à la marijuana et à l'alcool, et se mit à en consommer régulièrement. Après plusieurs tentatives sans succès pour l'aider, y compris des programmes contre la drogue et des entretiens, nous nous sommes résolus à lui dire qu'il ne pouvait plus rester avec nous, à moins d'être prêt à tenter de combattre sa dépendance à l'alcool et à la drogue. Il avait alors dix-sept ans. Denis réfléchit pendant deux jours, puis vint tout penaud nous dire qu'il ne pouvait pas promettre qu'il essaierait. Désolés mais décidés, nous l'avons laissé partir.

Nous sommes restés en contact au fil des années puis nos rencontres s'espacèrent. Nous avons appris qu'il était père de plusieurs enfants, mais ne s'occupait d'aucun d'entre eux.

Et puis, il y a quelques années, Denis nous appela. A trente-cinq ans, il avait complètement arrêté de boire et avait un travail fixe. Il y avait de la fierté dans sa voix. Il avait vécu une conversion religieuse et l'église fondamentaliste afro-américaine à laquelle sa sœur adhérait avait été une bouée de sauvetage dans sa vie. Il avait développé quelques aptitudes à la lecture, n'avait plus de démêlés avec la justice. Il vivait avec sa sœur, profondément croyante et exigeante en matière de conduite et de sobriété. Les problèmes de Denis n'étaient pas tous résolus. Il perdit peu après son boulot parce qu'il se fâcha avec son patron. Mais il continue à trouver d'autres emplois et gagne sa vie. Etant donné les perspectives qui étaient les siennes voici quelques années à peine, il va bien. Nous le voyons souvent, et il vient aux réunions de famille.

Les histoires d'enfants qui réussissent leur vie envers et contre tout, inspirent de l'admiration et donnent de l'espoir ; néanmoins, peu d'enfants s'en sortent indemnes. Les coûts émotionnels sont souvent énormes. Les adultes qui surmontent l'adversité transmettent souvent une sagesse particulière à la génération suivante, pas seulement par ce qu'ils disent, mais surtout par ce qu'ils sont devenus.

## Qu'en est-il de la pauvreté ?

Il est délicat de vouloir déterminer les facteurs de risque. Une étude comparée effectuée à Atlanta sur les meurtres au sein d'une même famille où le meurtrier et la victime étaient de même race, mena voici quelques années à une conclusion troublante : le risque relatif de meurtre dans une famille noire était presque six fois plus grand que dans une famille blanche. Ces résultats furent confirmés par une étude portant sur 349 homicides domestiques interaciaux à la Nouvelle-Orléans. Mais, quand les mêmes données furent à nouveaux analysées, uniquement sur la base du statut socio-économique – l'espace en $m^2$ par personne dans une famille — la différence de risques entre les populations blanche et noire disparut presque totalement. Sous cet angle, la variable importante n'était pas l'appartenance à une race, mais la pauvreté.

Cela dit, pas plus que la race, la pauvreté ne constitue en elle-même une cause de faible réussite ou de comportement antisocial. Dans leur plus grande majorité, les gens défavorisés et les Afro-Américains n'abandonnent pas l'école et ne commettent pas de meurtre ! La plupart des enfants qui sèchent l'école n'ont jamais été défavorisés. Mais grandir dans la pauvreté est une situation dans laquelle les réactions d'épreuves et d'échecs s'enchaînent plus facilement. A tous les stades du processus de développement, un individu vient à chaque nouvelle expérience avec des attitudes, des attentes et des sentiments provenant d'un historique d'interactions qui, à son tour, influence l'interprétation et l'organisation des signes et des stimuli de l'environnement.

Etre défavorisé aux Etats-Unis comporte des fardeaux émotionnels particuliers et s'avère éprouvant de plusieurs manières. Mère Térésa a détecté une colère et un désespoir plus profonds chez les gens défavorisés des cités américaines que ce qu'elle connaissait parmi les plus que pauvres de Calcutta. Au sens strictement économique, un individu défavorisé aux Etats-Unis est de loin plus riche qu'un individu défavorisé ailleurs dans le reste du monde. La plupart des personnes défavorisées aux Etats-Unis ont l'eau courante, des W-C intérieurs, un réfrigérateur et la télévision. Le plus petit chèque d'allocations sociales, ou une semaine de salaire chez McDonald's sont des sommes royales pour quelqu'un vivant dans les rues de Calcutta ou du Caire. Aux Etats-Unis toutefois, le processus d'effondrement et d'érosion de la famille est plus avancé que dans la plupart des autres pays. Beaucoup d'Américains défavorisés ne reçoivent pas le soutien de la famille, d'amis ou de voisins qui les auraient aidés jadis.

Une autre caractéristique spécifique de la pauvreté aux Etats-Unis est l'insistance de ce message diffusé vingt-quatre heures sur vingt-quatre : acheter, consommer, c'est ce qui compte dans la vie. L'argent définit la valeur. Les Américains sont fiers des possibilités qu'offre leur société de compétition, permettant à quelques-uns de devenir riches ; dix millions d'individus sont arrivés sur ces côtes sans un sou et ont prospéré. Et cette prospérité de la majorité des Américains permet de qualifier de «perdants» les gens défavorisés pris dans le filet de l'échec individuel – échec à cause duquel ils sont souvent méprisés et craints. Si les gens défavorisés perdent l'espoir, leur désespoir peut conduire à la colère, au ressentiment, à l'humiliation et à l'auto-destruction.

L'accumulation des facteurs de risque associés à la pauvreté commence avant même la naissance. Si une femme n'a qu'un accès limité aux soins de grossesse, la possibilité d'un accouchement prématuré ou stressant augmente ; les complications périnatales accentuent les risques de problèmes de développement chez l'enfant. Les mères défavorisées fument, boivent, se droguent plus souvent, peuvent être séropositives sans le savoir, et les résultats peuvent être dévastateurs pour le fœtus. Les nouveau-nés de familles défavorisées présentent souvent un poids de naissance inférieur à la normale et des déficits cérébraux ; ils ont moins de chances de recevoir de bons soins médicaux, sont plus exposés à des perturbations immunitaires. Ils sont plus vulnérables aux maladies chroniques (asthme, infections O.R.L.) Ils sont mal nourris. Ils sont moins préparés à l'école, restent à la traîne en primaire et abandonnent au secondaire. Les filles courent plus de risques de devenir mères dès l'adolescence ; les garçons sont impliqués dans le trafic de drogue ou la violence des gangs ; les filles comme les garçons auront plus de mal à trouver un travail décemment payé. La probabilité qu'ils commettent un délit quelque part sur cette route périlleuse ou soient victimes d'un crime, est bien plus élevée que pour la moyenne des Américains.

Les facteurs de risque qui pèsent sur l'éducation d'un enfant, son jugement et ses capacités à contrôler ses émotions, tendent à s'accumuler. Rutter et ses collègues ont effectué des études longitudinales de familles anglaises dans deux environnements différents, l'un étant la rurale Ile de Wight, et l'autre un arrondissement pauvre de Londres. Les chercheurs trouvent que le nombre même de facteurs de risque constitue déjà un élément prédictif de troubles mentaux et de problèmes de comportement chez les enfants : grave mésentente des parents, entassement dans les appartements, familles nombreuses, situation socio-économique faible, parents faiblement éduqués. Quand s'ajoutent à cela d'autres sources de stress familial (problèmes psychiatriques de la mère, père criminel, placement de l'enfant dans une famille d'accueil), les probabilités d'atteinte émotionnelle et cognitive des garçons comme des filles s'accroissent de façon significative. Certains enfants doivent soutenir le feu roulant de tous ces risques.

Une situation socio-économique basse signifie souvent que les parents ont régulièrement des problèmes d'argent, des emplois sans sécurité, passent peu de temps temps avec les enfants. Les logements auxquels les familles défavorisées peuvent prétendre sont généralement situés dans des quartiers difficiles, avec des écoles inadaptées, peu de possibilités de loisirs dirigés, et une mauvaise qualité des services municipaux. Le segment le plus prospère de l'économie de quartier est souvent le trafic de drogue ; des dealers frimeurs, dans de grosses bagnoles rutilantes font facilement rêver les enfants livrés à eux-mêmes et qui s'ennuient. La mère dépressive n'a ni l'argent ni le temps, ni même l'énergie de solliciter un traitement. Quand un des parents est chroniquement dépressif, alcoolique ou drogué, les risques pour les enfants augmentent considérablement. Le père est en prison, ou continue ses activités de malfaiteur en toute liberté. Le père travailleur perd son travail, et par le fait même le respect de sa femme et de ses enfants. Les pères sans travail deviennent souvent des pères absents.

Un enfant de tempérament difficile dans une famille défavorisée aura moins de chances de recevoir le soutien émotionnel dont il a besoin, alors qu'une famille de classe moyenne cherchera plus facilement une thérapie, ou inscrira l'enfant dans une école spécialisée. En particulier quand il leur manque le soutien de leur conjoint ou d'autres membres de la famille, «les parents à faibles revenus (...) attribuent plus souvent le comportement de l'enfant à son entêtement et son obstination»[12]. Ce qui accroît le conflit entre parents et enfant, et entretient leur méfiance réciproque.

## RISQUE GÉNÉTIQUE ET HISTORIQUE DÉVELOPPEMENTAL

De nombreuses études confirment que les psychopathologies se transmettent au sein d'une famille donnée : les troubles de l'attention, les troubles du comportement, les troubles de l'angoisse et la dépression reviennent régulièrement de génération en génération. L'historique familial fournit parfois une valeur prédictive puissante des problèmes psychologiques et comportementaux chez un enfant. Cependant, aucune des études concernant les troubles familiaux que nous venons d'énumérer n'ont fait apparaître un schéma d'hérédité régulier. Nous ne savons pas comment l'interaction des facteurs génétiques et environnementaux permet à un individu d'échapper au trouble. Quelques troubles cérébraux attribuables à un gène unique ont été identifiés ; la chorée de Huntington, ou l'idiotie amaurotique de Tay-Sachs en sont des exemples. Tout individu possédant le gène de ces maladies – et dont la vie n'est pas brusquement interrompue d'une autre façon – les contracte et en meurt. Par contre, tous les troubles complexes du comportement, sinon une grande partie, impliquent chacun des gènes multiples, selon les généticiens. Un membre de la famille peut avoir la combinaison de gènes et d'expériences qui causeront une hyperactivité et un déficit de l'attention. Un autre membre de la même famille avec la même prédisposition ne manifestera pas le trouble clinique, grâce à des facteurs protecteurs (innés, environnementaux ou les deux). Un autre encore échappera au trouble parce qu'il est dépourvu des gènes prédisposants. L'introduction de la dimension génétique complique la compréhension de la résilience et du rôle de l'expérience protectrice permettant à certains enfants de passer outre les éléments défavorables de leur environnement. Dans une famille à problèmes psychiatriques, toute personne qui ne présente pas les symptômes familiaux – par exemple un enfant de parents schizophrènes qui est exempt de la maladie (et 85 à 90% des enfants de schizophrènes le sont) – y a-t-elle échappé grâce à des facteurs protecteurs dans son environnement (une personne maternante sensible ou autre) ou parce qu'elle n'a jamais couru ce risque ? Elle n'a peut-être jamais reçu les gènes qui l'auraient rendue vulnérable ; ou bien si elle les a reçus, les conditions environnementales permettant aux gènes de s'exprimer n'étaient pas réunies.

Richard Rende, psychiatre à l'université de Columbia, et le généticien Robert Plomin avancent que, grâce aux grands progrès réalisés en génétique, on sera en mesure un jour «de trouver les index des marqueurs génétiques des effets probabilistes mineurs représentant un risque génétique d'inadaptation comportementale.» Cela rendrait possible les profils de risque individuels ; et là où le risque est établi, l'équilibre spécifique à chaque individu de risques et de facteurs protecteurs peut être étudié. Ce qui peut conduire, un jour, à des thérapies et des interventions sociales adaptées aux besoins individuels. Render et Plomin insistent cependant sur le fait que la contribution des gènes aux troubles mentaux est «significative mais modérée», et qu'elle influence peut-être les résultats, mais ne les détermine en aucun cas.

Les influences génétiques peuvent également réduire certains risques. Les individus présentant par exemple une anémie du drépanocyte ont peu de chances d'attraper la malaria. La dépranocytose vient d'un défaut génétique qui donne des globules rouges anormaux en forme de faucille ou de croissant, globules résistant à la malaria. Rutter émet l'hypothèse qu'un effet analogue pourrait être présent dans l'autisme ; il pense que les facteurs génétiques responsables de l'incapacité des individus autistes à construire des relations sociales seraient également à la source de leur extraordinaire aptitude à se concentrer et à maîtriser une tâche par eux-mêmes, ce qui est un élément bénéfique pour certaines personnes atteintes de ce trouble. Dans la même idée, un certain nombre d'études indiquent que les gènes ont une influence sur la capacité intellectuelle ; une grande intelligence donne normalement un certain degré de protection à des individus exposés à des facteurs génétiques ou environnementaux défavorables. Enfin, les gènes influencent sur le tempérament, prédisposant certains enfants à vivre des expériences négatives sans se laisser démonter, alors que d'autres, plus sensibles à la peur, à la colère ou au désespoir, seront abattus par ces mêmes expériences.

La recherche génétique suggère que nos gènes communs nous font ressembler aux autres membres de notre famille, tandis que les facteurs environnementaux sont responsables de nos différences. Cependant, même de vrais jumeaux, qui partagent le même environnement physique – vivant dans la même pièce, jouant avec les mêmes jouets, mangeant le même petit déjeuner, portant les mêmes vêtements – diffèrent dans des aspects importants de leur vie. Ils font des choix différents dans leurs manières d'être en relation avec les gens et les circonstances. Le pourquoi et le comment restent encore très flous pour les scientifiques.

Une explication courante de ce phénomène, et dont nous avons déjà parlé, est que chaque jumeau expérimente la vie différemment, à cause de ses relations et de ses expériences uniques. L'histoire d'une personne, et en particulier son adaptation aux défis et aux stress du passé, influence les réponses par rapport aux risques à venir. Les enfants, et également les adultes, développent des ressources intérieures à chaque gestion positive de situations stressantes ; à l'inverse, une mauvaise adaptation prédispose à des problèmes et des troubles dans le futur.

La tension conjugale, le divorce, l'alcoolisme, la dépression chronique d'un parent, qui constituent des facteurs de risque pour les enfants, sont monnaie courante ; cependant, ces événements centraux dans la vie d'une famille ne touchent pas chaque enfant de la même façon. Les vrais jumeaux ont beau avoir les mêmes gènes, au cas où l'un d'eux présenterait une schizophrénie, l'autre sera probablement épargné. Par contre les enfants des deux jumeaux ont des risques égaux d'en être atteints. Ce résultat suggère que les gènes déterminant la schizophrénie sont présents chez les deux jumeaux, même si la maladie mentale n'apparaît que chez l'un d'entre eux. L'hypothèse étant que l'enchaînement des expériences de la vie, propre à chaque individu, agit sur l'expression des gènes impliqués et détermine si une personne sera malade ou non.

## UNE DIFFÉRENCE DE POIDS : INTERVENIR DANS LA VIE DES ENFANTS

Les adultes interviennent dans la vie des enfants de façons très diverses et généralement pas pour le compte d'un programme gouvernemental ou d'un institut de recherche. Les parents, bien sûr, sont les premiers intervenants. Mais un enseignant, impressionné par les dons d'un enfant, lui prodiguera parfois un enseignement et un encouragement particuliers ; une grand-mère, un voisin ou un ami de la famille tendra la main vers un enfant en difficulté et deviendra son guide. W. J. Wilson a souligné l'importance de tels modèles chez ceux qui ont surmonté les risques de la vie dans les ghettos citadins. Si nous voulons aider un enfant vulnérable, nous rappelle Rutter, il nous faut concentrer nos efforts sur les solutions protectrices qui changent le cours de la vie. Ces solutions réduiront l'impact des risques et les probabilités de réactions en chaîne. Ils augmenteront la confiance en soi de l'enfant et son sentiment d'être responsable de sa vie.

Depuis les années soixante, des associations privées ou publiques ont entrepris divers programmes d'intervention destinés à améliorer l'accès des enfants américains à une meilleure santé, à une scolarité réussie, et à des vies satisfaisantes et productives. Ce qui inclut des mesures de santé publique pour améliorer les soins pré- et postnatals ; chercher à baisser l'incidence du faible poids à la naissance et de la paralysie cérébrale ; débarrasser les maisons et les écoles de la peinture au plomb ; prévenir les blessures crâniennes en recommandant des sièges auto, des casques de vélo, etc. ; organiser des soins préventifs ; mettre en place un examen développemental systématique ; fournir des suppléments nutritifs aux mères qui allaitent et aux enfants d'âge préscolaire ; fournir des repas nourrissants à l'école.

Parmi ces stratégies, certains programmes offrent un support et un enrichissement éducationnels. Aux Etats-Unis, «Project Head Start», le plus vaste et le plus ancien de ces programmes, a été mis en place en 1964 et a servi à plus de 14 millions d'enfants. Des subventions fédérales sont utilisées dans toute la nation pour fonder des centres destinés à améliorer l'apprentissage, les aptitudes sociales et la santé des enfants défavorisés avant qu'ils puissent aller à l'école (cinq ans aux Etats-Unis). La plupart de ces centres sont financièrement soutenus par des associations de quartier et d'autres organisations à buts non lucratifs. Dans les programmes du Head Start bien menés, les parents sont très impliqués. En fait, les efforts cumulés de parents enthousiastes et «d'anciens» du Head Start ont sauvé le programme et ont contribué à son développement. En 1994, 740 500 enfants y participaient ; ce qui, dans la tranche de revenus qui donne le droit de s'inscrire, correspond à 53% environ des enfants de quatre ans et 21% d'enfants de trois ans, mais moins de 1% des enfants de moins de trois ans ont pu en profiter. Les programmes du Head Start varient d'une localité à l'autre, mais ils ne sont généralement mis en place que pour une partie de la journée et uniquement certains jours de la semaine.

Dès le début, le programme Head Start s'est affiché comme l'artillerie lourde dans la «guerre contre la pauvreté» de Lyndon Johnson (président des Etats-Unis après l'assassinat de John Kennedy, NT). On espérait que cette aide ferait exploser les tests de Q.I. ; et effectivement, les résultats aux tests du Q.I.

des enfants qui étaient passés par le Head Start progressaient, parfois même énormément ; mais la plupart de ces bénéfices avait disparu à l'entrée des enfants en troisième année d'école primaire. A partir d'une première évaluation effectuée dans les années 1970, les politiciens et les scientifiques déclarèrent que le programme était un échec. Cependant, des études ultérieures, basées sur un suivi des participants du Head Start jusqu'à l'âge adulte, démontrèrent le succès de l'entreprise dans de nombreux domaines. Comparés à des enfants issus de même milieu qui n'avaient pas participé au Head Start, ceux qui en avait bénéficié affichaient moins d'échecs scolaires (la mesure étant les redoublements), moins d'abandon avant la fin du secondaire, moins de grossesses chez les jeunes filles, moins de problèmes de santé, moins de comportements agressifs, et moins de démêlés avec la loi.

Les enfants tirent beaucoup de bénéfices de ces programmes ; mais la question reste de savoir s'ils en retireraient plus et pour plus longtemps si l'intervention commençait plus tôt, était plus intense, et continuait pendant les années de scolarité.

D'autres questions concernent les divers types d'intervention à pratiquer suivant les différentes populations infantiles : doit-on par exemple se concentrer sur une préparation scolaire ou plutôt initier des activités libres ? Qu'en est-il des visites à domicile et de l'éducation des parents ? Ou de programmes destinés à des groupes précis, qui permettraient de réduire des risques comme les naissances prématurées, l'exposition prénatale à la drogue ? Comme le psychologue Michael Lamb le conclut à partir de son analyse récente des études sur ces problèmes : «Malheureusement, on a fait peu d'efforts pour spécifier les aspects efficaces des programmes d'intervention, ce qui permettrait pourtant de mieux cibler leur action.»

Certaines études ont cependant été réalisées pour répondre à ces questions. Craig Ramey et Sharon Landesman Ramey sont partis de l'hypothèse que plus les risques et les handicaps de l'enfant sont importants, plus les programmes doivent commencer tôt, être intensifs, complets, et durer longtemps. Ils ont lancé un projet destiné aux enfants afro-américains défavorisés, qui durait de la petite enfance aux huit ans de l'enfant ; les sujets de cet «Abecederian Project» étaient 111 garçons et filles nés de familles très défavorisées à Chapel Hill, en Caroline du Nord. Les trois-quarts d'entre eux vivaient dans des familles dirigées par la mère seule. Et la plupart de ces femmes n'avaient pas terminé leurs études secondaires.

Les enfants furent séparés au hasard en un premier groupe qui recevait cinq années d'intervention préscolaire, et un deuxième groupe de contrôle. Les enfants de ce deuxième groupe étaient suivis chez eux ou participaient à des journées d'activités. Le groupe expérimental suivait un programme de cinquante semaines par an et cinq jours pleins par semaine, dans lequel des éducateurs professionnels s'occupaient de trois enfants chacun; ce qui permettait de réagir véritablement à leurs besoins individuels, afin de leur donner la possibilité de développer leurs capacités cognitives et linguistiques, ainsi que leurs aptitudes sociales et motrices. Les enfants plus âgés participaient à des programmes riches et variés. Les éducateurs étaient disponibles à tout moment pour ce que Craig Ramey décrit comme «tenir dans les bras, faire des câlins, montrer de l'amour et réagir dans les relations». En plus du programme éducatif pour les enfants, les familles recevaient de l'aide sous d'autres formes : soins médicaux, services sociaux, transports et éducation parentale.

A l'âge de cinq ans, tous les enfants des groupes expérimental et de contrôle furent une nouvelle fois divisés au hasard, une moitié entrant à l'école (aux Etats-Unis, l'école commence à cinq ans par une année de maternelle, NT), l'autre suivant un programme spécial, avec un enseignant pour six élèves. Ce programme comprenait non seulement les éléments normalement abordés en maternelle et au cours primaire, mais également des cours de pratique de la langue, des conseils pour aider à la maison, et de l'expression artistique. Le programme de l'école expérimentale se poursuivait dans la deuxième année de cours élémentaire. Tous les enfants étaient régulièrement évalués pendant les huit années de l'étude, puis subirent des tests de suivi à douze et quinze ans.

Selon les chercheurs, les enfants de l'école expérimentale se débrouillaient mieux que ceux du groupe de contrôle, selon différentes évaluations de leur développement cognitif et scolaire. Ces effets étaient encore visibles lors du test le plus récent, qu'ils passèrent à quinze ans. Les différences entre les deux groupes, bien que significatives du point de vue statistique, étaient légères. Les différences les plus grandes concernaient les enfants considérés comme vulnérables à cause des faibles résultats de leur mère aux tests d'intelligence : tous les enfants du groupe expérimental dont la mère était mentalement retardée, présentaient un Q.I. supérieur d'au moins 20 points à celui des enfants du groupe de contrôle exposés à la même situation ; ils avaient en moyenne 32 points de plus que leur mère. Les enfants d'âge scolaire qui avaient bénéficié du programme expérimental préscolaire étaient meilleurs que ceux du premier groupe de contrôle dans les tests de lecture, maths et Q.I. qu'ils passèrent à huit, douze et quinze ans.

Il est à remarquer, bien que ceci ne soit pas tout à fait surprenant, que les enfants ayant fait l'objet d'un suivi continuel de leur naissance à l'âge de huit ans étaient ceux qui réussissaient le mieux tous les tests. Après eux venait le groupe du programme d'enrichissement qui se terminait avec l'entrée en maternelle, c'est-à-dire à cinq ans. Cependant, les enfants dont l'apport n'avait commencé qu'à la maternelle ne présentaient pas de progrès significatifs dans leurs tests par rapport au groupe de contrôle qui n'avait bénéficié de rien.

Les résultats de l'expérience des Ramey apportent une fois encore la confirmation de l'importance que revêt l'apprentissage dans les années préscolaires (avant cinq ans). «Le développement intellectuel est transformé à un degré significatif par la qualité de l'environnement que l'enfant expérimente», conclut C. Ramey. «Ceci est particulièrement vrai pour les enfants vulnérables ( …) mais commencer une éducation à l'âge de cinq ans, c'est trop tard.»

Dans la mesure où les ressources sont limitées, la question se pose de savoir quels enfants cibler en priorité dans les interventions précoces. Les enfants économiquement défavorisés du programme Abecedarian en ont très clairement tiré bénéfice, et le sous-groupe des enfants dont la mère était retardée mentale en a bénéficié encore plus. Les résultats d'une autre étude de C. Ramey corroborent cela : les enfants dont la mère n'avait pas eu d'éducation secondaire étaient ceux qui avaient profité le plus de l'intervention précoce intensive, peut-être parce que venant d'un foyer relativement plus carencé et moins stimulant intellectuellement.

Les enfants prématurés à faible poids de naissance constituent un autre groupe à risque. Ils présentent plus souvent des dommages cognitifs et comportementaux que les bébés nés à terme. Les chercheurs se sont penchés sur la façon d'améliorer l'avenir de ces enfants par le «Programme de santé et de développement du nourrisson», qui porte sur 985 prématurés à faible poids de naissance, dans huit sites des Etats-Unis. Les 377 enfants du groupe «d'intervention» recevaient, très peu de temps après leur naissance, des visites à domicile permettant d'instruire et de soutenir les parents. A un an, les bébés suivaient un programme inspiré de l'Abecedarian Project. Cette intervention durait jusqu'aux trois ans de l'enfant. On observait les 608 enfants restants du groupe de contrôle régulièrement. Tous les enfants étaient périodiquement examinés du point de vue médical et développemental, et dirigés vers d'autres services quand on le jugeait nécessaire ; à trois ans, on les aidait à trouver une place dans une crèche de quartier.

Les chercheurs ont effectué ces observations jusqu'aux huit ans de l'enfant. Lors des tests effectués à trois ans, les résultats des enfants du groupe d'intervention étaient de beaucoup supérieurs à ceux du groupe de contrôle : en particulier en ce qui concerne le Q.I., le vocabulaire et le comportement. Les enfants plus gros à la naissance (entre 2 000 et 2 500 g.) bénéficiaient deux fois plus du programme que les bébés très faibles à la naissance ; par exemple, le Q.I. des enfants plus gros à la naissance et qui participaient au programme atteignait en moyenne 14 points de plus que celui des enfants à poids de naissance équivalent et qui n'avaient pas suivi le programme d'intervention ; le Q.I. des enfants plus menus à la naissance n'avait que 7 points de plus. Cependant, à cinq ans, puis lors du test de huit ans, seuls les enfants plus gros à la naissance montraient encore les effets du programme d'intervention, et cela de façon très modeste.

Pourquoi les prématurés plus faibles ne tirent-ils pas autant de bénéfices d'une intervention précoce ? Les chercheurs pensent que ces nourrissons, soumis à la naissance à un risque biologique plus élevé, en gardent des séquelles neurologiques que le programme ne peut pas compenser. Ils suggèrent que les futurs efforts pour augmenter les aptitudes cognitives des prématurés à faible poids de naissance durent plus longtemps et prennent mieux en compte les besoins individuels de chaque enfant. Pourquoi les résultats aux tests sont-ils plus faibles vers cinq puis huit ans, même chez les enfants prématurés présentant par ailleurs d'autres bénéfices de cette intervention jusqu'à trois ans ? Peut-être, comme le pense C. Ramey, les interventions dans la vie des enfants à haut risque donnent-elles de meilleurs résultats quand, en plus de commencer précocement, elles sont soutenues sur une longue période.

Cependant, même si les points de Q.I. gagnés lors des programmes d'intervention précoce disparaissent à l'école primaire, plusieurs études montrent que certains avantages dans l'aptitude à la lecture et à la cognition demeurent. Les aptitudes sociales sont elles aussi améliorées par l'expérience préscolaire, en particulier chez les enfants de familles particulièrement défavorisées. Un gain en intelligence émotionnelle – empathie plus grande, contrôle de soi-même et attention envers autrui, diminution de l'agressivité, ainsi que d'autres indices d'un développement relationnel – est souvent constaté. En 1994, le Congrès, se ralliant par là au point de vue de plus en plus adopté que le plus tôt était le mieux fonda un «Early Head Start», programme pilote pour les nourrissons et les bébés de moins de trois ans.

Le scepticisme que suscitent les programmes d'intervention destinés à l'enfance se nourrit de la remise en cause quasi permanente de leur efficacité. Si les études ne présentent pas un tableau clair de la situation, c'est en partie parce que les enquêteurs choisissent des moyens divergents de mesurer la réussite, et que la qualité et les caractéristiques mêmes des programmes sont très diverses d'un site à l'autre. Les critiques font avec raison remarquer que les études présentant les résultats les plus impressionnants sont celles portant sur des programmes modèles, dans lesquels l'intervention est particulièrement intensive, le personnel mieux payé et mieux formé, et dont le coût est double de celui de la moyenne nationale. C'est vrai, les coûts des programmes d'amélioration des aptitudes chez les enfants à faible poids de naissance ou chez d'autres enfants à risque sont élevés ; les fonds publics comme privés étant sollicités de toutes parts, une évaluation stricte de ces diverses interventions est nécessaire. Le programme «Early Head Start» est soumis régulièrement à de telles évaluations.

Cependant, les critiques qui concluent que les programmes d'intervention ne servent à rien ne veulent par tenir compte d'autre chose que des résultats aux tests. Les études prouvent que les interventions précoces sont bénéfiques aux enfants, à condition que les buts soient clairement définis, les attentes réalistes, et que suffisamment d'argent, d'énergie et de compétences soient mobilisés pour faire avancer le programme. Les résultats sont rarement spectaculaires, mais une majorité de preuves montrent que ce sont eux qui font la différence. W.S. Barnett, professeur à l'université Rutgers, a procédé à l'analyse de trente-six évaluations de ces projets pilotes et de programmes publiques à grande échelle pour s'assurer de leurs effets à long terme sur les enfants des familles défavorisées. Voici sa conclusion :

«Il est absolument évident que [l'attention et l'éducation des enfants] produit des effets importants sur le Q.I. pendant les premières années de l'enfance, et des effets durables tangibles sur la réussite, en ce qui concerne le non-redoublement, l'éducation spécialisée, les diplômes de secondaire et la socialisation. Les résultats sur le redoublement et l'éducation spécialisée, en particulier, sont étonnants. Cela est moins vrai pour les effets durables (...) Les données recueillies sur les diplômes du secondaire ou la délinquance sont positives, mais basées sur un nombre d'études plus restreint. Ces effets sont assez conséquents et persistants pour apporter une différence significative dans la vie des enfants de familles à revenus bas : pour de nombreux enfants, les programmes préscolaires constituent la différence entre l'échec ou le passage (dans la classe supérieure), une éducation normale ou spécialisée, une adolescence sans problèmes ou le crime et la délinquance, l'abandon de ses études ou un diplôme de secondaire.»

Il y a des années, A. Solin, médecin et spécialiste du développement infantile à Yales, qui fut un des pionniers de la guerre contre la pauvreté, rappelait aux citoyens et aux politiciens la leçon des années précédentes : «Il ne devrait pas être nécessaire de répéter que les services [aux enfants] doivent être constants (...) pourtant les politiciens espèrent toujours trouver une intervention qui servirait d'agent d'immunisation, administré en une seule fois, et très peu coûteux. Mais la plupart des services ne marchent pas – et ne peuvent pas marcher – comme un vaccin de DT-polio (...) ; nous persistons à nous conduire comme si un bon repas de temps à autre (...) allait suffire. Des soins et une éducation quotidiens, appropriés et soutenus, voilà ce qui est indispensable pendant l'enfance.»

## «Family Place» : un centre de quartier aux Etats-Unis

En recevant les nourrissons à l'hôpital des enfants, et en discutant avec leurs parents, je me suis rendu compte que de nombreuses familles avaient besoin d'un soutien médical, psychologique ou matériel et ne pouvaient pas s'adresser à un service médical de structure traditionnelle. En 1981, avec l'aide de quelques membres de ma paroisse, j'ai fondé un centre de quartier pour les futurs parents et les familles avec de jeunes enfants. «The Family Place», comme nous l'avons appelé, est destiné à fournir aide et soutien aux familles à faibles revenus. En prenant contact avec d'autres associations à travers le pays, nous nous sommes aperçus que certaines personnes partageaient nos idées. Nous nous occupons en particulier des mères adolescentes et de leur bébé, car il est évident que ces jeunes ont des besoins énormes dont personne ne tient compte.

Situé dans une rue passante d'un quartier défavorisé, The Family Place offre des programmes d'éducation prénatale et parentale, ainsi que des services sociaux dans une atmosphère accueillante. Les gens ont la possibilité de participer à de nombreuses activités, cours pour les parents, cours sur la santé, repas, groupes de soutien, ateliers professionnels et fêtes diverses. Le personnel aide les participants à s'adresser aux services médicaux et sociaux adéquats. Cinq cents familles par an environ passent maintenant par les deux centres de The Family Place. Beaucoup de gens nous disent que ce qui est le plus important pour eux dans ce lieu, c'est le sentiment d'être accueillis et respectés. Dans son effort pour faire des centres des endroits chaleureux et cordiaux, l'association met un lave-linge à disposition, propose des activités qui encouragent les participants à s'entraider, et assure la garde des enfants pendant que les parents sont en cours. Plusieurs employés ou bénévoles sont d'anciens participants du programme. Pour les enfants, il y a des pièces ensoleillées, avec des livres et des jouets, des berceaux pour faire de petits siestes, des sourires, des câlins.

Il n'est pas rare qu'une mère vienne directement nous voir avec son nouveau-né, en sortant de la maternité. Les jeunes femmes sont nombreuses à ne pas avoir de famille tout près qui admirera leur bébé, ou répondra aux mille questions que se pose une maman, ou qui donnera des habits ou une poussette d'occasion. Environ un quart environ des visiteurs que nous recevons quotidiennement sont sans abri ; certaines femmes vivent avec un homme qui les maltraite ; elles sont parfois très jeunes ; presque tous vivent dans des logements délabrés et surpeuplés.

Pour certains participants, The Family Place a été une bouée de sauvetage, parce que l'association a empêché un suicide, assuré la liaison avec un service médical, s'est opposé à ce qu'on maltraite un enfant. A d'autres, les centres ont offert une relation indispensable de confiance et de conseil lors d'un passage critique dans leur vie. Ils ont fourni de l'information et un endroit agréable propice à la réflexion sur les besoins des enfants, dans des moments de leur vie où les parents ont plutôt tendance à mettre les enfants de côté à cause des pressions qui s'accumulent.

Certains participants sont retournés à l'école, ont trouvé un meilleur logement, ou ont fait en sorte d'améliorer la vie de leur famille. En dix-sept années d'existence, The Family Place a donné à plusieurs milliers de familles un sentiment d'appartenance, et une chance à saisir pour une vie plus équilibrée, plus heureuse peut-être. Des centres de ce genre se créent partout aux Etats-Unis, en réaction à des besoins locaux. Ils ne constituent qu'une partie des efforts réalisés dans ce domaine de l'aide aux enfants et à leur famille. Il faut cependant continuer à mobiliser les ressources locales comme nationales, publiques et privées, afin de garantir aux enfants la réalisation de leurs potentialités. Nous espérons qu'en prenant de plus en plus conscience de l'importance des premières années dans le développement infantile, tous les acteurs politiques et sociaux seront déterminés à construire un réseau social permettant d'assurer tous les besoins des enfants.

## CHAPITRE 10

# Faut-il les faire garder ?

La plupart des gens sont d'accord pour affirmer que les parents sont les figures les plus influentes dans la vie d'un enfant. Tout au long de ce livre, nous avons offert de nombreux exemples, présenté de nombreuses études, qui renforcent l'idée d'une relation parents-enfant unique. De nos jours cependant, de nombreux enfants ne vivent pas avec leurs deux parents, et la plupart des enfants qui ne vont pas encore à l'école sont gardés pendant la journée par une personne qui ne fait pas partie de la famille, et ailleurs que dans l'habitation familiale. Quels sont les effets de ces heures passées loin des parents sur le développement des enfants ?

### LA RÉVOLUTION DANS L'ATTENTION PORTÉE À L'ENFANT

En 1970, plus de 90% des enfants américains de moins de cinq ans vivaient avec leurs deux parents. Le divorce devenait plus courant, mais l'opinion de l'entourage, les obstacles juridiques et le coût d'un divorce limitaient la séparation légale des couples.

Au cours des vingt années qui suivirent, le taux de divorce grimpa à toute allure : dans les années 1990, près de la moitié des mariages récents finissaient par un divorce ; la moitié de ces divorces avaient lieu dans les sept années suivant le mariage ; ce qui signifie que de nombreux couples divorcés ont des enfants encore trop jeunes pour aller à l'école. Pour de nombreux couples, «rester ensemble à cause des enfants» n'est plus une raison suffisante pour maintenir un mariage qui s'effiloche. Et si la plupart des enfants américains vivent toujours dans des familles à deux parents, un nombre croissant de ces familles comprennent des beaux-parents ou des beaux-enfants. Autre élément nouveau de ces trente dernières années, le nombre croissant d'enfants nés de mère seule, célibataire – 5% de toutes les naissances en 1960, 8% en 1990.

Vers le milieu des années 1960, de plus en plus de femmes américaines se sont demandé si elles souhaitaient vraiment passer leur vie à la maison. Poussées par une nouvelle vague de féminisme, elles ont été nombreuses à élargir leur horizon, à trouver à l'extérieur de la famille d'autres défis à relever. La constatation que la moitié ou presque des mariages ne durent pas, encouragea également les femmes à reprendre des études ou à trouver un travail.

Entre 1970 et la décennie des années 90, les mères de jeunes enfants entrèrent en masse sur le marché du travail : de 1980 à 1990, le nombre de femmes avec de très jeunes enfants qui travaillent a soudain augmenté de 25%. Au milieu des années 90, 60% des enfants de moins de trois ans avaient une mère qui travaillait à l'extérieur. Dans la plupart de ces familles, les deux parents travaillaient. Mais dans les cas où la mère était divorcée ou ne s'était jamais remariée, elle devenait par nécessité le seul soutien financier du foyer : la moitié des pères divorcés ou séparés contribuent à peine à l'entretien de leurs enfants.

En 1995, plus de la moitié des mères d'enfants de moins de un an travaillaient à l'extérieur de chez elles.

Une majorité de jeunes enfants passe donc actuellement la journée avec diverses personnes qui en prennent soin, en dehors de leur foyer ; beaucoup sont encore de tout petits bébés. Bien sûr, confier la garde d'un bébé à quelqu'un d'autre qu'à leur mère n'est pas une démarche nouvelle. Dans de nombreuses cultures, les frères et sœurs, la famille étendue et les voisins jouent un grand rôle dans l'éducation des enfants ; de tels arrangements étaient fréquents aux Etats-Unis et existent encore. Pendant des siècles, les enfants de familles aisées ont été élevés par des servantes et des nounous, et c'est encore le choix de parents qui travaillent et peuvent se le permettre.

A vrai dire, les études anthropologiques indiquent que l'organisation de la société humaine dans des temps plus anciens a toujours impliqué une garde partagée de l'enfant, cela afin que la mère puisse reprendre ses diverses tâches et la gestion du foyer. Il n'existe de nos jours aucune société dans laquelle la garde de l'enfant soit exclusivement maternelle.

Idéalement, chaque système de garde devrait être pratique et abordable pour les parents, et offrir aux enfants non seulement des soins et une sécurité certaine, mais également un environnement qui les aide dans leur développement ; la combinaison de ces deux exigences se réalise relativement rarement. Les programmes visant l'enrichissement des enfants sont le plus souvent à temps partiel, et chers. Ce qui avait auparavant pour conséquence que les enfants dont la mère avait un petit salaire étaient simplement gardés «au noir» par des baby-sitters, alors que dans les familles de classe moyenne, les enfants allaient dans des crèches offrant une éducation préscolaire. Au cours de ces trente dernières années, au fur et à mesure que le nombre de femmes au travail a augmenté et que le besoin de garde d'enfants s'est accru, des familles aisées ont dû elles aussi confier leurs enfants à des systèmes de garde bancals, le plus souvent de faible qualité.

## Est-ce nocif de faire garder ses enfants ?

Les longues heures de garde à l'extérieur de la maison sont-elles nocives pour les enfants, en particulier les nourrissons ? Ouvert depuis plus d'un demi-siècle, le débat sur la garde des enfants reste houleux. Si de plus en plus de femmes reprennent le travail, souvent quelques semaines seulement après la naissance de leur enfant, de plus en plus de femmes se sentent coupables, angoissées, déchirées. Beaucoup resteraient bien à la maison plus longtemps. Les conservateurs politiques et religieux qui s'opposent à la garde des enfants en dehors du domicile familial se chargent d'entretenir la culpabilité. Mais de nombreux spécialistes du développement de l'enfant, entre autres B. Spock et P. Leach, se sont également inquiétés du fait que la garde de l'enfant intervienne si tôt dans la vie du bébé, et pour tant d'heures d'affilée. Bowlby pensait que cette idée de faire garder les enfants toute la journée était atroce : les femmes «vont travailler et fabriquer des gadgets sans intérêt, qui n'ont pas de valeur sociale particulière, pendant que les enfants sont gardés dans des crèches sans âme (...). Je crois que le rôle des parents a été grossièrement sous-estimé, stupidement sous-estimé.»

Dans les années 70 et 80 en particulier, certaines féministes traitaient les opposants à une garde autre que maternelle de partisans sexistes du patriarcat, et méprisaient les mères qui avaient choisi de rester chez elles ; les défenseurs d'un système de garde extérieure trouvaient eux aussi des arguments. La psychologue S. Scarr, rejetant l'idée que les mères sont irremplaçables, écrivit un livre pour dire au femmes d'arrêter de se sentir coupables : «Pourquoi cette culpabilité ? Les mères qui travaillent passent autant de temps en interaction directe avec leur enfant que celles qui ne travaillent pas.» Elle argumente cette affirmation en faisant observer qu'une mère isolée, déprimée ou en colère, qui rêve de travailler plutôt que de changer des couches, n'est pas la bonne personne pour prendre soin d'un enfant – remarque tout à fait défendable.

La controverse sur la garde des enfants s'enflammant, et de plus en plus de mères travaillant à l'extérieur, les chercheurs ont été sollicités pour réunir des données sur les différents systèmes de garde. Dans les années 70 et 80, on effectua de nombreuses études sur la garde non-parentale et ses effets sur le développement émotionnel et cognitif des tout-petits et des enfants un peu plus âgés ; il y eut peu d'études sur la garde des nourrissons, sans doute parce que les cas étaient encore rares. En fait, avant les années 80, les politiciens étaient persuadés que tous les enfants ou presque, de moins de trois ans, étaient gardés par leur mère à la maison, et que les très rares enfants dont les mères devaient travailler étaient à la charge de quelqu'un de la famille ou d'une employée de maison.

La masse de données récoltées au cours de ces recherches vint nourrir le débat. Certaines études indiquaient que chez les enfants «qui vont à la halte-garderie, à la crèche ou suivent des programmes préscolaires de relativement haute qualité, le développement cognitif et linguistique est en avance par rapport à celui des enfants de milieu familial comparable qui ne vont pas dans un tel centre». D'autres séries d'études montrent que les enfants participant à des programmes de garde sont plus sûrs d'eux, plus confiants et moins peureux que les enfants qui ont toujours été élevés à la maison par leurs parents. Ils s'entendent mieux avec les enfants de leur âge, et présentent des aptitudes sociales plus fortes. Certains sceptiques ont alors fait remarquer que les résultats optimistes provenaient soit de villes universitaires où les parents avaient un bon niveau d'éducation et où la qualité des personnes s'occupant des enfants se situait bien au-dessus de la moyenne nationale, soit de programmes de recherche très coûteux sur les effets des apports extérieurs chez l'enfant. Et puis, un autre groupe d'études tend à prouver que les enfants gardés à l'extérieur de chez eux, sont plus irritables, turbulents, disent plus de gros mots et sont plus sujets à des crises de colère. Une étude longitudinale effectuée sur 123 enfants de Göteborg, en Suède, et publiée en 1997, montre que plus les enfants ont passé de mois dans des crèches avant trois ans et demi, meilleurs sont leurs tests de connaissance à huit ans ; cela dit, aucun des enfants n'a été gardé avant son anniversaire d'un an, et les crèches suédoises sont d'un très haut niveau. Il est effectivement prouvé que les crèches de grande qualité contribuent à la croissance mentale et sociale, en particulier quand les enfants viennent d'un environnement familial stressant ou peu stimulant.

Les observateurs font également remarquer qu'outre le fait d'encourager le développement individuel des enfants, la crèche offre un environnement favorable dans lequel les enfants peuvent apprendre à être en relation.

La question la plus controversée reste de savoir si la garde hors de chez eux est conseillée pour les bébés durant les deux premières années, période au cours de laquelle une relation stable avec une personne maternante est essentielle. Jay Belsky, psychologue à l'université de Pennsylvanie, a provoqué un débat enflammé dans les années 80, en émettant des inquiétudes à ce sujet. Sa position est claire : en moyenne, «une garde non-parentale prolongée dans la première année de l'enfant constitue un facteur de risque qui peut générer des comportements tels que l'attachement insécurisé à la mère, la désobéissance, l'agressivité et parfois un comportement d'évitement.»

En 1991, l'Institut national de santé infantile et de développement humain a entrepris une vaste étude concernant les effets des soins non-maternels sur le développement des enfants. Constituant de loin le projet de ce genre le plus ambitieux aux Etats-Unis, cette étude a collecté des données dans dix sites différents : informations portant sur la famille et l'environnement familial, l'environnement de garde, les différences individuelles entre les enfants participant à l'étude (plus de mille). L'échantillon, choisi autant dans des zones urbaines que suburbaines ou rurales, inclut des familles extrêmement différentes par le statut socio-économique, la race, le milieu ethnique. L'organisation de la garde de l'enfant s'est avérée elle aussi diverse, allant de la garde par la mère à des systèmes non-maternels.

Afin d'obtenir un panorama complet de la façon dont les facteurs multiples et imbriqués touchent au développement infantile, les chercheurs ont observé les enfants de près, ainsi que leurs parents, et les personnes choisies pour s'occuper de leurs enfants. Régulièrement, ils ont interrogé les adultes, fait suivre des tests aux enfants, examiné et classé les foyers et les environnements de garde. Toutes ces données ont été collectées pendant les trois premières années des bébés – à un mois, six, quinze, vingt-quatre et trente-six mois – puis une fois par an jusqu'à l'âge de sept ans. Les conclusions déjà publiées traitent les effets de la garde sur l'attachement de l'enfant à sa mère, à quinze mois, sur son développement cognitif et linguistique jusqu'à trois ans, et sur la qualité des relations mère-enfant. ( Les études sur les relations des enfants avec leur père n'ont pas encore été publiées).

A quinze mois, les enfants ont passé le test de la situation de dépaysement. Les chercheurs concluent que la proportion d'enfants à attachement sécurisé et attachement insécurisé n'est pas modifiée par le mode de garde en lui-même. Les deux tiers environ des enfants gardés exclusivement chez eux présentent un attachement sécurisé, et la proportion se retrouve parmi les enfants gardés à l'extérieur. L'âge auquel l'enfant a commencé à être gardé, ou le nombre d'heures passées à l'extérieur de chez lui ne changent rien. La qualité de la garde elle non plus n'intervient pas de manière significative. Conclusion : la garde en elle-même ne constitue pas un facteur d'attachement insécurisé.

Ce qui par contre pèse lourd en terme de risque pour l'enfant, c'est la combinaison d'un maternage insensible et d'une garde de jour de faible qualité. Le risque d'attachement insécurisé augmente dans les cas où les soins de la mère sont notés comme relativement insensibles et prodigués sans enthousiasme, et que la qualité de la garde extérieure est relativement faible. Les enfants qui ont vécu plusieurs situations de garde différentes pendant les quinze premiers mois de leur vie montrent eux aussi un risque accru d'attachement insécurisé. Il existe de plus un lien corrélatif entre l'interaction relativement insensible mère-enfant, et la garde de faible qualité. On a également remarqué que la mère s'engage moins dans des interactions avec son enfant quand celui-ci est gardé longtemps dans la journée. Ces effets restent légers, mais sont statistiquement significatifs.

Cette étude révèle également «qu'une attention plus soutenue et, en particulier, une stimulation du langage dans l'environnement de garde sont (positivement) liées aux meilleurs résultats obtenus par les enfants lors des tests cognitifs et linguistiques réalisés à quinze, vingt-quatre et trente-six mois». Les enfants en garde à l'extérieur ne sont pas en retard par rapport à ceux qui sont élevés par leur mère. La conclusion émanant de la recherche est jusqu'à présent que l'environnement familial ainsi que les caractéristiques propres à l'enfant ont une valeur prédictive plus puissante à la fois sur les relations mère-enfant et sur les résultats cognitifs et linguistiques ; comparés à l'influence de l'environnement familial, celle de la garde reste minime.

Après des dizaines d'années de recherche, il est maintenant certain que les effets de la garde à l'extérieur sur les enfants sont plus complexes que ce qu'on voulait bien croire. La réponse à la question «Etre gardé à l'extérieur, est-ce bon ou mauvais pour l'enfant ?» est «Tout dépend». Le rôle des parents dans le développement de l'enfant se révèle encore une fois fondamental, même si l'enfant passe huit heures par jour ou plus à la crèche ou chez une nourrice. En gros, les parents sensibles servent à compenser les effets potentiellement négatifs d'une garde de faible qualité, et renforcent les effets positifs d'une crèche de bonne qualité. Ces mêmes parents trouvent généralement de meilleurs moyens de garde. Ils se déplacent pour visiter les lieux, font attention aux détails dans la journée de l'enfant, posent les questions qu'il faut, et connaissent les réponses qui devraient leur être fournies. Les chercheurs ont observé que les enfants placés dans des garderies de bonne qualité ont une mère plus sensible et qui s'investit plus avec eux que la mère d'enfants placés dans des centres de qualité moindre.

Le développement du langage et de la cognition de l'enfant sont plus avancés dans des environnements de qualité, où les personnes en charge des enfants sont affectueuses, prêtent attention aux efforts de communication des petits et leur répondent verbalement. Dans des situations où l'apprentissage et la stimulation sont minimals, les jeunes enfants perdent de précieuses occasions d'avancer sur le chemin de leur développement.

## Qu'est-ce qu'un système de garde de qualité ?

En 1970, la Conférence de la Maison Blanche sur les enfants qualifia le manque de garde d'enfants abordable et de bonne qualité de «problème le plus grave concernant les enfants et les familles aux Etats-Unis». L'étude de 1995 sur le coût, la qualité et les résultats des crèches, effectuée par des chercheurs de Yale et des universités de Caroline du Nord, de Californie et du Colorado, indique que la situation est bien pire que lorsque cette constatation avait été faite, ne serait-ce que parce qu'elle s'applique maintenant à bien plus de familles.

L'étude a examiné les relations entre «les coûts de la garde, la nature des expériences de garde des enfants et leurs effets», d'après des entretiens et des observations menés dans 401 crèches dans quatre états. Huit cent vingt-six enfants de moins de cinq ans (dont 255 nourrissons et tout-petits) firent l'objet d'une évaluation personnelle. L'équipe de l'étude conclut que «les soins apportés aux enfants dans la plupart des crèches étudiées sont faibles à médiocres». Les résultats sont à peu près équivalents entre les centres privés et dans les centres à but non lucratif. La moitié ou presque des tout-petits est soumis à un environnement physique «de qualité moins que minimale». Seulement 14% des enfants, tous âges confondus, fréquentent des crèches jugées appropriées à un bon développement, et moins de 1% des centres considérés comme excellents. L'adjectif «inadéquates» désigne les crèches dans lesquelles le minimum de normes de sécurité et d'hygiène n'existe pas, «on n'observe aucune affection, aucun encouragement de la part des adultes ; pas de stimulation à l'apprentissage». La plupart des enfants en crèche, indiquent encore les chercheurs, reçoivent une attention «suffisamment pauvre pour que cela affecte leur développement émotionnel et intellectuel».

Aux nourrissons et aux tout-petits, qui sont à un stade de développement exigeant des soins sensibles, est réservé le pire : selon cette même étude de 1995, seuls 8% des enfants de moins de trois ans étaient gardés dans des crèches classés bonnes ou excellentes ; 40% d'entre eux étaient dans des centres aux prestations faibles. «Quand je dis faible, commentait l'un des chercheurs lors d'une interview, c'est un euphémisme : verre cassé sur le terrain de jeu, couches jamais changées...»

(Seulement 10% des enfants plus âgés se trouvaient dans des crèches aussi lamentables.)

De nombreux parents en quête d'un moyen de garde préfèrent avoir recours, en particulier pour les bébés, à une personne qui s'occupe chez elle de quelques enfants. D'autant que ce mode de garde est souvent au voisinage de l'habitation familiale. Beaucoup de nourrices acceptent les nourrissons, elles sont plus flexibles sur les horaires que les crèches, pouvant même proposer des gardes de week-end ou du soir. Elles ont tendance également à être moins chères. Une enquête du Bureau général des statistiques publiée en 1994 note que 55% des mères défavorisées utilisent des moyens de gardes «informels» : un parent, une amie ou une voisine qui ne travaillent pas gardent les enfants, parfois selon un système d'échange.

Ce genre d'arrangement a l'air plutôt intéressant, et quelquefois il l'est. Mais si l'on y regarde de plus près, la situation générale est consternante. En 1991-92, l'Institut de la famille et du travail entreprit un projet intitulé «Etude des enfants gardés par des nourrices ou par des proches», qui examinait les soins offerts par 226 nourrices en Californie, Caroline du Nord, et Texas. 225 enfants faisaient partie de l'étude, et plus de la moitié avaient moins de trente mois. Selon les auteurs, les prestations des nourrices se situent la plupart du temps entre «juste au-dessous d'adéquates» à «pas tout à fait bonnes» ; le classement est basé sur l'environnement physique, les pratiques des personnes s'occupant de l'enfant et les possibilités d'apprentissage. «Des soins appropriés» se définissent comme «une surveillance, ni encourageante pour le développement, ni dangereuse pour l'enfant». Seulement 9% des nourrices fournissent une garde de grande qualité. La nourrice moyenne est considérée comme «non réceptive, ou inadaptée dans ses interactions avec les enfants, presque la moitié du temps». L'Association nationale pour l'éducation des jeunes enfants estime que 82 à 90% des nourrices ne participent d'aucune réglementation.

Les spécialistes du développement sont unanimes sur la définition d'un système de garde de grande qualité, même s'ils procèdent différemment dans leurs mesures. Les quelques nécessités de base sont claires : satisfaire les besoins en nourriture de l'enfant et lui offrir un environnement physique sûr et gai. Les enfants ne devraient pas être exposés aux dangers d'installations non ignifugées, à la peinture au plomb, à la fumée de cigarette, à de mauvaises conditions sanitaires, ou à toute autre situation susceptible de provoquer des accidents ou d'augmenter inutilement les risques de maladie. Les nourrices devraient suivre des cours de secourisme, afin de savoir réagir en cas d'accident ou de malaise. Un sous-sol aux murs nus où les enfants et les nourrissons s'entassent devant une télévision pour seule stimulation, ne constitue pas un bon environnement de garde. Hélas, dans de nombreux cas, le décor dans lequel évolue l'enfant toute la journée ne vaut pas mieux.

Cependant, ce sont avant tout les personnes qui prennent soin de l'enfant qui déterminent si la prestation de garde est pauvre, médiocre ou excellente. La différence se fait dans l'aptitude de cette personne à encourager l'apprentissage du langage et de l'adresse motrice. Savoir parler à un tout-petit, écouter ses réactions, décoder le sens de ses gestes et de ses mimiques, voilà des compétences essentielles. Une personne qui s'occupe d'enfants doit également développer un sens intuitif de ce qui va pousser l'enfant à avancer, et ce qui va le décourager. Elle doit rester impliquée et attentive à ce que le nourrisson essaie de communiquer ; elle doit réagir de façon appropriée. Les personnes qui prennent soin des enfants devraient être sensibles aux différences de tempérament des tout-petits et des nourrissons dont elles ont la charge. Dans la mesure où le schéma développemental de chaque enfant est différent, une garde stéréotypée peut devenir nocive ; en particulier pour les enfants qui présentent des problèmes spécifiques, comme des difficultés de développement liées à une naissance prématurée. Ces enfants ont peut-être besoin de plus de moments calmes, ou bien demandent à être plus souvent pris dans les bras, exigent plus d'attention et d'encouragement de la part de l'assistante maternelle. Les parents le savent bien, s'occuper de tout jeunes enfants est un travail prenant.

De nombreux employés des crèches, et de nombreuses assistantes maternelles s'impliquent énormément et travaillent merveilleusement à l'intuition. «On est aimée toute la journée par ces petits bonshommes», confiait une puéricultrice d'une crèche de San Diego lors d'une interview sur son travail. «Tous les soirs, j'en emporte douze dans mon cœur. L'argent n'a rien à voir avec cela.» Cependant d'autres personnes s'occupant d'enfants considèrent leur travail comme un moyen tout juste bon à rapporter un salaire, et pas très gros en plus. Le niveau bas des salaires, le peu de considération qu'on a pour le travail des personnes qui s'occupent d'enfants, reflètent «le peu de cas qu'on fait des soins portés aux enfants et du travail des femmes dans la société américaine»[13].

Quels sont les facteurs indiquant une «bonne garde» ? Selon Sarah L. Friedman, psychologue à l'Institut national de santé de l'enfant et du développement humain, qui a analysé de nombreuses études sur les conditions de garde, la meilleure valeur prédictive est celle du rapport adulte-enfants. Plus le rapport est élevé, plus les jeux, l'adresse verbale et les interactions sociales des enfants sont en avance. On constate moins de problèmes de comportement, moins d'angoisse, d'agressivité et d'hyperactivité. Le second facteur significatif est la taille du groupe. Les grands groupes sont plus bruyants, les enfants plus dispersés, et les personnes en charge sont moins à même de répondre à leurs besoins spécifiques. Le troisième élément est le niveau d'éducation des puéricultrices. Celles qui possèdent une bonne éducation encouragent les enfants, les guident mieux, et sont moins promptes à étouffer leurs envies d'explorer. Les enfants développent plus facilement des capacités verbales, des connaissances diverses, et des aptitudes relationnelles. Une formation en pédagogie infantile est le quatrième facteur de qualité ; mais si cette formation a bien évidemment un impact positif sur la qualité de l'attention portée à l'enfant, c'est surtout le niveau d'éducation générale de la puéricultrice qui compte, en particulier quand cette personne est amenée à s'occuper d'enfants un peu plus âgés. Pour les nourrissons, la formation spécifique de la personne maternante compte moins que sa générosité et sa sensibilité.

Même si les puéricultrices et les nourrices sont mal payées, la garde des enfants coûte cher. Les dépenses pour la garde de l'enfant constituent 18 à 21% des revenus des familles défavorisées.

## «J'AIMERAIS ÊTRE LÀ POUR TE BORDER»

Les bouleversements de l'économie empêchent bien souvent les parents de donner à leurs enfants le temps et l'attention dont ces derniers auraient besoin. D'après certains chercheurs, le temps que les parents passent avec leurs enfants aurait chuté de 40% dans le dernier quart du XX$^{e}$ siècle. Une analyse comparative du temps que les mères au foyer et les mères qui travaillent passent en soins des enfants distingue le «temps primaire» avec l'enfant – lui donner à manger, le baigner, jouer avec lui – et le «temps secondaire», pendant lequel l'enfant est avec la mère, mais n'est pas le centre de ses intérêts - quand elle fait le ménage, les courses. Les auteurs concluent que les mères qui travaillent réduisent plutôt le temps secondaire avec leurs enfants, et non le temps primaire. Il est certain qu'à travers l'histoire, la plupart des jeunes enfants ont passé le plus clair de leur temps dans des situations où ils n'étaient pas le centre d'intérêt principal. Quelles que soient les conclusions de ces études, des millions de parents qui travaillent restent persuadés qu'il n'y a pas assez d'heures dans une journée.

Ce manque de temps est directement lié au besoin croissant pour les parents, non seulement de travailler, mais de travailler de plus en plus longtemps. 90% des cadres supérieurs travaillent dix heures par jour ou plus ; ceux qui s'investissent dans la création de leur propre entreprise connaissent des journées de travail encore plus longues. Ajoutez à cela que dans les années 1990, de nombreuses entreprises ont réduit leurs effectifs : la peur de perdre son travail résultant de licenciements incessants fait que les gens restent au bureau bien après cinq heures.

Contrairement à certains pays, environ une centaine, les Etats-Unis n'offrent pas de congés payés à la naissance ou à l'adoption d'un enfant. La loi de 1993 sur le congé familial se contente d'interdire le licenciement d'un employé qui désire prendre un congé sans solde à la naissance ou l'adoption d'un enfant – ce congé ne dépassant pas douze semaines. De nombreux parents à revenus moyens ou faibles ne peuvent pas se permettre de tels congés sans solde, même quand ils travaillent tous les deux. Difficile également dans la plupart des entreprises de prendre quelques jours parce que votre enfant a la varicelle ou les oreillons. Beaucoup de parents ne prennent jamais rendez-vous avec les enseignants, parce qu'ils devraient pour cela prendre des heures sur leur temps de travail. Mieux encore, la loi sur le congé familial ne s'applique pas à la majorité des femmes américaines, parce qu'elles sont employées dans de petites entreprises de moins de cinquante personnes, auxquelles cette loi ne s'applique pas.

Les soirées et les week-ends sont réservés à des «moments de qualité» avec les enfants, moments qui se résument souvent à des retrouvailles devant la télévision, un saut au supermarché et au pressing, la lecture de quelques pages du *Livre de la Jungle,* et à l'achat d'un nouveau jouet ou autre cadeau déculpabilisant pour les parents. A quatre ou cinq ans, beaucoup d'enfants ont passé moins de temps en interaction directe avec leurs parents que devant la télé. Un éditeur de cartes de vœux exploite ce bon filon commercial en inventant les cartes de vœux quotidiens que les accros du travail peuvent utiliser. Papa peut laisser une gentille carte en évidence sur la table du petit déjeuner avant de courir prendre son train de 6h25 : «Passe une super journée à l'école» ; et quand Maman sait qu'elle va travailler tard, elle peut glisser un tendre «J'aimerais être là pour te border».

Le stress au travail augmente le stress familial, en particulier quand les pères participent peu aux tâches ménagères ou s'occupent à peine des enfants. Bien qu'ils soient plus nombreux à s'investir à la maison que dans les années 50, le gros du travail reste encore à la charge des mères, même quand celles-ci travaillent à plein temps. Le partage de cette «deuxième journée» constitue une source de tension dans beaucoup des ménages actuels, et figure largement parmi les raisons de divorce. Un chercheur estime qu'environ un tiers des pères «s'impliquent» suffisamment pour participer pleinement aux soins et à l'éducation de leurs enfants ; au vu d'autres études, ce chiffre est plutôt optimiste. Arlie Hochschild, sociologue, après analyse d'études sur le temps libre des parents, arrive à la conclusion que les femmes mariées qui travaillent ajoutent presque quatre heures de ménage et de soins des enfants à leur journée de travail payé ; les pères passent une demi-heure à ces mêmes tâches.

En général, ces pères et ces mères débordés sont constamment en train de jongler pour ménager de la place aux enfants dans leur vie. Certains choisissent de gagner moins, de remettre à plus tard leurs espoirs d'avancement, et de privilégier du temps pour leurs enfants. D'autres cherchent ce précieux temps dans tous les coins de leur vie, ou encore s'arrangent avec d'autres parents pour se relayer auprès des enfants.

Les parents savent bien qu'ils constituent la plus grande influence sur le caractère de leurs enfants, et ne veulent pas laisser passer la joie de les observer et d'encourager leur développement. Pour assumer leur responsabilité d'éducateurs, ils ont besoin du soutien de l'environnement social. Les personnes auxiliaires qui s'occupent de l'enfant ont également besoin d'aide : une meilleure éducation, une formation, un encadrement et un meilleur salaire.

## Conclusion

# Former l'esprit

Les relations humaines forment l'esprit des jeunes enfants. C'est l'un des thèmes qui traversent cet ouvrage. Les progrès en génétique et neurobiologie nous amènent petit à petit à la compréhension de certains des processus spécifiques par lesquels les gènes et l'expérience s'entremêlent. Nous avons ainsi une vision plus claire des influences réciproques entre les relations sociales et les processus cérébraux, et biologiques en général. La vie est un tissu constitué de notre matériel génétique individuel et de nos expériences spécifiques.

Ces données dont le nombre ne cesse d'augmenter peuvent aider les parents à percevoir quelles expériences sont nécessaires aux bébés pour se développer sainement. Bien que des discontinuités se produisent, le développement précoce exerce souvent une influence puissante sur le développement ultérieur. Souvent, la recherche sur le cerveau confirme le savoir ancien et le sens commun. Les bébés ont besoin de contact, de maternage, de communication, de jeu ; de calme, de stabilité et de prévisibilité ; ils ont besoin de défis, de la stimulation de nouvelles expériences, et d'occasions d'explorer leur environnement en toute sécurité. Tous les enfants ont besoin de sentir qu'ils sont chéris, que leurs progrès sont accueillis avec joie par leur entourage, que le dévouement de leurs parents est inébranlable. L'enfant vient au monde avec la capacité innée d'obtenir ce dont il a besoin en lançant des signaux et en réagissant à son tour aux personnes qui s'occupent de lui.

L'importance de «périodes fondamentales» d'apprentissage et la durée de ces fenêtres d'opportunité font encore l'objet de débats. Les neuropsychologues ne cessent de démontrer la malléabilité du cerveau (sa capacité de réorganisation dans le cas de lésions cérébrales par exemple). Cependant, si ces évolutions se poursuivent tout au long de la vie, on s'accorde largement à dire que durant les trois premières années, la formation des connexions cérébrales s'effectue à une rapidité sans égale ensuite.

Dans certaines circonstances, ces systèmes biologiques sont pourtant dépassés : environnement chaotique ou dangereux, maladie mentale, tension familiale, dépendance à la drogue, sévices sexuels… etc. Pour une raison ou une autre, il existe des parents qui restent insensibles aux besoins de leurs enfants, et des enfants qui ne réussissent pas à faire entendre leurs besoins ; certains parents manquent d'énergie, de talent ou d'envie pour passer du temps avec l'enfant et favoriser ainsi la communication et la formation de connexions émotionnelles. La maltraitance et la négligence touchent de plus en plus d'enfants.

Ni les neurosciences, ni la psychologie développementale ou l'anthropologie culturelle ne nous disent qu'il y a une seule et unique «bonne façon» d'élever un enfant, loin de là. L'attitude d'un père ou d'une mère sensible dépend des tempéraments respectifs des parents et de l'enfant, de l'histoire de leur relation, de l'enfance des parents eux-mêmes, et de l'environnement culturel, familial, entre autres facteurs. La plupart des enfants sont assez confiants et en sécurité pour accomplir les premiers pas vers l'indépendance ; et la plupart des parents sont assez sûrs d'eux-mêmes dans leur relation avec l'enfant pour ne pas franchir trop souvent les limites entre attention sensible et surprotection, entre disponibilité émotionnelle et négligence affective.

Nous avons donné maints exemples de maternage sensible : l'échange de regards entre une mère et son nouveau-né, le bien-être visible d'un bébé dans les bras d'une personne qu'il connaît... Les chercheurs n'ont cessé de filmer la merveilleuse concordance émotionnelle qui existe parfois entre la mère et l'enfant. Certains parents ont peur de ne pas pouvoir reproduire cette harmonie dans leur foyer, ils s'angoissent quand on leur rappelle la primordialité de leur rôle dans le développement de l'enfant. Je leur rappellerais alors qu'il ne faut pas prendre au pied de la lettre les interprétations des résultats et statistiques simplifiées par les médias. Et surtout qu'il ne faut en aucun cas oublier que les enfants sont solides. Exposés à un nombre raisonnable d'expériences stimulantes et variées, nos tout-petits cueillent ce qu'il leur faut pour parfaire leur développement.

Tout au long de leur vie, les gens font preuve de résilience. Il n'existe aucune preuve scientifique permettant de déclarer qu'un individu est perdu à jamais parce qu'il a eu une enfance traumatisante.

Les expériences précoces influencent la perception des expériences ultérieures, mais l'inverse est également valable : dans notre vie d'adolescent ou d'adulte, il suffit qu'un fait ou une personne nous poussent à faire un effort pour que nous soyons capables de réviser notre compréhension d'événements passés perturbants.

C'est aux adultes de faire en sorte que l'enfant rencontre le moins d'obstacles possible. Les études montrent que la réduction de ces risques améliore les perspectives de l'enfant. Le soutien des adultes représente parfois la différence entre une vie gâchée et un équilibre retrouvé.

Les études que nous évoquons dans ce livre insistent sur l'importance de l'aide extérieure pour les parents comme pour les enfants, à une époque où, pour diverses raisons, il semble de plus en plus difficile d'élever un enfant. Parfois cette aide est offerte par la famille élargie ou les amis. Elle peut également provenir de programmes d'éducation parentale. Une société qui se préoccupe du bien-être des enfants trouve les moyens d'aider et d'encourager les parents dans leur tâche primordiale.

Nous savons maintenant que le développement intellectuel de l'enfant est inséparable de son développement émotionnel et moral. Les émotions de l'enfant sont les filtres par lesquels il acquiert et intériorise la connaissance. Nous connaissons également les conséquences des carences graves – incapacité à parler, voir ou établir des relations – mais les carences en expérience, soutien ou affection sont plus difficiles à établir. Si les neurosciences ont montré que la maltraitance et la négligence laissent des traces dans le cerveau, elles ne sont pas capables de nous dire quelle est l'empreinte des relations quotidiennes entre les parents et l'enfant. Cependant, les observations et les études scientifiques nous offrent quelques indices de ce qu'il faut pour être de bons parents et nous prouvent surtout que les parents, ou les personnes qui tiennent ce rôle, sont pour l'enfant des partenaires de premier plan dans le développement de l'esprit.

# Bibliographie


1 Carla Shatz, *«The developing Brain»,* Scientific American, sept. 1992.

2 Shore Rima, *Rethinking the Brain,* New York : Families and Work Institute, 1997.

3 Thomas Lewis, *The Lives of a Cell,* New York, Viking Press, 1974.

4 E. Bates, L. Camaioni, V. Voltera, «The Acquisition of Performative Prior to Speech», Merryl Palmer Quaterly 21, 1975.

5 Sheperd, G. M., *Neurobiology,* 3rd ed, New York, Oxford University Press, 1994.

6 Aux Etats-Unis, les enfants entrent en maternelle à cinq ans, pour une année seulement avant ce qui correspond à notre cours primaire (NT).

7 Suomi, S. J., «Early Stress and Adult Emotional Reactivity in Rhesus Monkeys», in Bock and Whelan, *The Childhood Environment and Adult Disease,* Chichester, Angleterre, John Wiley & Sons, 1991.

8 Damon, W., *The Moral Child,* New York, Free Press, 1988.

9 Kagan, Jerome, *The Nature of the Child,* New York, Basic Books, 1994.

10 Mrazek, P.J., et Haggerty, R.J., *Reducing Risks for Mental Desorders : Frontiers for Preventive Intervention Research,* Washington D.C., National Academy Press, 1994.

11 E. De Kloet, S. Korte, N. Rots, M. Kruk, «Stress Hormones, Genotype and Brain Organization :Implications for Agression.» in C. Ferris and T. Grisso, *Understanding Agressive Behavior in Children.* Annals of the new York Academy of Sciences, 1996.

12 Baumrind, D, «The Social Context of Child Maltreatment», Family Relations 43 : 361, 1994.

13 *The Future of Children 6* (2), summer-fall 1996.

Imprimé par G. Canale & C. S.p.A. en Italie
ISBN : 2-501-03294-2
D.L. février 2000/0099/030